(사) 한국어문회 주관
한국한자능력검정회 시행

합격, 실력UP

한자漢字
능력검정시험

⟨최신 개정판⟩

조규남 엮음

조규남 선생님의
합격보장 자원풀이

- 핵심정리장
  (자원풀이 포함)
- 쓰기장
- 예상문제

4급

태평양저널

조 규 남 (曺 圭 南)

성균관대학교 문과대학 한문학과 졸업
성균관대학교 대학원 졸업(한문교육전공)
민족문화추진회 국역연수부 졸업
대한민국 미술대전 서예부문 입선(미협)
추사김정희선생추모 전국휘호대회 초대작가
소사벌서예대전 초대작가
도원서예 원장
성균관대학교 강사(「금석서예」지도)
원광대학교 초빙교수

100% 합격보장하는 자원풀이 **한자능력 검정시험 4급**

2012년 11월 30일   2쇄 인쇄
2025년 1월 20일   15쇄 발행

엮은이 : 조 규 남
펴낸이 : 박 종 수
펴낸곳 : 태평양저널.(서울특별시 영등포구 신길5동 339-119.)
전   화 : (02)834-1806
팩   스 : (02)834-1802
등   록 : 1991. 5. 3.(제03-00468)
ⓒ 조규남2007

정가 12,000원

이 책의 무단 복제, 복사, 전재는 저작권법에 저촉됩니다.
잘못 만들어진 책은 바꾸어 드립니다.

ISBN 89-90642-91-2 13710

감 수 문 (監修文)

우리나라는 한자문화권에 속해 있다.

우리는 수천 년 동안 한자(漢字)와 더불어 생활해왔기 때문에 한자는 알게 모르게 우리의 생활 깊숙이 들어와 있다. 한자가 비록 외국의 문자이긴 하지만 우리 민족은 한자를 맹목적으로 받아들인 것이 아니고 한자를 이용하여 우리의 문화를 풍부하게 하는 슬기를 발휘하였다. 지금 우리들에게 남겨진 찬란한 민족문화의 유산이 바로 그것이다. 그러므로 우리는 좋든 싫든 한자를 떠날 수 없게 되어 있다.

그동안 파행적인 어문정책으로 인하여 학생들의 한자학습에 커다란 어려움을 겪기도 하였으나, 근년에 한자학습의 필요성이 새롭게 인식되어 그 열기가 전국적으로 확산되고 있는 것은 늦은 감이 있으나마 지극히 다행스러운 일이다. 특히 초등학교 학생들의 학습 전반에 걸쳐 한자가 차지하는 비중은 거의 절대적이라 할 수 있다. 각 교과목에 나오는 학습용어(學習用語)들이 대부분 한자어로 되어 있어 한자를 익히면 내용의 절반 이상을 저절로 이해할 수 있기 때문이다. 더구나 표의문자(表意文字)인 한자의 특성상 한자학습은 학생들의 사고력을 증진시키고 조어력(造語力)을 향상시킨다. 또한 이 어지러운 시대에 한자학습은 학생들의 인성교육(人性敎育)에도 커다란 공헌을 하고 있다.

이러한 시대적 요구에 부응하여 조규남군이 이 책을 편찬한 것은 참으로 훌륭한 일이라 하겠다. 조규남군은 성균관대학교 한문학과에서 내가 직접 가르친 제자이다. 조군은 성균관대학교 한문학과를 졸업하고 교육대학원에서 한자교육 연구로 석사학위를 취득했으며, 재능교육에서 다년간 한자 학습지 편찬을 주관하다가 뜻한 바 있어 지금은 아담한 교실을 마련하여 학생들에게 한자와 서예를 지도하고 있다. 항상 단정한 몸가짐으로 선비의 품성을 갖춘 조규남군이, 한문학과에서 공부한 한문학 지식과 대학원에서 연구한 학습이론을 바탕으로 펴낸 이 책이 한자를 공부하려는 학생들에게 등대와 같은 길잡이가 되리라는 것은 믿어 의심치 않는다.

성균관대학교 한문학과 교수 문학박사 송 재 소

■ 미리 읽어보는 시험대비 기본지침자료

◆ (사)한국어문회 전국한자능력검정시험

◆ 응시자격
모든 급수에 누구나 응시가능.

◆ 시험일정
1년에 4회 실시(인터넷 www.hangum.re.kr 및 주요 일간지 광고면 참조).

◆ 원서접수
1. 방문접수 : 각 고사장 접수처.
2. 인터넷접수 : www.hangum.re.kr 이용.

◆ 합격자 발표
시험일 한 달 뒤, 인터넷(www.hangum.re.kr)과 ARS(060-800-1100)로 발표함.

◆ **공인급수**는 1급·2급·3급·3급Ⅱ이며, **교육급수**는 4급·4급Ⅱ·5급·5급Ⅱ·6급·6급Ⅱ·7급·7급Ⅱ·8급입니다.

❖ (사)한국어문회 **전국한자능력검정시험 급수구분 및 문제유형에 따른 급수별 출제기준**

문제유형 \ 급수구분	8급	7급Ⅱ	7급	6급Ⅱ	6급	5급Ⅱ	5급	4급Ⅱ	4급	3급Ⅱ	3급	2급	1급
독음(讀音)	24	22	32	32	33	35	35	35	32	45	45	45	50
한자(漢字) 쓰기	0	0	0	10	20	20	20	20	20	30	30	30	40
훈음(訓音)	24	30	30	29	22	23	23	22	22	27	27	27	32
완성형(完成型)	0	2	2	2	3	4	4	5	5	10	10	10	15
반의어(反義語)	0	2	2	2	3	3	3	3	3	10	10	10	10
뜻풀이	0	2	2	2	2	3	3	3	3	5	5	5	10
동음이의어(同音異義語)	0	0	0	0	2	3	3	3	3	5	5	5	10
부수(部首)	0	0	0	0	0	0	0	0	3	5	5	5	10
동의어(同義語)	0	0	0	0	0	2	3	3	3	5	5	5	10
장단음(長短音)	0	0	0	0	0	0	0	3	5	5	5	5	10
약자(略字)·속자(俗字)	0	0	0	0	0	3	3	3	3	3	3	3	3
필순(筆順)	2	2	2	3	3	3	3	0	0	0	0	0	0
읽기 배정한자	50	100	150	225	300	400	500	750	1,000	1,500	1,817	2,355	3,500
쓰기 배정한자	-	-	-	50	150	225	300	400	500	750	1,000	1,817	2,005
출제문항(개)	50	60	70	80	90	100	100	100	100	150	150	150	200
합격문항(개)	35	42	49	56	63	70	70	70	70	105	105	105	160
시험시간(분)	50	50	50	50	50	50	50	50	50	60	60	60	90

★ 위 출제기준표는 기본지침자료이며, 출제자의 의도에 따라 차이가 있을 수 있습니다.

*상위급수 한자는 모두 하위급수 한자를 포함하며, 쓰기 배정한자는 바로 아래 급수의 읽기 배정한자이거나 그 범위 내에 있습니다.

차례

3 감수문

4 미리 읽어보는 시험대비 기본지침자료

6 이 책의 활용법

7 기초(基礎) 학습
    육서 (六書)   8
    한자의 필순 (筆順)   9
    부수
        1. 부수자(部首字)의 이름과 위치   11
        2. 부수자의 변형   13
    자전(字典)에서 한자찾기   14

15 한자(漢字) 학습
    4급 배정한자표(配定漢字表)   16
    신습한자표(新習漢字表)   22
    신습한자 익히기   34
    약자(略字)·속자(俗字) 익히기   159

165 한자어(漢字語) 학습
    한자어 독음(讀音) 쓰기(장단음 포함)   166
    한자어 쓰기   182
    반의어(反義語)   246
    동의어(同義語)   255
    동음이의어(同音異義語)   261
    한자성어(漢字成語)   263

287 활용(活用) 학습
    4급 예상문제(15회분)   288

327 부록(附錄)
    한자의 한글맞춤법   328
    읽기장   330
    부수자 일람표

이 책의 활용법

■ 이 책은 **전국한자능력검정시험**을 위한 수험서입니다.
■ 다년간 현장 학습지도(學習指導)로 경험이 많으신 여러 선생님들의 의견을 반영하여 제작하였습니다.

| 학 | 습 | 방 | 법 |

① **한자의 모양(형)·뜻(훈)·소리(음)를 잘 살펴본다.**
   핵심정리를 통해 글자의 생성과정(字源 풀이)과 중요점을 확인한다.

② **본보기 한자(漢字)를 쓰는 순서대로 3~5회, 글자 위에 그대로 따라 써 본다.**
   다음에 부수(部首)·획수(畫數)·총획(總畫)·훈음(訓音)의 변화 등을 익힌 후,
   빈칸을 채워나간다.

③ **신습한자 칸의 한자어 독음(讀音)을 미리 써 본다.**
   모두 해당 급수 범위 내의 출제 가능한 한자어만 선정했으므로, 아는 한자어의 독음(讀音)을 써 보고 해답은 뒷면의 복습·쓰기장에서 확인한다.

④ **한자어의 첫글자 다음에 장음(長音=긴소리. :표시)이 온 경우는, 첫글자의 음(音)을 여러 번 길게 소리내어 읽어본다.**

⑤ **한자어(漢字語)는 정확한 뜻풀이를 중심으로 익힌다.**
   한자는 의미(意味)를 위주로 하는 표의문자(表意文字)이므로, 그 특성을 충분히 살려 성어(成語)나 한문 문구(文句)를 이해하도록 한다.

⑥ **약자(略字)·반의어(反義語)·유의어(類義語)·동음이의어(同音異義語)** 등도 출제빈도가 높으므로 잘 익혀둔다.

⑦ **두음법칙(頭音法則)·속음(俗音)·사이시옷** 등, 정확한 한글 맞춤법을 알아 둔다.

⑧ **예상문제를 풀어가며 최종 정리**한다.

⑨ **읽기장**은 공부할 때마다 훈음(訓音)을 가리고 입과 눈으로 익힌다.

이 학습서가 한자학습(漢字學習)의 좋은 길잡이가 되어 공부에 자신감이 생기기를 진심으로 바라는 바입니다.

엮은이　**조 규 남** 드림

기초(基礎)학습

- 육서(六書)
- 한자의 필순(筆順)
- 부수자(部首字)의 이름과 위치
- 부수자의 변형
- 자전(字典)에서 한자찾기

육서(六書)

육서(六書)는 상형문자/지사문자/회의문자/형성문자/전주문자/가차문자를 말하며, 각각 일정한 규칙에 의해 그 구성과 응용 방법에 따라 나누어진 것이다.

문자(文字)라는 말은 육서(六書) 중에서 문(文) 부분은 단독의 뜻을 가지고 있는 상형과 지사를 말하며, 자(字) 부분은 이미 만들어진 문(文)의 의미를 조합하여 기본 글자를 불려나갔으니 회의와 형성이 여기에 해당된다. 따라서 문(文)과 자(字)는 한자를 만드는 원리를 대표하는 말인 셈이다. 그 외에 전주와 가차는 이미 만들어진 문자(文字)를 활용하는 편에 속한다고 할 수 있다.

1. 상형문자(象形文字): 구체적임

구체적인 사물의 모양을 본떠서 만든 글자.
  예) 日(해 일), 月(달 월), 馬(말 마), 山(메 산) 등.

2. 지사문자(指事文字): 추상적임

추상적인 생각이나 뜻을 점이나 선, 또는 부호로 나타낸 글자.
  예) 一(한 일), 上(위 상), 下(아래 하), 本(근본 본), 末(끝 말) 등.

3. 회의문자(會意文字): 뜻부분(意) + 뜻부분(意)

이미 만들어진 둘 이상의 글자들을 결합하여 그것들로부터 연관되는 새로운 뜻을 가지도록 만들어진 글자.
  예) 男[사내 남 → 田:밭 전 + 力:힘 력] ⇒ 논밭(田)의 일터에서 힘써(力) 일하는 '사내'
      休[쉴 휴 → 亻:사람 인 + 木:나무 목] ⇒ 사람(亻)이 나무(木) 그늘 밑에서 '쉼'

4. 형성문자(形聲文字): 뜻을 포함한 부분(形) + 음부분(聲)

이미 만들어진 글자를 결합하여 새로운 뜻을 나타내되, 일부는 뜻(形)을 나타내고 일부는 음(聲)을 나타내는 글자.
  예) 頭[머리 두 ⇒ 頁:머리 혈 + 豆:콩 두], 空[빌 공 ⇒ 穴:구멍 혈 + 工:장인 공] 등.

5. 전주문자(轉注文字): 뜻부분 위주

이미 만들어진 글자를 가지고 그 뜻을 유추(類推)하여 다른 뜻으로 굴리고(轉) 끌어대어(注) 활용하는 글자.
  예) 樂(풍류 악/즐길 락/좋아할 요), 老(늙은이 로/익숙할 로) 등.

6. 가차문자(假借文字): 음부분 위주

이미 만들어진 글자를 본래의 뜻에 관계 없이 음만 빌려다가 쓰는 글자.
  예) 亞細亞(아세아 : Asia), 佛陀(불타 : Buddha), 丁丁(정정 : 도끼로 나무를 찍는 소리),
      可口可樂(코카콜라 : Coca cola) 등.

한자의 필순(筆順)

　한자의 필순(筆順)은 절대적인 규칙이 있는 것은 아니지만, 오랜 세월동안 여러 사람의 체험을 통해서 붓글씨의 획(劃)을 쓰기위한 일반적인 순서가 갖추어졌다고 할 수 있다. 글자의 모양이 아름다우면서 빠르고 정확하게 쓸 수 있는 방법이 필요했던 것이다. 붓글씨의 획(劃)은 점(點)과 선(線)으로 이루어져있는데, 필순은 이 점과 선으로 구성된 획을 쓰는 순서를 말한다. 특히, 행서(行書)와 초서(草書)의 경우에는 쓰는 순서에 따라 그 한자의 모양새가 달라진다.

　필순(筆順)의 기본원칙(基本原則)은 다음과 같다. 예외적인 경우도 잘 알아두어야 한다.

1. 위에서 아래로 긋는다.
三 ⇨ 一 二 三

2. 왼쪽에서 오른쪽으로 긋는다.
川 ⇨ 丿 丿丨 川

3. 가로획을 먼저 쓰고 세로획은 나중에 긋는다.
十 ⇨ 一 十　　　　　田 ⇨ 丨 冂 日 田 田
主 ⇨ 丶 一 二 丅 主　　佳 ⇨ 丿 亻 亻 仁 仹 佳 佳
馬 ⇨ 丨 厂 丆 丅 丗 馬 馬 馬 馬 馬

4. 삐침(丿)을 파임(㇏)보다 먼저 긋는다.
入 ⇨ 丿 入　　　　及 ⇨ 丿 丆 乃 及

· **삐침(丿)을 나중에 긋는 경우도 있다.**
力 ⇨ 𠃌 力　　　　方 ⇨ 丶 一 亠 方

5. 좌우(左右)로 대칭일 때는 가운데 획을 먼저 긋는다.
小 ⇨ 亅 小 小　　　水 ⇨ 亅 氵 才 水
山 ⇨ 丨 屮 山　　　出 ⇨ 丨 屮 中 出 出
雨 ⇨ 一 冂 冂 雨 雨 雨 雨
[예외] 火 ⇨ 丶 丷 火 火　　來 ⇨ 一 厂 厂 夾 來 來

6. 글자 전체를 꿰뚫는 획은 나중에 긋는다.

中 ⇨ 丨 口 口 中 　　　車 ⇨ 一 ㄏ 亘 亘 百 車 車

事 ⇨ 一 ㄏ 百 日 写 写 写 事

手 ⇨ ノ 二 三 手

子 ⇨ フ 了 子 　　　女 ⇨ 乚 夂 女

母 ⇨ 乚 勹 勹 母 母

[예외] 世 ⇨ 一 十 卄 卄 世

7. (오른쪽 위의) 점은 맨 나중에 찍는다.

太 ⇨ 一 ナ 大 太 　　　寸 ⇨ 一 寸 寸

代 ⇨ ノ 亻 仁 代 代

求 ⇨ 一 十 十 才 才 求 求

8. 안을 둘러싸고 있는 한자는 바깥부분을 먼저 쓰고, 밑부분은 맨 나중에 긋는다.

四 ⇨ 丨 冂 匹 四 四

國 ⇨ 丨 冂 冂 冃 戸 同 同 或 國 國 國

門 ⇨ 丨 冂 冂 冂 門 門 門 門

9. 받침(廴, 辶)은 맨 나중에 긋는다.

建 ⇨ フ ユ ヨ 弖 聿 聿 聿 建 建

近 ⇨ ノ ㄏ ㄏ 斤 斤 沂 沂 近

[예외] 起 ⇨ 一 十 土 丰 丰 圭 走 走 起 起

題 ⇨ 丨 冂 曰 日 旦 早 杲 昇 是 是 是 題 題 題 題 題 題

부수(部首)

1. 부수자(部首字)의 위치에 따른 이름

이 름	위 치	해 당 한 자
제부수		手(손 수) 日(해 일) 月(달 월) 人(사람 인) 馬(말 마) 등.
몸		멀경**몸** - 冊(책 책) 再(두 재) 등. 큰입구**몸** - 國(나라 국) 因(인할 인) 등. 에운담**몸** - 問(물을 문) 街(거리 가) 등. 위튼입구**몸** - 出(날 출) 凶(흉할 흉) 등. 튼입구**몸** - 匠(장인 장) 匣(갑 갑) 등. 감출혜**몸** - 區(구역 구) 匹(짝 필) 등. 쌀포**몸** - 包(쌀 포) 勿(~하지말 물) 등.
머리		돼지**머리**해 - 亡(망할 망) 交(사귈 교) 등. 민갓**머리** - 冠(갓 관) 冥(어두울 명) 등. 갓**머리** - 家(집 가) 安(편안할 안) 등. 대죽**머리** - 第(차례 제) 笑(웃을 소) 등. 필발**머리** - 發(필 발) 登(오를 등) 등. 초두**머리** - 花(꽃 화) 草(풀 초) 등.
발		어진사람인**발** - 兄(형 형) 兒(아이 아) 등. 천천히걸을쇠**발** - 夏(여름 하) 등. 스물입**발** - 弄(희롱할 롱) 등. 연화**발** - 然(그럴 연) 등.

이 름	위 치	해 당 한 자
좌부**변**	┌	이수변 – 冷(찰 랭)　涼(서늘할 량) 등. 두인변 – 德(덕 덕)　後(뒤 후) 등. 심방변 – 性(성품 성)　悟(깨달을 오) 등. 재방변 – 投(던질 투)　打(칠 타) 등. 장수장변 – 牀(평상 상) 등. 개사슴록변 – 犯(범할 범)　狗(개 구) 등. 구슬옥변 – 理(다스릴 리)　球(공 구) 등. 죽을사변 – 死(죽을 사)　殃(재앙 앙) 등. 삼수변 – 江(강 강)　海(바다 해) 등. 보일시변 – 神(귀신 신)　社(단체 사) 등. 육달월변 – 肝(간 간)　能(능할 능) 등. 좌부방변 – 防(막을 방)　陵(언덕 릉) 등.
우부**방**	┐	병부절방 – 印(도장 인)　卵(알 란) 등. 우부방 – 郡(고을 군)　鄕(시골 향) 등.
엄	┌	민엄호 – 原(근원 원)　厄(재앙 액) 등. 주검시엄 – 尾(꼬리 미)　尺(자 척) 등. 엄호 – 庭(뜰 정)　度(법도 도) 등. 기운기엄 – 氣(기운 기) 등. 병질엄 – 病(병들 병)　疾(병 질) 등. 늙을로엄 – 老(늙을 로)　者(놈 자) 등. 범호엄 – 虎(범 호)　號(부르짖을 호) 등.
책**받침**	└	민책받침 – 廷(조정 정)　建(세울 건) 등. 책받침 – 近(가까울 근)　道(길 도) 등.

2. 부수자(部首字)의 변형

부수자	변형 부수자	해당 한자
人(사람 인)	亻(사람인변)	仁(어질 인) 등.
刀(칼 도)	刂(선칼도방)	利(이로울 리) 등.
川(내 천)	巛(개미허리)	巡(순행할 순) 등.
彑(돼지머리 계)	彐 彑(튼가로왈)	彗(비 혜) 彘(돼지 체) 등.
攴(칠 복)	攵(등글월문)	敎(가르칠 교) 등.
心(마음 심)	忄(심방변)	情(뜻 정) 등.
手(손 수)	扌(재방변)	指(손가락 지) 등.
水(물 수)	氵(물수변)	法(법 법) 등.
火(불 화)	灬(연화발)	熱(더울 열) 등.
玉(구슬 옥)	王(구슬옥변)	珍(보배 진) 등.
示(보일 시)	礻(보일시변)	礼(예도 례) 등.
絲(실 사)	糸(실사변)	結(맺을 결) 등.
老(늙을 로)	耂(늙을로엄)	考(상고할 고) 등.
肉(고기 육)	月(육달월변)	肥(살찔 비) 등.
艸(풀 초)	艹 艹(초두머리)	茶(차 다) 등.
衣(옷 의)	衤(옷의변)	複(겹칠 복) 등.
辵(쉬엄쉬엄갈 착)	辶(책받침)	通(통할 통) 등.
邑(고을 읍)	阝(우부방)-오른쪽에 위치	都(도읍 도) 등.
阜(언덕 부)	阝(좌부방변)-왼쪽에 위치	限(한정 한) 등.

자전(字典)에서 한자찾기

'자전(字典)'을 따로 '옥편(玉篇)'이라고도 한다.
한자의 부수(部首) 214자에 따라 분류한 한자를 획수의 차례로 배열하여 글자마다 우리말로 훈(뜻)과 음을 써 놓은 책이다.
자전(字典)에서 한자를 찾는 방법은 크게 아래의 세 가지 방법이 있다.

1. 「부수 색인(部首索引)」 이용법

부수한자 214자를 1획부터 17획까지의 획수에 따라 분류해서 만들어 놓은 「부수 색인(部首索引)」을 이용한다.

> <보기> '地' 자를 찾는 경우
> ① '地'의 부수인 '土'가 3획이므로 「부수 색인」 3획에서 '土'를 찾는다.
> ② '土' 자 옆에 적힌 쪽수에 따라 '土(흙 토)' 부를 찾아 펼친다.
> ③ '地' 자에서 부수를 뺀 나머지 부분(也)의 획이 3획이므로, 다시 3획 난의 한자를 차례로 살펴 '地' 자를 찾는다.
> ④ '地(땅 지)' 자의 훈과 음을 확인한다.

2. 「총획 색인(總畫索引)」 이용법

「부수 색인(部首索引)」으로 한자를 찾지 못한 경우는 글자의 총획을 세어서 획수별로 구분하여 놓은「총획 색인(總畫索引)」을 이용한다.

> <보기> '乾' 자를 찾는 경우
> ① '乾' 자의 총획(11획)을 센다.
> ② 총획 색인 11획 난에서 '乾' 자를 찾는다.
> ③ '乾' 자 옆에 적힌 쪽수를 펼쳐서 '乾' 자를 찾는다.
> ④ '乾(하늘 건)' 자의 훈과 음을 확인한다.

3. 「자음 색인(字音索引)」 이용법

한자음을 알고 있을 때는 가나다 순으로 배열된「자음 색인(字音索引)」을 이용한다.

> <보기> '南' 자를 찾는 경우
> ① '南' 자의 음이 '남'이므로 「자음 색인(字音索引)」에서 '남' 난을 찾는다.
> ② '남' 난에 배열된 한자들 중에서 '南' 자를 찾는다.
> ③ '南' 자 아래에 적힌 쪽수를 찾아 펼친다.
> ④ '南(남녘 남)' 자의 훈과 음을 확인한다.

한자(漢字) 학습

- 4급 배정한자표(配定漢字表)
- 신습한자표(新習漢字表)
- 신습한자 익히기
- 약자(略字)·속자(俗字) 익히기

4級 배정한자(1000字)

4급 배정한자 1000字 = 4급Ⅱ 배정한자 750字 + 추가 250字
* 표시는 쓰기 배정한자 500字임.
:, (:) 표시는 장음(長音)을 나타냄.

한자	훈	음	한자	훈	음	한자	훈	음	한자	훈	음
*可	옳을	가:	檢	검사할	검:	*公	공평할	공	卷	책	권
*加	더할	가	格	격식	격		공변될	공	勸	권할	권:
*家	집	가	激	격할	격	孔	구멍	공:	權	권세	권
假	거짓	가:	擊	칠	격	*功	공	공	*貴	귀할	귀:
街	거리	가(:)	犬	개	견	*共	한가지	공:	歸	돌아갈	귀:
暇	겨를/틈	가:	*見	볼	견:	攻	칠	공:	*規	법	규
*歌	노래	가		뵈올	현:	*空	빌	공	均	고를	균
*價	값	가	堅	굳을	견	*果	과	과:	極	극진할/다할	극
*各	각각	각	*決	결단할	결	*科	과목	과	劇	심할	극
*角	뿔	각	缺	이지러질	결	過	지날	과:	*近	가까울	근:
刻	새길	각	*結	맺을	결	*課	공부할/과정	과(:)	*根	뿌리	근
覺	깨달을	각	潔	깨끗할	결	官	벼슬/대롱	관	筋	힘줄	근
干	방패	간	*京	서울	경	管	주관할	관	勤	부지런할	근(:)
看	볼	간	景	볕	경(:)	*關	관계할	관	*今	이제	금
*間	사이	간(:)	*敬	공경	경:	*觀	볼	관	*金	쇠	금
簡	간략할/대쪽	간(:)	傾	기울	경	*光	빛	광		성	김
甘	달	감	經	지날/글	경	*廣	넓을	광:	禁	금할	금:
減	덜	감:	境	지경	경	鑛	쇳돌	광:	*急	급할	급
敢	감히/구태여	감:	輕	가벼울	경	*交	사귈	교	*級	등급	급
*感	느낄	감:	慶	경사	경:	*校	학교	교:	給	줄	급
監	볼	감	警	깨우칠	경:	*教	가르칠	교:	己	몸	기
甲	갑옷	갑	鏡	거울	경:	橋	다리	교	*技	재주	기
*江	강	강	競	다툴	경:	*九	아홉	구	汽	물끓는김	기
降	내릴	강:	驚	놀랄	경	*口	입	구(:)	奇	기특할	기
	항복할	항	系	이어맬	계:	句	글귀	구	紀	벼리	기
康	편안	강	戒	경계할	계:	求	구할	구	*氣	기운	기
*強	강할	강(:)	季	계절	계:	究	연구할/궁구할	구	起	일어날	기
講	욀	강:	*界	지경	계:	具	갖출	구(:)	*記	기록할	기
改	고칠	개(:)	係	맬	계:	*區	구분할/지경	구	*基	터	기
個	낱	개(:)	計	셀	계:	球	공	구	寄	부칠	기
*開	열	개	階	섬돌	계	*救	구원할	구:	期	기약할	기
*客	손	객	繼	이을	계:	構	얽을	구	旗	기	기
更	다시	갱:	鷄	닭	계	舊	예	구:	器	그릇	기
	고칠	경	*古	예	고:	局	판	국	機	틀	기
去	갈	거:	考	생각할	고(:)	*國	나라	국	*吉	길할	길
巨	클	거:	告	고할	고:	君	임금	군	暖	따뜻할	난:
*車	수레	거/차	固	굳을	고(:)	*軍	군사	군	難	어려울	난(:)
居	살	거	苦	쓸	고	郡	고을	군:	*男	사내	남
拒	막을	거:	孤	외로울	고	群	무리	군	*南	남녘	남
據	근거	거:	故	연고	고(:)	屈	굽힐	굴	納	들일	납
*擧	들	거:	高	높을	고	宮	집	궁	*內	안	내:
*件	물건	건	庫	곳집	고	窮	다할/궁할	궁	*女	계집	녀
*建	세울	건	*曲	굽을	곡	券	문서	권	*年	해	년
*健	굳셀	건:	穀	곡식	곡				*念	생각	념:
傑	뛰어날	걸	困	곤할	곤:				努	힘쓸	노
儉	검소할	검:	骨	뼈	골				怒	성낼	노:
			*工	장인	공				*農	농사	농
									*能	능할	능

미 ~ 복 / 다 ~ 동 / 두 ~ 료 / 류 ~ 미

미 (mi) 계열
- 미 味 맛
- *美 아름다울 미(:)
- 민 民 백성 민
- 密 빽빽할 밀
- *朴 성 박
- 拍 칠 박
- 博 넓을 박
- 反 돌아올/돌이킬 반:
- *半 반 반:
- *班 나눌 반
- *發 필 발
- 髮 터럭 발
- 方 모 방
- 妨 방해할 방
- 防 막을 방
- 房 방 방
- *放 놓을 방(:)
- 訪 찾을 방:
- 拜 절 배:
- 背 등 배:
- *倍 곱 배(:)
- 配 나눌/짝 배:
- 白 흰 백
- 百 일백 백
- *番 차례 번
- 伐 칠 벌
- 罰 벌할 벌
- *法 법 법
- 壁 벽 벽
- 邊 가 변
- 辯 말씀할 변:
- 變 변할 변:
- *別 다를/나눌 별
- 兵 병사 병
- *病 병 병:
- 步 걸음 보:
- 保 지킬 보(:)
- 普 넓을 보:
- 報 갚을/알릴 보:
- 寶 보배 보:
- 伏 엎드릴 복
- *服 옷 복

다 (da) 계열
- *多 많을 다
- 段 층계 단
- 單 홑 단
- 短 짧을 단(:)
- *團 둥글 단
- 端 끝 단
- 壇 단 단
- 檀 박달나무 단
- 斷 끊을 단:
- 達 통달할 달
- 談 말씀 담
- *擔 멜 담
- 答 대답 답
- 堂 집 당
- *當 마땅 당
- 黨 무리 당
- *大 큰 대(:)
- *代 대신 대:
- *待 기다릴 대:
- 帶 띠 대(:)
- 隊 무리 대
- *對 대할 대:
- *德 큰 덕
- *到 이를 도:
- *度 법도 도(:) 헤아릴 탁
- 逃 도망할 도
- *島 섬 도
- 徒 무리 도
- 盜 도둑 도(:)
- 道 길 도:
- 都 도읍 도
- *圖 그림 도
- 導 인도할 도:
- 毒 독 독
- *督 감독할 독
- 獨 홀로 독
- *讀 읽을 독 구절 두
- *冬 겨울 동(:)
- *同 한가지 동
- *東 동녘 동
- *洞 골 동: 밝을 통:
- *動 움직일 동:
- *童 아이 동(:)
- 銅 구리 동

두 (du) 계열
- 斗 말 두
- 豆 콩 두
- 頭 머리 두
- 得 얻을 득
- *等 무리 등:
- *燈 등 등
- 羅 벌릴 라
- *落 떨어질 락
- *樂 즐길 락 노래 악 좋아할 요
- 卵 알 란:
- 亂 어지러울 란:
- 覽 볼 람
- *朗 밝을 랑:
- *來 올 래(:)
- *冷 찰 랭:
- 略 간략할/약할 략
- 良 어질 량
- 兩 두 량:
- *量 헤아릴 량
- 糧 양식 량
- *旅 나그네 려
- 慮 생각할 려:
- 麗 고울 려
- *力 힘 력
- *歷 지날 력
- 連 이을 련
- *練 익힐 련:
- 列 벌릴/벌일 렬
- 烈 매울 렬
- *令 하여금 령(:)
- *領 거느릴 령
- *例 법식 례:
- *禮 예도 례:
- 老 늙을 로:
- *勞 일할 로
- 路 길 로:
- 綠 푸를 록
- 錄 기록할 록
- 論 논할 론
- 料 헤아릴 료(:)
- 龍 용 룡
- 柳 버들 류(:)
- 留 머무를 류

류 (ryu) 계열
- 類 무리 류(:)
- *六 여섯 륙
- *陸 뭍 륙
- 輪 바퀴 륜
- 律 법칙 률
- *里 마을 리:
- *理 다스릴 리:
- *利 이할 리:
- 離 떠날 리:
- 李 오얏/성 리:
- *林 수풀 림
- 立 설 립
- *馬 말 마:
- 萬 일만 만:
- 滿 찰 만(:)
- *末 끝 말
- *亡 망할 망
- *望 바랄 망:
- 每 매양 매(:)
- 妹 누이 매
- 買 살 매:
- 賣 팔 매(:)
- 脈 줄기 맥
- *面 낯 면:
- 勉 힘쓸 면:
- 名 이름 명
- 命 목숨 명:
- 明 밝을 명
- 鳴 울 명
- 毛 터럭 모
- 模 본뜰 모
- *木 나무 목
- 目 눈 목
- 牧 칠 목
- 妙 묘할 묘:
- 墓 무덤 묘:
- 武 호반 무:
- 務 힘쓸 무:
- *無 없을 무
- 舞 춤출 무:
- *文 글월 문
- *門 문 문
- 問 물을 문:
- *聞 들을 문(:)
- *物 물건 물
- 未 아닐 미(:)
- *米 쌀 미

한자 학습 (페이지 18)

각 항목은 한자 — 한글 음 — 뜻 순으로 정리되어 있다. (원문은 세로쓰기, 오른쪽에서 왼쪽으로 읽음)

숭 / 습 / 승 / 시 / 씨 / 식 / 신 / 실 / 심 / 십 / 아 / 악 / 안 / 암 / 압 / 애 / 액 / 야

- **숭** 崇 높을 숭
- **습** 習 익힐 습
- **승** 承 이을 승 / *勝 이길 승
- **시** 市 저자 시 / *示 보일 시
- **시:** 始 비로소 시
- **시:** 是 이 시 / *施 베풀 시
- **시:** 時 때 시 / 視 볼 시 / 詩 시 시 / 試 시험 시
- **시** 氏 각시 씨
- **씨:**
- **씨**
- **식** 式 법 식
- **식** 食 밥 먹을 식 / 쉴 식
- **식** 息 쉴 식 / *植 심을 식
- **식** 識 기록할 지
- **신** 申 납 신 (猿) / *臣 신하 신
- **신** 身 몸 신 / 信 믿을 신
- **신** 神 귀신 신 / *新 새 신
- **신:** 失 잃을 실 / *室 집 실
- **실** 實 열매 실 / 心 마음 심 / 深 깊을 심
- **심** 十 열 십
- **십** 兒 아이 아 / *惡 미워할 오
- **아**
- **악** 惡 악할 악
- **안** 安 편안 안 / *案 책상 안 / 眼 눈 안 / 暗 어두울 암 / 壓 누를 압
- **암**
- **압:**
- **애:** 愛 사랑 애 / 液 진 액
- **액** 夜 밤 야
- **야:**

성 / 세 / 소 / 속 / 손 / 송 / 수 / 숙 / 술

- **성** 星 별 성 / 城 재 성 / 盛 성할 성 / 聖 성인 성 / 誠 정성 성 / 聲 소리 성 / *世 인간 세
- **성:** *洗 씻을 세 / 細 가늘 세 / 稅 세금 세 / 歲 해 세 / 勢 형세 세 / *小 작을 소
- **세:** *所 바 소
- **세:** 素 본디 소 / 笑 웃음 소 / *消 사라질 소 / 掃 쓸 소 / 俗 풍속 속 / *速 빠를 속 / 屬 붙일 속 / 續 이을 속 / 孫 손자 손 / 損 덜 손
- **소** 松 소나무 송 / 送 보낼 송 / 頌 칭송할 송
- **소:** *水 물 수 / 手 손 수 / 守 지킬 수 / 收 거둘 수 / 秀 빼어날 수 / 受 받을 수 / 首 머리 수 / 修 닦을 수 / 授 줄 수 / 數 셈 수 / *樹 나무 수 / 叔 아재비 숙 / 宿 별자리 수 / 엄숙할 숙 / 純 순수할 순 / *順 순할 순 / 術 재주 술
- **속** / **손** / **송** / **수** / **수:** / **숙** / **순** / **술**

사 / 산 / 살 / 삼 / 상 / 색 / 생 / 서 / 석 / 선 / 설 / 성

- **사** / **사:** 師 스승 사 / 射 쏠 사 / 絲 실 사 / *寫 베낄 사 / 謝 사례할 사 / 辭 말씀 사 / *山 메 산 / 産 낳을 산 / 散 흩을 산 / 算 셈 산 / 殺 죽일 살 / 감할 쇄 / 三 석 삼 / 上 윗 상 / 床 상 상 / 狀 형상 상 / 문서 장 / *相 서로 상 / 商 떳떳할 상 / 常 코끼리 상 / 象 생각 상 / 想 다칠 상 / 傷 상줄 상 / 賞 빛 색 / *色 날 생 / 生 차례 서 / 西 글 서 / 序 저녁 석 / 書 돌 석 / 夕 자리 석 / 石 신선 선 / 席 먼저 선 / *仙 베풀 선 / 先 배 선 / 宣 착할 선 / *船 가릴 선 / 善 줄 선 / 選 고울 선 / 線 혀 설 / 鮮 눈 설 / 舌 말씀 설 / 雪 베풀 설 / 設 달랠 세 / 說 이룰 성 / *成 성품 성 / 性 살필 성 / 姓 덜 생 / 省

복 / 부 / 분 / 비 / 빙 / 사

- **복** 復 다시 복 / 회복할 복 / 겹칠 복 / *福 복 복 / *複 겹칠 복 / *本 근본 본 / *奉 받들 봉 / *夫 지아비 부 / 否 아닐 부 / 막힐 비 / 府 관청 부 / 負 질 부 / 婦 며느리 부 / 部 떼 부 / 副 버금 부 / *富 부자 부 / *北 북녘 북 / 달아날 배 / *分 나눌 분 / 가루 분 / 粉 아닐 분 / 憤 분할 분 / *不 아닐 불 / 부 / 佛 부처 불 / 比 견줄 비 / 批 비평할 비 / 非 아닐 비 / 飛 날 비 / 祕 숨길 비 / 悲 슬플 비 / *費 쓸 비 / 備 갖출 비 / 鼻 코 비 / 碑 비석 비 / 貧 가난할 빈 / 氷 얼음 빙 / *士 선비 사 / 四 넉 사 / 史 사기 사 / 仕 섬길 사 / 寺 절 사 / 死 죽을 사 / 私 사사 사 / 舍 집 사 / 事 일 사 / 使 하여금 부릴 사 / *社 모일 사 / 査 조사할 사 / 思 생각 사

장

- 장: 張 베풀 장
- 장: 場 마당 장
- 장: 裝 꾸밀 장
- 장: 腸 창자 장
- 장: 獎 장려할 장
- 장: 障 막을 장
- *才 재주 재

재

- 재: 在 있을 재
- 재: 再 두 재
- *材 재목 재
- 재: 財 재물 재
- *爭 다툴 쟁

저

- 저: 低 낮을 저
- 저: 底 밑 저
- *赤 붉을 적

적

- 적: 的 과녁 적
- 적: 賊 도둑 적
- 적: 適 맞을 적
- 적: 敵 대적할 적
- 적: 積 쌓을 적
- 적: 績 길쌈 적
- 적: 籍 문서 적
- *田 밭 전

전

- 전: 全 온전 전
- *典 법 전
- *前 앞 전
- *展 펼 전
- *專 오로지 전
- *電 번개 전
- *傳 전할 전
- 전: 錢 돈 전
- 전: 戰 싸움 전
- 전: 轉 구를 전
- *切 끊을 절

절

- 절: 絕 끊을 절
- 절: 節 마디 절
- *占 점령할 점

점

- 점: 店 가게 점
- 점: 點 점 점
- 접: 接 이을 접
- 정: 丁 고무래 정

장

- 장: 將 장수 장
- 장: 場 마당 장
- 장: 裝 꾸밀 장
- 장: 腸 창자 장
- 장: 獎 장려할 장
- 장: 障 막을 장

육

- 육: 肉 고기 육
- *育 기를 육
- 은: 恩 은혜 은
- 은: 銀 은 은
- 은: 隱 숨을 은
- 음: 音 소리 음
- 음: 陰 그늘 음
- 음: 飮 마실 음
- 읍: 邑 고을 읍
- 응: 應 응할 응
- 의: 衣 옷 의
- 의: 依 의지할 의
- *意 뜻 의
- 의: 義 옳을 의
- 의: 儀 거동 의
- 의: 疑 의심할 의
- 의: 議 의논할 의
- *醫 의원 의
- *二 두 이
- 이: 以 써 이
- 이: 耳 귀 이
- 이: 異 다를 이
- 이: 移 옮길 이
- 이: 益 더할 익
- 인: 人 사람 인
- 인: 仁 어질 인
- 인: 引 끌 인
- 인: 因 인할 인
- 인: 印 도장 인
- 인: 認 알 인
- *一 한 일
- 일: 日 날 일
- 임: 任 맡길 임
- 입: 入 들 입
- 자: 子 아들 자
- *字 글자 자
- 자: 自 스스로 자
- *姉 손위누이 자
- 자: 者 놈 자
- 자: 姿 모양 자
- 자: 資 재물 자
- 자: 作 지을 작
- *昨 어제 작
- 잔: 殘 남을 잔
- 잡: 雜 섞일 잡
- 장: 長 긴 장
- *章 글 장
- 장: 帳 장막 장

완

- 완: 完 완전할 완
- 왕: 王 임금 왕
- 왕: 往 갈 왕
- 외: 外 바깥 외
- 요: 要 요긴할 요
- *謠 노래 요
- 욕: 浴 목욕할 욕
- *勇 날랠 용
- 용: 容 얼굴 용
- *友 벗 우
- 우: 牛 소 우
- 우: 右 오른 우
- 우: 雨 비 우
- 우: 遇 만날 우
- 우: 郵 우편 우
- 우: 優 넉넉할 우
- *雲 구름 운
- 운: 運 옮길 운
- 웅: 雄 수컷 웅
- 원: 元 으뜸 원
- 원: 怨 원망할 원
- 원: 原 언덕 원
- 원: 員 인원 원
- 원: 院 집 원
- 원: 援 도울 원
- 원: 圓 둥글 원
- 원: 園 동산 원
- 원: 源 근원 원
- 원: 遠 멀 원
- 원: 願 원할 원
- 월: 月 달 월
- 위: 危 위태할 위
- 위: 位 자리 위
- 위: 委 맡길 위
- 위: 威 위엄 위
- 위: 偉 클 위
- 위: 爲 에워쌀 위
- 위: 慰 위로할 위
- 위: 圍 위엄 위
- 위: 衛 지킬 위
- *由 말미암을 유
- 유: 有 있을 유
- *乳 젖 유
- 유: 油 기름 유
- 유: 遊 놀 유
- 유: 遺 남길 유
- 유: 儒 선비 유

야

- 야: 夜 밤 야
- 야: 野 들 야
- *約 맺을 약
- 약: 弱 약할 약
- 약: 藥 약 약
- *羊 양 양
- *洋 큰바다 양
- *陽 볕 양
- *養 기를 양
- 양: 樣 모양 양
- 양: 魚 물고기 어
- 어: 漁 고기잡을 어
- 어: 語 말씀 어
- *億 억 억
- *言 말씀 언
- 엄: 嚴 엄할 엄
- *業 업 업
- 여: 如 같을 여
- 여: 與 더불 여
- 여: 餘 남을 여
- 여: 易 바꿀 역
- 역: 逆 거스릴 역
- 역: 域 지경 역
- 연: 延 늘일 연
- 연: 硏 갈 연
- *然 그럴 연
- 연: 煙 연기 연
- 연: 鉛 납 연
- 연: 演 펼 연
- 연: 燃 탈 연
- 연: 緣 인연 연
- 열: 熱 더울 열
- 엽: 葉 잎 엽
- *永 길 영
- 영: 迎 맞을 영
- *英 꽃부리 영
- 영: 映 비칠 영
- 영: 榮 영화 영
- 영: 營 경영할 영
- 예: 豫 미리 예
- 예: 藝 재주 예
- *午 낮 오
- *五 다섯 오
- 오: 誤 그르칠 오
- 옥: 玉 구슬 옥
- *屋 집 옥
- 온: 溫 따뜻할 온

快	쾌	쾌할
他	타	다를
打	타:	칠
卓	탁	높을
炭	탄:	숯
彈	탄:	탄알
歎	탄:	탄식할
脫	탈	벗을
探	탐	찾을
太	태	클
態	태:	모습
宅	택/댁	집
擇	택	가릴
土	토	흙
討	토(:)	칠
通	통	통할
痛	통:	아플
統	통:	거느릴
退	퇴:	물러날
投	투	던질
鬪	투	싸움
特	특	특별할
波	파	물결
派	파	갈래
破	파:	깨뜨릴
判	판	판단할
板	판	널
八	팔	여덟
敗	패:	패할
便	편(:)	편할
便	변	똥오줌
篇	편	책
平	평	평평할
評	평:	평할
閉	폐:	닫을
布	포(:)	베
包	포(:)	쌀
胞	포(:)	세포
砲	포:	대포
暴	폭	사나울
暴	포:	모질
爆	폭	불터질
表	표	겉
票	표	표
標	표	표할
品	품:	물건
風	풍	바람
豊	풍	풍년
責	책	꾸짖을
處	처:	곳
千	천	일천
川	천	내
天	천	하늘
泉	천	샘
鐵	철	쇠
靑	청	푸를
淸	청	맑을
請	청	청할
聽	청	들을
廳	청	관청
體	체	몸
初	초	처음
招	초	부를
草	초	풀
寸	촌:	마디
村	촌:	마을
銃	총	총
總	총:	다
最	최:	가장
秋	추	가을
推	추	밀
祝	축	빌
蓄	축	모을
築	축	쌓을
縮	축	줄일
春	춘	봄
出	출	날
充	충	채울
忠	충	충성
蟲	충	벌레
取	취:	가질
就	취:	나아갈
趣	취:	뜻
測	측	헤아릴
層	층	층
治	치	다스릴
致	치:	이를
置	치:	둘
齒	치	이
則	칙	법칙
親	친	친할
七	칠	일곱
侵	침	침노할
針	침	바늘
寢	침:	잘
稱	칭	일컬을
州	주	고을
走	주	달릴
住	주:	살
周	주	두루
注	주:	부을
酒	주(:)	술
晝	주	낮
週	주	일주일
竹	죽	대
準	준:	준할
中	중	가운데
重	중:	무거울
衆	중:	무리
增	증	더할
證	증	증거
止	지	그칠
支	지	지탱할
至	지	이를
地	지	따
志	지	뜻
知	지	알
持	지	가질
指	지	가리킬
紙	지	종이
智	지	지혜
誌	지	기록할
直	직	곧을
職	직	직분
織	직	짤
珍	진	보배
眞	진	참
陣	진	진칠
進	진:	나아갈
盡	진:	다할
質	질	바탕
集	집	모을
次	차	버금
差	차	다를
着	착	붙을
讚	찬:	기릴
察	찰	살필
參	참	참여할
窓	창	창
唱	창:	부를
創	창:	비롯할
採	채:	캘
册	책	책
正	정(:)	바를
定	정:	정할
政	정	정사
庭	정	뜰
停	정	머무를
情	정	뜻
程	정	길
精	정	정할
整	정:	가지런할
靜	정	고요할
弟	제:	아우
制	제:	절제할
帝	제:	임금
除	제	덜
第	제:	차례
祭	제:	제사
提	제	끌
製	제:	지을
際	제:	즈음
濟	제:	건널
題	제	제목
早	조:	이를
助	조:	도울
造	조:	지을
祖	조	할아비
鳥	조	새
條	조	가지
組	조	짤
朝	조	아침
潮	조	조수
調	조	고를
操	조(:)	잡을
足	족	발
族	족	겨레
存	존	있을
尊	존	높을
卒	졸	마칠
宗	종	마루
從	종	좇을
終	종	마칠
種	종(:)	씨
鍾	종	쇠북
左	좌:	왼
座	좌:	자리
罪	죄:	허물
主	주	임금
朱	주	붉을

漢字	뜻	음
疲	피곤할	피
避	피할	피:
*必	반드시	필
*筆	붓	필
*下	아래	하:
*河	물	하
*夏	여름	하:
*學	배울	학
恨	한할	한:
限	한할	한:
*寒	찰	한
閑	한가할	한
*漢	한수/한나라	한:
*韓	한국/나라	한(:)
*合	합할	합
抗	겨룰	항:
航	배	항:
港	항구	항:
*害	해할	해:
*海	바다	해:
解	풀	해:
核	씨	핵
*行	다닐	행(:)
	항렬	항(:)
*幸	다행	행:
*向	향할	향:
香	향기	향
鄕	시골	향
*許	허락	허
虛	빌	허
憲	법	헌:
險	험할	험:
驗	시험할	험:
革	가죽	혁
*現	나타날	현:
顯	나타날	현:
賢	어질	현
血	피	혈
協	화할	협
*兄	형	형
刑	형벌	형
*形	모양	형
惠	은혜	혜:
戶	집	호:
好	좋을	호:
呼	부를	호
*湖	호수	호
*號	이름	호(:)
護	도울	호:
或	혹	혹
混	섞을	혼:
婚	혼인할	혼
紅	붉을	홍
*火	불	화(:)
*化	될	화(:)
*花	꽃	화
*和	화할	화
華	빛날	화
貨	재물	화:
*畫	그림	화:
	그을	획
*話	말씀	화
確	굳을	확
*患	근심	환:
環	고리	환
歡	기쁠	환
*活	살	활
況	상황	황:
*黃	누를	황
灰	재	회
回	돌아올	회
*會	모일	회:
*孝	효도	효:
*效	본받을	효:
厚	두터울	후:
*後	뒤	후:
候	기후	후:
*訓	가르칠	훈:
揮	휘두를	휘
*休	쉴	휴
*凶	흉할	흉
*黑	검을	흑
吸	마실	흡
興	일	흥(:)
希	바랄	희
喜	기쁠	희

4급 신습한자 ①

*신습한자 : 250자, 총 학습자 : 1,000자(4급Ⅱ 750자 포함). 쓰기배정한자 : 500자(5급).

형(形)	훈(訓)	음(音)	형(形)	훈(訓)	음(音)	형(形)	훈(訓)	음(音)	형(形)	훈(訓)	음(音)
暇	틈 겨를	가 가	堅	굳을	견	君	임금	군	盜	도둑	도
刻	새길	각	傾	기울	경	群	무리	군	卵	알	란
覺	깨달을	각	驚	놀랄	경	屈	굽힐	굴	亂	어지러울	란
干	방패	간	鏡	거울	경	窮	다할	궁	覽	볼	람
看	볼	간	戒	경계할	계	券	문서	권	略	간략할 약할	략 략
簡	대쪽	간	系	이어맬	계	卷	책	권	糧	양식	량
甘	달	감	季	계절	계	勸	권할	권	慮	생각할	려
敢	감히 구태여	감 감	階	섬돌	계	歸	돌아갈	귀	烈	매울	렬
甲	갑옷	갑	鷄	닭	계	均	고를	균	龍	용	룡
降	내릴 항복할	강 항	繼	이을	계	劇	심할	극	柳	버들	류
更	다시 고칠	갱 경	孤	외로울	고	筋	힘줄	근	輪	바퀴	륜
巨	클	거	庫	곳집	고	勤	부지런할	근	離	떠날	리
拒	막을	거	穀	곡식	곡	紀	벼리	기	妹	누이	매
居	살	거	困	곤할	곤	奇	기특할	기	勉	힘쓸	면
據	근거	거	骨	뼈	골	寄	부칠	기	鳴	울	명
傑	뛰어날	걸	孔	구멍	공	機	틀	기	模	본뜰	모
儉	검소할	검	攻	칠	공	納	들일	납	妙	묘할	묘
激	격할	격	管	대롱 주관할	관 관	段	층계	단	墓	무덤	묘
擊	칠	격	鑛	쇳돌	광	徒	무리	도	舞	춤출	무
犬	개	견	構	얽을	구	逃	도망할	도	拍	칠	박

4급 신습한자 ②

형(形)	훈(訓) 음(音)	형(形)	훈(訓) 음(音)	형(形)	훈(訓) 음(音)	형(形)	훈(訓) 음(音)
髮	터럭 발	象	코끼리 상	燃	탈 연	遺	남길 유
妨	방해할 방	傷	다칠 상	鉛	납 연	儒	선비 유
犯	범할 범	宣	베풀 선	緣	인연 연	隱	숨을 은
範	법 범	舌	혀 설	迎	맞을 영	依	의지할 의
辯	말씀 변	屬	붙일 속	映	비칠 영	儀	거동 의
普	넓을 보	損	덜 손	營	경영할 영	疑	의심할 의
伏	엎드릴 복	松	소나무 송	豫	미리 예 / 맡길 예	異	다를 이
複	겹칠 복	頌	칭송할 송 / 기릴 송	郵	우편 우	仁	어질 인
否	아닐 부	秀	빼어날 수	遇	만날 우	姉	손위누이 자
負	질 부	叔	아재비 숙	優	넉넉할 우	姿	모양 자
粉	가루 분	肅	엄숙할 숙	怨	원망할 원	資	재물 자
憤	분할 분	崇	높을 숭	源	근원 원	殘	남을 잔
批	비평할 비	氏	각시 씨 / 성씨 씨	援	도울 원	雜	섞일 잡
祕	숨길 비	額	이마 액	危	위태할 위	壯	장할 장
碑	비석 비	樣	모양 양	委	맡길 위	裝	꾸밀 장
私	사사 사	嚴	엄할 엄	威	위엄 위	帳	장막 장
射	쏠 사	與	더불 여 / 줄 여	圍	에워쌀 위	張	베풀 장
絲	실 사	易	바꿀 역 / 쉬울 이	慰	위로할 위	獎	장려할 장
辭	말씀 사	域	지경 역	乳	젖 유	腸	창자 장
散	흩을 산	延	늘일 연	遊	놀 유	底	밑 저

4급 신습한자 ③

형(形)	훈(訓) 음(音)	형(形)	훈(訓) 음(音)	형(形)	훈(訓) 음(音)	형(形)	훈(訓) 음(音)
賊	도둑 적	鍾	쇠북 종	招	부를 초	篇	책 편
適	맞을 적	座	자리 좌	推	밀 추	評	평할 평
積	쌓을 적	朱	붉을 주	縮	줄일 축	閉	닫을 폐
績	길쌈 적	周	두루 주	趣	뜻 취	胞	세포 포
籍	문서 적	酒	술 주	就	나아갈 취	爆	불터질 폭
專	오로지 전	證	증거 증	層	층 층	標	표할 표
轉	구를 전	誌	기록할 지	寢	잘 침	疲	피곤할 피
錢	돈 전	智	지혜 지 / 슬기 지	針	바늘 침	避	피할 피
折	꺾을 절	持	가질 지	稱	일컬을 칭	恨	한 한
占	점령할 점	織	짤 직	彈	탄알 탄	閑	한가할 한
點	점 점	珍	보배 진	歎	탄식할 탄	抗	겨룰 항
丁	장정 정 / 고무래 정	陣	진칠 진	脫	벗을 탈	核	씨 핵
整	가지런할 정	盡	다할 진	探	찾을 탐	憲	법 헌
靜	고요할 정	差	다를 차	擇	가릴 택	險	험할 험
帝	임금 제	讚	기릴 찬	討	칠 토	革	가죽 혁
組	짤 조	採	캘 채	痛	아플 통	顯	나타날 현
條	가지 조	冊	책 책	投	던질 투	刑	형벌 형
潮	조수 조	泉	샘 천	鬪	싸움 투	或	혹 혹
存	있을 존	聽	들을 청	派	갈래 파	婚	혼인할 혼
從	좇을 종	廳	관청 청	判	판단할 판	混	섞을 혼

4급 신습한자 ④

형(形)	훈(訓)	음(音)	형(形)	훈(訓)	음(音)	형(形)	훈(訓)	음(音)	형(形)	훈(訓)	음(音)
紅	붉을	홍	歡	기쁠	환	厚	두터울	후	喜	기쁠	희
華	빛날	화	況	상황	황	候	기후	후			
環	고리	환	灰	재	회	揮	휘두를	휘			

4급 신습한자 ①

형(形)	훈(訓) 음(音)	형(形)	훈(訓) 음(音)	형(形)	훈(訓) 음(音)	형(形)	훈(訓) 음(音)
暇		堅		君		盜	
刻		傾		群		卵	
覺		驚		屈		亂	
干		鏡		窮		覽	
看		戒		券		略	
簡		系		卷		糧	
甘		季		勸		慮	
敢		階		歸		烈	
甲		鷄		均		龍	
降		繼		劇		柳	
更		孤		筋		輪	
巨		庫		勤		離	
拒		穀		紀		妹	
居		困		奇		勉	
據		骨		寄		鳴	
傑		孔		機		模	
儉		攻		納		妙	
激		管		段		墓	
擊		鑛		徒		舞	
犬		構		逃		拍	

4급 신습한자 ②

형(形)	훈(訓) 음(音)	형(形)	훈(訓) 음(音)	형(形)	훈(訓) 음(音)	형(形)	훈(訓) 음(音)
髮		象		燃		遺	
妨		傷		鉛		儒	
犯		宣		緣		隱	
範		舌		迎		依	
辯		屬		映		儀	
普		損		營		疑	
伏		松		豫		異	
複		頌		郵		仁	
否		秀		遇		姉	
負		叔		優		姿	
粉		肅		怨		資	
憤		崇		源		殘	
批		氏		援		雜	
祕		額		危		壯	
碑		樣		委		裝	
私		嚴		威		帳	
射		與		圍		張	
絲		易		慰		奬	
辭		域		乳		腸	
散		延		遊		底	

4급 신습한자 ③

형(形)	훈(訓) 음(音)	형(形)	훈(訓) 음(音)	형(形)	훈(訓) 음(音)	형(形)	훈(訓) 음(音)
賊		鍾		招		篇	
適		座		推		評	
積		朱		縮		閉	
績		周		趣		胞	
籍		酒		就		爆	
專		證		層		標	
轉		誌		寢		疲	
錢		智		針		避	
折		持		稱		恨	
占		織		彈		閑	
點		珍		歎		抗	
丁		陣		脫		核	
整		盡		探		憲	
靜		差		擇		險	
帝		讚		討		革	
組		採		痛		顯	
條		冊		投		刑	
潮		泉		鬪		或	
存		聽		派		婚	
從		廳		判		混	

4급 신습한자 ④

형(形)	훈(訓) 음(音)	형(形)	훈(訓) 음(音)	형(形)	훈(訓) 음(音)	형(形)	훈(訓) 음(音)
紅		歡		厚		喜	
華		況		候			
環		灰		揮			

4급 신습한자 ①

형(形)	훈(訓)	음(音)	형(形)	훈(訓)	음(音)	형(形)	훈(訓)	음(音)	형(形)	훈(訓)	음(音)
	틈 겨를	가 가		굳을	견		임금	군		도둑	도
	새길	각		기울	경		무리	군		알	란
	깨달을	각		놀랄	경		굽힐	굴		어지러울	란
	방패	간		거울	경		다할	궁		볼	람
	볼	간		경계할	계		문서	권		간략할 약할	략 략
	대쪽	간		이어맬	계		책	권		양식	량
	달	감		계절	계		권할	권		생각할	려
	감히 구태여	감 감		섬돌	계		돌아갈	귀		매울	렬
	갑옷	갑		닭	계		고를	균		용	룡
	내릴 항복할	강 항		이을	계		심할	극		버들	류
	다시 고칠	갱 경		외로울	고		힘줄	근		바퀴	륜
	클	거		곳집	고		부지런할	근		떠날	리
	막을	거		곡식	곡		벼리	기		누이	매
	살	거		곤할	곤		기특할	기		힘쓸	면
	근거	거		뼈	골		부칠	기		울	명
	뛰어날	걸		구멍	공		틀	기		본뜰	모
	검소할	검		칠	공		들일	납		묘할	묘
	격할	격		대롱 주관할	관 관		층계	단		무덤	묘
	칠	격		쇳돌	광		무리	도		춤출	무
	개	견		얽을	구		도망할	도		칠	박

4급 신습한자 ②

형(形)	훈(訓)	음(音)	형(形)	훈(訓)	음(音)	형(形)	훈(訓)	음(音)	형(形)	훈(訓)	음(音)
	터럭	발		코끼리	상		탈	연		남길	유
	방해할	방		다칠	상		납	연		선비	유
	범할	범		베풀	선		인연	연		숨을	은
	법	범		혀	설		맞을	영		의지할	의
	말씀	변		붙일	속		비칠	영		거동	의
	넓을	보		덜	손		경영할	영		의심할	의
	엎드릴	복		소나무	송		맡길 미리	예 예		다를	이
	겹칠	복		칭송할 기릴	송 송		우편	우		어질	인
	아닐	부		빼어날	수		만날	우		손위누이	자
	질	부		아재비	숙		넉넉할	우		모양	자
	가루	분		엄숙할	숙		원망할	원		재물	자
	분할	분		높을	숭		근원	원		남을	잔
	비평할	비		각시 성씨	씨 씨		도울	원		섞일	잡
	숨길	비		이마	액		위태할	위		장할	장
	비석	비		모양	양		맡길	위		꾸밀	장
	사사	사		엄할	엄		위엄	위		장막	장
	쏠	사		더불 줄	여 여		에워쌀	위		베풀	장
	실	사		바꿀 쉬울	역 이		위로할	위		장려할	장
	말씀	사		지경	역		젖	유		창자	장
	흩을	산		늘일	연		놀	유		밑	저

4급 신습한자 ③

형(形)	훈(訓) 음(音)	형(形)	훈(訓) 음(音)	형(形)	훈(訓) 음(音)	형(形)	훈(訓) 음(音)
	도둑 적		쇠북 종		부를 초		책 편
	맞을 적		자리 좌		밀 추		평할 평
	쌓을 적		붉을 주		줄일 축		닫을 폐
	길쌈 적		두루 주		뜻 취		세포 포
	문서 적		술 주		나아갈 취		불터질 폭
	오로지 전		증거 증		층 층		표할 표
	구를 전		기록할 지		잘 침		피곤할 피
	돈 전		지혜 지 슬기 지		바늘 침		피할 피
	꺾을 절		가질 지		일컬을 칭		한 한
	점령할 점		짤 직		탄알 탄		한가할 한
	점 점		보배 진		탄식할 탄		겨룰 항
	장정 정 고무래 정		진칠 진		벗을 탈		씨 핵
	가지런할 정		다할 진		찾을 탐		법 헌
	고요할 정		다를 차		가릴 택		험할 험
	임금 제		기릴 찬		칠 토		가죽 혁
	짤 조		캘 채		아플 통		나타날 현
	가지 조		책 책		던질 투		형벌 형
	조수 조		샘 천		싸움 투		혹 혹
	있을 존		들을 청		갈래 파		혼인할 혼
	좇을 종		관청 청		판단할 판		섞을 혼

4급 신습한자 ④

형(形)	훈(訓) 음(音)	형(形)	훈(訓) 음(音)	형(形)	훈(訓) 음(音)	형(形)	훈(訓) 음(音)
	붉을 홍		기쁠 환		두터울 후		기쁠 희
	빛날 화		상황 황		기후 후		
	고리 환		재 회		휘두를 휘		

◦ 핵심정리장 1   ⬇ 자세히 읽어 보세요.

모양(형 形)	뜻(훈 訓) 소리(음 音)		핵 심 정 리
暇:	틈 겨를(짬)	가 가	빌어온 날처럼 시간에 '틈' 이 있다는 뜻의 자입니다. • 긴소리로 읽음.　　• 假(거짓 가), 暇(틈 가)
刻	새길	각	돼지 발자국이 땅에 박히듯이 칼로 딱딱한 곳에 기호 등을 '새긴다' 는 뜻의 자입니다.
覺	깨달을	각	보기도 하고 배우고 하여 사물의 이치를 '깨닫는다' 는 뜻의 자입니다. • 學(배울 학), 覺(깨달을 각)
干	방패 썰물	간 간	'방패' 의 모양을 본뜬 자입니다. • 干 ⇔ 滿(간만).　　• 千(일천 천), 干(방패 간)
看	볼	간	눈 위에 손을 얹고 먼 곳을 '본다' 는 뜻의 자입니다.
簡(:)	대 쪽 간략할	간 간	편지 등의 글을 쓰기위해 대나무를 편편하게 깎아 틈을 두고 엮어만든 '대쪽' 이라는 뜻의 자입니다. • 긴소리 또는 짧은소리로도 읽음.
甘	달	감	입에 머금어 좋은 것은 '단' 맛이라는 뜻의 자입니다.
敢:	감히 구태여	감 감	나이 많은 어른 앞에 송구함을 무릅쓰고 나아가 주시는 물건을 두손으로 '감히' 받는다는 뜻의 자입니다. • 긴소리로 읽음.
甲	갑옷 첫째 나이	갑 갑 갑	초목의 싹이 대지를 뚫고 나올 때 겉을 딱딱하게 싸고 있는 '갑옷' 의 모양을 나타낸 자입니다.
降(:)	내릴 항복할	강 항	언덕 위로 올랐다가 아래로 '내려' 온다는 뜻의 자입니다. • 일자다음자임. 강·항.　　※ 降雨量(강우량). 降伏(항복) • 긴소리 또는 짧은소리로도 읽음.

◦ 핵심정리장 2   ⬇ 자세히 읽어 보세요.

모양(형 形)	뜻(훈 訓) 소리(음 音)	핵 심 정 리
更:	다시 갱 고칠 경	밝게 살도록 회초리를 들고 가르쳐서 고쳐줌을 거듭 '다시' 한다는 뜻의 자입니다. •부수는 曰(가로 왈)임. •일자다음자임. 갱·경. •긴소리로 읽음. ※ 更:生(갱생), 更:新(갱신) / 更新(경신)
巨:	클 거	목수가 일할 때 손에 들고 쓰는 자는 대체로 '크다' 는 뜻의 자입니다. •부수는 工(장인 공)임. •긴소리로 읽음.
拒:	막을 거	손을 크게 휘둘러 덤벼드는 자를 '막는다' 는 뜻의 자입니다. •긴소리로 읽음.
居	살 거	사람이 집에 오랫동안 머물러 '산다' 는 뜻의 자입니다.
據:	근거 거	나무에 매달리기도 하며 사는 원숭이는 숲이 삶의 '근거' 지라는 뜻의 자입니다. •긴소리로 읽음.
傑	뛰어날 걸 호걸 걸	사람들 가운데는 재주와 풍모가 '뛰어난' 이도 있다는 뜻의 자입니다.
儉:	검소할 검	사람들이 물건을 여러번 사용하니 생활이 '검소하다' 는 뜻의 자입니다. •긴소리로 읽음. •儉(검소할 검), 檢(검사할 검), 驗(시험할 험), 險(험할 험)
激	격할 격	물결이 돌에 부딪쳐 큰소리를 내며 '격하' 게 흐른다는 뜻의 자입니다.
擊	칠 격	전차를 굴려가며 손에는 무기를 들고 적을 '친다' 는 뜻의 자입니다. •부수는 手(손 수)임.
犬	개 견	앞발을 들고 짖어대는 '개' 의 모양을 본뜬 자입니다. •大(큰 대), 太(클 태), 犬(개 견)

○ 핵심정리장 3 ▼ 자세히 읽어 보세요.

모양(형 形)	뜻(훈 訓) 소리(음 音)	핵 심 정 리
堅	굳을 견	땅이 단단해져 '굳다' 는 뜻의 자입니다.
傾	기울 경	사람의 머리가 '기울' 어져 있다는 뜻의 자입니다.
驚	놀랄 경	조심성이 많은 말이 잘 '놀란다' 는 뜻의 자입니다. • 부수는 馬(말 마)임.　• 警(깨우칠 경), 驚(놀랄 경)
鏡:	거울 경	금속의 표면을 닦아만든 '거울' 이라는 뜻의 자입니다. • 긴소리로 읽음.
戒:	경계할 계	두 손으로 창을 잡고 지키며 적을 '경계한다' 는 뜻의 자입니다. • 긴소리로 읽음.　• 成(이룰 성), 戒(경계할 계)
系:	이어맬 계	실의 끝에 또 실을 '이어맨다' 는 뜻의 자입니다. • 부수는 糸(실 사)임.　• 긴소리로 읽음.
季:	계절(철) 계 끝 계	곡식을 뿌리고 거둬들이는 때를 나누어 '계절' 을 삼는다는 뜻의 자입니다. • 긴소리로 읽음. • 李(오얏 리), 季(계절 계), 秀(빼어날 수)
階	섬돌(계단) 계 계급 계	여러 개의 툇돌을 나란히 늘어놓아 층층히 쌓은 '섬돌' 이라는 뜻의 자입니다.
鷄	닭 계	유달리 배가 커보이는 꽁지 긴 새류인 '닭' 을 나타낸 자입니다. • 부수는 鳥(새 조)임.
繼:	이을 계	실을 줄줄이 매어 '잇는다' 는 뜻의 자입니다. • 繼 ≒ 續(계속). • 斷(끊을 단), 繼(이을 계)　• 긴소리로 읽음.

4급-1

暇 틈 / 겨를(짬) 가	日 부수 9획, 총 13획. ( )부수 ( )획, 총 ( )획.
	病:暇 休暇 餘暇善用

刻 새길 각	刂刀 부수 6획, 총 8획. ( )부수 ( )획, 총 ( )획.
	刻苦 刻印 陰刻 書刻 板刻

覺 깨달을 각	見 부수 13획, 총 20획. ( )부수 ( )획, 총 ( )획.
	感:覺 味覺 發覺 自覺 知覺

干 방패 간 / 썰물 간	干 부수 0획, 총 3획. ( )부수 ( )획, 총 ( )획.
	干城 干滿

看 볼 간	目 부수 4획, 총 9획. ( )부수 ( )획, 총 ( )획.
	看過 看病 看護 走馬看山

4급-1-복습·쓰기장

♣ 아래의 빈칸을 채우시오.

【금일학습】

暇 틈 가						
刻 새길 각						
覺 깨달을 각						
干 방패 간						
看 볼 간						

병가 휴가 여가선용
각고 각인 음각 서각 판각
감각 미각 발각 자각 지각
간성 간만
간과 간병 간호 주마간산

4급-2

簡
대쪽 간간간
간략할
편지

竹 부수 12획, 총 18획. ( )부수 ( )획, 총 ( )획.

簡單　　簡潔　　簡便　　簡:易　　書簡文

甘
달 감

甘 부수 0획, 총 5획. ( )부수 ( )획, 총 ( )획.

甘草　　甘味料　　甘言利說

敢
감히 감
구태여 감

攵(攴) 부수 8획, 총 12획. ( )부수 ( )획, 총 ( )획.

敢:行　　敢:不生心

甲
갑옷 갑갑갑
첫째
나이

田 부수 0획, 총 5획. ( )부수 ( )획, 총 ( )획.

甲富　　回甲　　鐵甲船　　甲午更張

降
내릴 강
항복할 항

阝(阜) 부수 6획, 총 9획. ( )부수 ( )획, 총 ( )획.

降:神　　降伏　　降:雪量　　降:雨量

39

4급-2-복습 · 쓰기장

♣ 아래의 빈칸을 채우시오.　　　　　　　　　　　　　　　　　　　【지난학습】

틈	**가**	새길	**각**	깨달을	**각**	방패	**간**	볼	**간**

【금일학습】

簡 대쪽 **간**						
甘 달 **감**						
敢 감히 **감**						
甲 갑옷 **갑**						
降 내릴 **강**						

간단 간결 간편 간이 서간문
감초 감미료 감언이설
감행 감불생심
갑부 회갑 철갑선 갑오경장
강신 항복 강설량 강우량

4급-3

월   일 【시 간】   ~

更 다시 갱 고칠 경	日 부수 3획, 총 7획. ( )부수 ( )획, 총 ( )획.
	更:生 更:新 更:紙 變:更 更:年期

巨 클 거	工 부수 2획, 총 5획. ( )부수 ( )획, 총 ( )획.
	巨:大 巨:人 巨:物 巨:富 巨:金

拒 막을 거	扌 手 부수 5획, 총 8획. ( )부수 ( )획, 총 ( )획.
	拒:絶 拒:逆 拒:否權

居 살 거	尸 부수 5획, 총 8획. ( )부수 ( )획, 총 ( )획.
	居室 居處 別居 居住地

據 근거 거	扌 手 부수 13획, 총 16획. ( )부수 ( )획, 총 ( )획.
	據:點 根據 論據

4급-3-복습 · 쓰기장

♣ **아래의 빈칸을 채우시오.** 【지난학습】

대쪽	간	달	감	감히	감	갑옷	갑	내릴	강

【금일학습】

更 다시 갱								
巨 클 거								
拒 막을 거								
居 살 거								
據 근거 거								

갱생 갱신 갱지 변경 갱년기
거대 거인 거물 거부 거금
거절 거역 거부권
거실 거처 별거 거주지
거점 근거 논거

월   일 【시간】   ~

4급-4

傑 뛰어날 걸 / 호걸 걸
亻人 부수 10획, 총 12획. (   )부수 (   )획, 총 (   )획.

傑作   傑物   傑出   英傑

儉 검소할 검
亻人 부수 13획, 총 15획. (   )부수 (   )획, 총 (   )획.

儉:素   儉:約   儉:朴   檀君王儉

激 격할 격
氵水 부수 13획, 총 16획. (   )부수 (   )획, 총 (   )획.

激變   激憤   激論   激動   過:激

擊 칠 격
扌手 부수 13획, 총 17획. (   )부수 (   )획, 총 (   )획.

擊退   擊破   目擊   反:擊   進:擊

犬 개 견
犬 부수 0획, 총 4획. (   )부수 (   )획, 총 (   )획.

犬公   軍犬   名犬   愛:犬   忠犬

4급-4-복습・쓰기장

♣ 아래의 빈칸을 채우시오.
【지난학습】

다시	갱	클	거	막을	거	살	거	근거	거

【금일학습】

傑 뛰어날 걸						
儉 검소할 검						
激 격할 격						
擊 칠 격						
犬 개 견						

걸작 걸물 걸출 영걸
검소 검약 검박 단군왕검
격변 격분 격론 격동 과격
격퇴 격파 목격 반격 진격
견공 군견 명견 애견 충견

4급-5

堅 굳을 견	土 부수 8획, 총 11획. ( )부수 ( )획, 총 ( )획.
	堅固　　堅實　　堅持　　中堅手

傾 기울 경	亻 人 부수 11획, 총 13획. ( )부수 ( )획, 총 ( )획.
	傾聽　　傾向　　左:傾　　右:傾化

驚 놀랄 경	馬 부수 13획, 총 23획. ( )부수 ( )획, 총 ( )획.
	驚歎　　驚異　　驚天動地　　大:驚失色

鏡 거울 경	金 부수 11획, 총 19획. ( )부수 ( )획, 총 ( )획.
	眼:鏡　　破:鏡　　色眼鏡　　明鏡止水

戒 경계할 계	戈 부수 3획, 총 7획. ( )부수 ( )획, 총 ( )획.
	戒:律　　十戒　　訓:戒　　一罰百戒

♣ 아래의 빈칸을 채우시오.

【지난학습】

| 뛰어날 **걸** | 검소할 **검** | 격할 **격** | 칠 **격** | 개 **견** |

【금일학습】

堅 굳을 견

傾 기울 경

驚 놀랄 경

鏡 거울 경

戒 경계할 계

견고 견실 견지 중견수
경청 경향 좌경 우경화
경탄 경이 경천동지 대경실색
안경 파경 색안경 명경지수
계율 십계 훈계 일벌백계

4급-6

系 이어맬 계	糸 부수 1획, 총 7획.　　　(　)부수 (　)획, 총 (　)획.
	系:統　　系:列　　系:派　　母:系　　體系

季 계절(철) 계 끝 계	子 부수 5획, 총 8획.　　　(　)부수 (　)획, 총 (　)획.
	季:節　　四:季　　夏:季　　冬季

階 섬돌(계단) 계 계급 계	阝阜 부수 9획, 총 12획.　　(　)부수 (　)획, 총 (　)획.
	階段　　階級　　階層　　音階　　品:階

鷄 닭 계	鳥 부수 10획, 총 21획.　　(　)부수 (　)획, 총 (　)획.
	鷄卵　　鷄林　　養:鷄場　　鷄口牛後

繼 이을 계	糸 부수 14획, 총 20획.　　(　)부수 (　)획, 총 (　)획.
	繼:續　　繼:走　　繼:承　　繼:母　　後:繼者

♣ **아래의 빈칸을 채우시오.** 【지난학습】

굳을 **견**		기울 **경**		놀랄 **경**		거울 **경**		경계할 **계**

【금일학습】

系 이어맬 계								
季 계절 계								
階 섬돌 계								
鷄 닭 계								
繼 이을 계								

계통 계열 계파 모계 체계
계절 사계 하계 동계
계단 계급 계층 음계 품계
계란 계림 양계장 계구우후
계속 계주 계승 계모 후계자

◦ 핵심정리장 4 ⬇ 자세히 읽어 보세요.

모양(형 形)	뜻(훈 訓) 소리(음 音)		핵 심 정 리
孤	외로울	고	오이 덩굴이 먼저 마르고 열매만 달랑 남아 '외로워' 보인다는 뜻의 자입니다. • 孤 ≒ 獨(고독).
庫	곳집(창고)	고 (곳)	옛날 수레를 넣어두던 집인 '곳간'을 나타낸 자입니다.
穀	곡식	곡	벼 등 껍질을 가진 온갖 '곡식'을 나타낸 자입니다. • 부수는 禾(벼 화)임.
困:	곤할(지칠) 곤란할	곤 곤	사방이 둘러싸인 속에서는 나무도 자라기 '곤란하'듯이 사람도 그런 상황이 되면 '곤해'진다는 뜻의 자입니다. • 긴소리로 읽음.
骨	뼈	골	살이 감싸고 있는 딱딱한 몸속의 '뼈' 모양을 본뜬 자입니다.
孔:	구멍 성씨	공 공	어린아이가 엄마에게 매달리는 곳은 젖이 나오는 '구멍'이라는 뜻의 자입니다. • 긴소리로 읽음.
攻:	칠	공	장인이 만든 무기를 들고 적을 '친다'는 뜻의 자입니다. • 긴소리로 읽음. • 功(공 공), 攻(칠 공).
管	대롱 주관할	관 관	대나무에서도 소리냄을 주관하는 곳이 '대롱'이라는 뜻의 자입니다.
鑛:	쇳돌 광물	광 광	넓다란 땅에 묻혀 덩어리진 금속인 '쇳돌'을 나타낸 자입니다. • 긴소리로 읽음.
構	얽을	구	나무를 가로세로 쌓아올리니 '얽어'졌다는 뜻의 자입니다.

○ 핵심정리장 5　　　　　　　　　　　　　⬇ 자세히 읽어 보세요.

모양(형 形)	뜻(훈 訓) 소리(음 音)	핵 심 정 리
君	임금　　군 남편　　군	백성을 다스리기 위해 입으로 명령을 내리는 사람이 '임금'이라는 뜻의 자입니다. •君 ≒ 王(군왕).　　主 ≒ 君(주군).
群	무리　　군	떼지어 사는 양처럼 임금은 백성의 '무리'를 거느린다는 뜻의 자입니다. •郡(고을 군), 群(무리 군)
屈	굽힐　　굴	좁은 집안에서 나가려고 몸을 '굽힌다'는 뜻의 자입니다.
窮	다할　　궁 궁할　　궁	몸이 구멍 속의 끝까지 들어가니 막힘이 '다했다'는 뜻의 자입니다. •부수는 穴(구멍 혈)임.
券	문서　　권	약속한 내용을 새긴 후 반으로 잘라 증거 삼는 '문서'라는 뜻의 자입니다. •부수는 刀(칼 도)임.　•卷(책 권), 券(문서 권)
卷	책　　　권 말(두루마리)권	대쪽에 글을 써서 무릎 관절이 구부러지듯이 엮어맨 '책'이라는 뜻의 자입니다. •부수는 㔾 = 卩(병부절)임.　•卷(책 권), 券(문서 권)
勸:	권할　　권	황새는 사람에게 감화를 주는 상징 새로 그처럼 착한 일을 하도록 힘껏 '권한다'는 뜻의 자입니다. •權(권세 권), 勸(권할 권).　•부수는 力(힘 력)임. •긴소리로 읽음.
歸:	돌아갈　귀	여자가 지아비의 뒤를 쫓아 의지할 곳으로 '돌아간다'는 뜻의 자입니다. •부수는 止(그칠 지)임.　•긴소리로 읽음.
均	고를　　균	흙을 가지런하게 '고른다'는 뜻의 자입니다.
劇	심할　　극 연극　　극	범과 멧돼지가 힘껏 싸워 생긴 상처가 칼로 벤 것같이 '심하다'는 뜻의 자입니다.

4급-7

孤 외로울 고	子 부수 5획, 총 8획. ( )부수 ( )획, 총 ( )획.
	孤獨　　孤島　　孤兒　　孤立

庫 곳집(창고) 고 (곳)	广 부수 7획, 총 10획. ( )부수 ( )획, 총 ( )획.
	庫間　　國庫　　金庫　　車庫　　火:藥庫

穀 곡식 곡	禾 부수 10획, 총 15획. ( )부수 ( )획, 총 ( )획.
	穀食　　穀物　　糧穀　　五:穀百果

困 곤할(지칠) 곤 곤란할 곤	囗 부수 4획, 총 7획. ( )부수 ( )획, 총 ( )획.
	困:境　　困:窮　　困:難　　貧困

骨 뼈 골	骨 부수 0획, 총 10획. ( )부수 ( )획, 총 ( )획.
	骨格　　鐵骨　　骨肉相爭　　言中有骨

4급-7-복습·쓰기장

♣ **아래의 빈칸을 채우시오.**　　　　　　　　　　【지난학습】

| 이어맬 **계** | 계절 **계** | 섬돌 **계** | 닭 **계** | 이을 **계** |

【금일학습】

| 孤 외로울 고 |
| 庫 곳집 고 |
| 穀 곡식 곡 |
| 困 곤할 곤 |
| 骨 뼈 골 |

고독　고도　고아　고립
곳간　국고　금고　차고　화약고
곡식　곡물　양곡　오곡백과
곤경　곤궁　곤란　빈곤
골격　철골　골육상쟁　언중유골

4급-8

월   일 【시 간】   ~

孔 구멍 공 성씨 공	子 부수 1획, 총 4획.　(　)부수 (　)획, 총 (　)획. 孔子　　氣孔　　十九孔炭
攻 칠 공	攵攴 부수 3획, 총 7획.　(　)부수 (　)획, 총 (　)획. 攻防　　攻守　　強攻　　先攻　　速攻
管 대롱 관 주관할 관	竹 부수 8획, 총 14획..　(　)부수 (　)획, 총 (　)획. 管理　　保管　　血管　　管樂器
鑛 쇳돌 광 광물 광	金 부수 15획, 총 23획.　(　)부수 (　)획, 총 (　)획. 鑛物　　金鑛　　鑛工業　　鐵鑛石
構 얽을 구	木 부수 10획, 총 14획.　(　)부수 (　)획, 총 (　)획. 構圖　　構想　　構成　　構造　　構築

4급-8-복습·쓰기장

♣ **아래의 빈칸을 채우시오.**   【지난학습】

외로울 고	곳집 고	곡식 곡	곤할 곤	뼈 골

【금일학습】

孔 구멍 공								
攻 칠 공								
管 대롱 관								
鑛 쇳돌 광								
構 얽을 구								

공자 기공 십구공탄
공방 공수 강공 선공 속공
관리 보관 혈관 관악기
광물 금광 광공업 철광석
구도 구상 구성 구조 구축

4급-9

君 임금 남편 그대	군군군 군	口 부수 4획, 총 7획. ( )부수 ( )획, 총 ( )획.				
		君子	君主	檀君	君臣有義	

群 무리	군군 군	羊 부수 7획, 총 13획. ( )부수 ( )획, 총 ( )획.				
		群島	群衆	魚群	群雄	

屈 굽힐	굴	尸 부수 5획, 총 8획. ( )부수 ( )획, 총 ( )획.				
		屈曲	屈伏	屈指	屈服	屈折

窮 다할 궁할	궁궁 궁	穴 부수 10획, 총 15획. ( )부수 ( )획, 총 ( )획.				
		窮理	窮地	無窮花		

券 문서	권	刀 부수 6획, 총 8획. ( )부수 ( )획, 총 ( )획.				
		旅券	福券	食券	證券	

4급-9-복습·쓰기장

♣ **아래의 빈칸을 채우시오.** 【지난학습】

구멍	공	칠	공	대롱	관	쇳돌	광	얽을	구

【금일학습】

君									
임금 군									
群									
무리 군									
屈									
굽힐 굴									
窮									
다할 궁									
券									
문서 권									

군자 군주 단군 군신유의
군도 군중 어군 군웅
굴곡 굴복 굴지 굴복 굴절
궁리 궁지 무궁화
여권 복권 식권 증권

4급-10

卷 책 권 말(두루마리) 권	已 卩 부수 6획, 총 8획. ( )부수 ( )획, 총 ( )획.
	卷末　　　席卷　　　壓卷　　　上:下卷

勸 권할 권	力 부수 18획, 총 20획. ( )부수 ( )획, 총 ( )획.
	勸:告　　　勸:農　　　勸:學　　　強:勸

歸 돌아갈 귀	止 부수 14획, 총 18획. ( )부수 ( )획, 총 ( )획.
	歸:家　　歸:京　　歸:國　　歸:鄕　　復歸

均 고를 균	土 부수 4획, 총 7획. ( )부수 ( )획, 총 ( )획.
	均等　　　均一　　　平均　　　均田制

劇 심할 극 연극 극	刂 刀 부수 13획, 총 15획. ( )부수 ( )획, 총 ( )획.
	劇團　　劇場　　劇的　　悲:劇　　演:劇

4급-10-복습・쓰기장

♣ **아래의 빈칸을 채우시오.** 【지난학습】

임금 **군**		무리 **군**		굽힐 **굴**		다할 **궁**		문서 **권**	

【금일학습】

卷 책 권								
勸 권할 권								
歸 돌아갈 귀								
均 고를 균								
劇 심할 극								

권말 석권 압권 상하권
권고 권농 권학 강권
귀가 귀경 귀국 귀향 복귀
균등 균일 평균 균전제
극단 극장 극적 비극 연극

◦ 핵심정리장 6　　　　　　　　　　　　　　⬇ 자세히 읽어 보세요.

모양(형 形)	뜻(훈 訓) 소리(음 音)		핵 심 정 리
筋	힘줄	근	힘을 쓸 때 근육이 대마디처럼 나타나는 불끈 솟은 '**힘줄**' 이라는 뜻의 자입니다.
勤(:)	부지런할	근	진흙밭은 가물을 잘 타고 잡초가 많아 힘을 '**부지런히**' 써야 한다는 뜻의 자입니다. • 긴소리 또는 짧은소리로도 읽음. • 勸(권할 권), 勤(부지런할 근), 權(권세 권).
紀	벼리	기	그물의 둘레 코를 꿰어 척추뼈 마디처럼 된 '**벼리**' 라는 뜻의 자입니다.
奇	기특할	기	특별히 커서 가히 진귀하니 '**기특하다**' 는 뜻의 자입니다.
寄	부칠	기	기특한 때를 못 만나 불우한 사람이 남의 집에 '**부치어**' 산다는 뜻의 자입니다.
機	틀 (기계) 기회	기 기	나무로 몇 개의 작은 기구를 짜만든 베 '**틀**' 이라는 뜻의 자입니다.
納	들일 (바칠)	납	실로 짠 옷감을 세금으로 받아 관청 창고에 '**들인다**' 는 뜻의 자입니다.
段	층계	단	막대기 끝 등으로 물건을 치면 조각이 나며 '**층계**' 가 진다는 뜻의 자입니다.
徒	무리 헛될	도 도	땅 위를 걸어 다니는 여러 사람들의 '**무리**' 라는 뜻의 자입니다. • 走(달릴 주), 徒(무리 도)
逃	도망할	도	죄지은 백성이 사람들을 피해 '**도망한다**' 는 뜻의 자입니다. • 逃 ≒ 亡(도망).

○ 핵심정리장 7   ⬇ 자세히 읽어 보세요.

모양(형 形)	뜻(훈 訓) 소리(음 音)	핵 심 정 리
盜	도둑 도	그릇에 담긴 음식을 보고 침을 흘리며 몰래 집어 먹는 욕심 많은 '도둑' 이라는 뜻의 자입니다. • 盜 ≒ 賊(도적).
卵:	알 란(난)	주머니 속에 든 물고기 등의 많은 '알' 을 나타낸 자입니다. • 부수는 卩(병부절)임. • 긴소리로 읽음. • 두음법칙에 따라 첫글자의 음이 바뀜. 란 → 난
亂:	어지러울 란(난)	이리저리 굽어 뒤얽힌 일을 다스리지 못해 '어지럽다' 는 뜻의 자입니다. • 부수는 乙(새 을)임. • 긴소리로 읽음. • 두음법칙에 따라 첫글자의 음이 바뀜. 란 → 난
覽	볼 람	자세히 보고 자주 보아 골고루 '본다' 는 뜻의 자입니다.
略	간략할 략(약) 약할 략(약)	논밭을 개간한 다음 각각 경계를 '간략하' 게 한다는 뜻의 자입니다. • 두음법칙에 따라 첫글자의 음이 바뀜. 략 → 약
糧	양식 량(양)	수량과 무게 등을 헤아려 먹으려고 들여놓은 곡식인 '양식' 을 나타낸 자입니다. • 두음법칙에 따라 첫글자의 음이 바뀜. 량 → 양
慮(:)	생각할 려	마음 속엔 맹수인 범을 두렵게 '생각한다' 는 뜻의 자입니다. • 긴소리 또는 짧은소리로도 읽음.
烈	매울 렬(열)	불길이 여러 갈래로 번져 타오름이 세차고 '맵다' 는 뜻의 자입니다. • 부수는 灬(연화발) = 火(불 화). • 두음법칙에 따라 첫글자의 음이 바뀜. 렬 → 열
龍	용 룡(용)	무궁무진한 조화를 부리며 춘분(春分)이면 하늘에 오르고 추분(秋分)이면 연못에 잠기는 비늘이 달린 상상 속의 영험한 동물인 '용' 의 모습을 나타낸 자입니다. • 두음법칙에 따라 첫글자의 음이 바뀜. 룡 → 용
柳(:)	버들 류	가지와 나뭇잎이 무성하여 토끼 귀처럼 길게 늘어진 '버들' 이라는 뜻의 자입니다. • 긴소리 또는 짧은소리로도 읽음.

4급-11

筋 힘줄 근	竹 부수 6획, 총 12획.　(　)부수 (　)획, 총 (　)획.
	筋骨　　筋力　　筋肉　　鐵筋

勤 부지런할 근	力 부수 11획, 총 13획.　(　)부수 (　)획, 총 (　)획.
	勤儉　　勤續　　勤:務　　勤:勞

紀 벼리 기	糸 부수 3획, 총 9획.　(　)부수 (　)획, 총 (　)획.
	紀律　　軍紀　　檀紀　　西紀　　今世紀

奇 기특할 기	大 부수 5획, 총 8획.　(　)부수 (　)획, 총 (　)획.
	奇妙　　奇異　　奇特　　奇想天外

寄 부칠 기	宀 부수 8획, 총 11획.　(　)부수 (　)획, 총 (　)획.
	寄與　　寄宿舍　　寄生蟲

4급-11-복습·쓰기장

♣ 아래의 빈칸을 채우시오.　　　　　　　　　　　　　　【지난학습】

| 책 권 | 권할 권 | 돌아갈 귀 | 고를 균 | 심할 극 |

【금일학습】

筋 힘줄 근						
勤 부지런할 근						
紀 벼리 기						
奇 기특할 기						
寄 부칠 기						

근골　근력　근육　철근
근검　근속　근무　근로
기율　군기　단기　서기　금세기
기묘　기이　기특　기상천외
기여　기숙사　기생충

4급-12

機	木 부수 12획, 총 16획. ( )부수 ( )획, 총 ( )획.
틀(기계) 기 기회 기	機種　　機關　　機能　　機密　　機會

納	糸 부수 4획, 총 10획. ( )부수 ( )획, 총 ( )획.
들일(바칠) 납	納期　　納得　　納品　　納稅　　未:納

段	殳 부수 5획, 총 9획. ( )부수 ( )획, 총 ( )획.
층계 단	段落　　段階　　手段　　初段　　有:段

徒	彳 부수 7획, 총 10획. ( )부수 ( )획, 총 ( )획.
무리 도 헛될 도	徒黨　　徒步　　徒勞　　信:徒　　暴徒

逃	辶 부수 6획, 총 10획. ( )부수 ( )획, 총 ( )획.
도망할 도	逃亡　　逃走　　逃避

63

♣ 아래의 빈칸을 채우시오.　　　　　　　　　　　　　【지난학습】

힘줄 勤	부지런할 勤	벼리 紀	기특할 奇	부칠 寄	

【금일학습】

機 틀 기					
納 들일 납					
段 층계 단					
徒 무리 도					
逃 도망할 도					

기종 기관 기능 기밀 기회
납기 납득 납품 납세 미납
단락 단계 수단 초단 유단
도당 도보 도로 신도 폭도
도망 도주 도피

4급-13

盜 도둑 도	皿 부수 7획, 총 12획. ( )부수 ( )획, 총 ( )획.				
	盜難	盜賊	盜聽	強:盜	大:盜

卵 알 란 (난)	卩 부수 5획, 총 7획. ( )부수 ( )획, 총 ( )획.				
	産:卵	卵:細胞	卵:生動物	以:卵投石	

亂 어지러울 란 (난)	乙 부수 12획, 총 13획. ( )부수 ( )획, 총 ( )획.				
	亂:離	亂:雜	國亂	民亂	反:亂

覽 볼 람	見 부수 14획, 총 21획. ( )부수 ( )획, 총 ( )획.				
	觀覽	遊覽	博覽會	展:覽會	

略 간략할 략 약할 략 (약)	田 부수 6획, 총 11획. ( )부수 ( )획, 총 ( )획.				
	略圖	略字	攻:略	大:略	省略

4급-13-복습·쓰기장

♣ **아래의 빈칸을 채우시오.**　　　　　　　　　　　　　　【지난학습】

틀	기	들일	납	층계	단	무리	도	도망할	도

【금일학습】

盜 도둑 도					
卵 알 란					
亂 어지러울 란					
覽 볼 람					
略 간략할 략					

도난　도적　도청　강도　대도
산란　난세포　난생동물　이란투석
난리　난잡　국란　민란　반란
관람　유람　박람회　전람회
약도　약자　공략　대략　생략

4급-14

糧 양식 량(양)	米 부수 12획, 총 18획. ( )부수 ( )획, 총 ( )획.
	糧穀　　糧食　　軍糧米

慮 생각할 려(여)	心 부수 11획, 총 15획. ( )부수 ( )획, 총 ( )획.
	考慮　　思慮　　念:慮　　千慮一失

烈 매울 렬(열)	灬 火 부수 6획, 총 10획. ( )부수 ( )획, 총 ( )획.
	烈士　　強烈　　激烈　　先烈　　烈女門

龍 용 룡(용)	龍 부수 0획, 총 16획. ( )부수 ( )획, 총 ( )획.
	龍宮　　龍王　　龍馬　　靑龍　　登龍門

柳 버들 류(유)	木 부수 5획, 총 9획. ( )부수 ( )획, 총 ( )획.
	柳氏　　柳:器　　細:柳　　路:柳

4급-14-복습·쓰기장

♣ 아래의 빈칸을 채우시오.　　　　　　　　　　　　【지난학습】

도둑	도	알	란	어지러울	란	볼	람	간략할	략

【금일학습】

糧 양식 량								
慮 생각할 려								
烈 매울 렬								
龍 용 룡								
柳 버들 류								

양곡　양식　군량미
고려　사려　염려　천려일실
열사　강렬　격렬　선열　열녀문
용궁　용왕　용마　청룡　등용문
유씨　유기　세류　노류

◦ 핵심정리장 8   ⬇ 자세히 읽어 보세요.

모양(형 形)	뜻(훈 訓) 소리(음 音)	핵 심 정 리
輪	바퀴　　　　륜	여러 살대가 규칙적으로 뭉쳐져 만들어진 수레의 '바퀴' 라는 뜻의 자입니다.
離:	떠날　　　리(이)	철새는 계절이 바뀌면 장소를 바꾸어 '떠난다' 는 뜻의 자입니다. •부수는 隹(새 추)임.　　•긴소리로 읽음. •두음법칙에 따라 첫글자의 음이 바뀜. 리 → 이
妹	누이　　　　매 여동생　　　매	누이 중에서 아직 나지 않은 손아랫 '누이' 라는 뜻의 자입니다. •姉 ⇔ 妹(자매).
勉:	힘쓸　　　　면 장려할　　　면	힘을 내 아기를 빨리 낳아 고통을 면하려고 '힘쓴다' 는 뜻의 자입니다. •부수는 力(힘 력)임.　　•긴소리로 읽음.
鳴	울　　　　　명	새가 입을 벌리고 '운다' 는 뜻의 자입니다. •부수는 鳥(새 조)임.
模	본뜰　　　　모 모범　　　　모	같은 물건을 여러 개 만들기를 꾀하여 나무로 틀을 '본뜬다' 는 뜻의 자입니다.
妙:	묘할　　　　묘	젊은 여자의 예쁨이 '묘하다' 는 뜻의 자입니다. •긴소리로 읽음.
墓:	무덤　　　　묘	죽은 사람을 흙속에 감춰 보이지 않게 꾸민 '무덤' 이라는 뜻의 자입니다. •부수는 土(흙 토)임.　　•긴소리로 읽음.
舞:	춤출　　　　무	발의 위치를 똑같지 않게 엇바꿔 가면서 '춤춘다' 는 뜻의 자입니다. •부수는 舛(어그러질 천)임.　　•긴소리로 읽음.
拍	칠　　　　　박	장단에 맞춰 손뼉을 '친다' 는 뜻의 자입니다.

○ 핵심정리장 9　　　　　　　　　　　　　　⬇ 자세히 읽어 보세요.

모양(형 形)	뜻(훈 訓) 소리(음 音)	핵 심 정 리
髮	터럭　　　발	개꼬리 털처럼 길게 늘어진 '터럭' 이라는 뜻의 자입니다. • 毛 ≒ 髮(모발).
妨	방해할　　방	여자가 한쪽 모서리에서 떠들어대어 일을 헤살놓아 '방해한다' 는 뜻의 자입니다.
犯:	범할(죄)　범	개가 사람의 바지가랑이 속의 다리를 물려고 덤벼들어 '범한다' 는 뜻의 자입니다. • 긴소리로 읽음.
範:	법　　　범 모범　　범	먼 길을 떠날 때 수레로 짐승을 치어 그 피로 길제사를 지내는 '법' 으로 삼았다는 뜻의 자입니다. • 긴소리로 읽음.
辯:	말씀　　변	두 사람이 다투는 말을 듣고 옳고 그름을 가려 '말씀' 을 한다는 뜻의 자입니다. • 부수는 辛(매울 신)임.　　• 긴소리로 읽음.
普:	넓을　　보	평평히 퍼진 구름장에 햇빛이 가려져 침침한 범위가 '넓다' 는 뜻의 자입니다. • 긴소리로 읽음.
伏	엎드릴　　복	기르는 개가 주인 앞에서 '엎드린다' 는 뜻의 자입니다.
複	겹칠　　복	옷을 거듭해서 여러 겹 '겹쳐' 입는다는 뜻의 자입니다. • 부수는 衤(옷의변) = 衣(옷 의)임.
否:	아닐　　부	입으로 아닌 것은 '아니다' 라고 한다는 뜻의 자입니다. • 부수는 口(입 구)임.　　• 긴소리로 읽음.
負:	질(짐질)　부 패할　　부	사람이 재화를 등짐으로 '진다' 는 뜻의 자입니다. • 勝 ⇔ 負(승부).　　• 긴소리로 읽음.

월   일 【시간】   ~

4급-15

輪 바퀴 륜(윤)	車 부수 8획, 총 15획.　(　)부수 (　)획, 총 (　)획.
	輪月　　年輪　　五:輪旗　　輪回思想

離 떠날 리(이)	隹 부수 11획, 총 19획.　(　)부수 (　)획, 총 (　)획.
	離:陸　　離:別　　離:脫　　離:合集散

妹 누이 매 / 여동생 매	女 부수 5획, 총 8획.　(　)부수 (　)획, 총 (　)획.
	妹夫　　妹兄　　男妹　　妹弟

勉 힘쓸 면 / 장려할 면	力 부수 7획, 총 9획.　(　)부수 (　)획, 총 (　)획.
	勉:學　　勤勉

鳴 울 명	鳥 부수 3획, 총 14획.　(　)부수 (　)획, 총 (　)획.
	鷄鳴　　悲:鳴　　耳鳴　　共鳴　　百家爭鳴

♣ 아래의 빈칸을 채우시오. 【지난학습】

양식 **량**		생각할 **려**		매울 **렬**		용 **룡**		버들 **류**	

【금일학습】

輪 바퀴 륜									
離 떠날 리									
妹 누이 매									
勉 힘쓸 면									
鳴 울 명									

윤월 연륜 오륜기 윤회사상
이륙 이별 이탈 이합집산
매부 매형 남매 매제
면학 근면
계명 비명 이명 공명 백가쟁명

4급-16

模 본뜰 모, 모범 모
木 부수 11획, 총 15획.   ( )부수 ( )획, 총 ( )획.

模範   模寫   模樣   規模

妙 묘할 묘
女 부수 4획, 총 7획.   ( )부수 ( )획, 총 ( )획.

妙:技   妙:案   妙:手   妙:藥   奇妙

墓 무덤 묘
土 부수 11획, 총 14획.   ( )부수 ( )획, 총 ( )획.

墓:碑   墓:所   墓:地   墓:域   省墓

舞 춤출 무
舛 부수 8획, 총 14획.   ( )부수 ( )획, 총 ( )획.

歌舞   群舞   亂:舞

拍 칠 박
扌(手) 부수 5획, 총 8획.   ( )부수 ( )획, 총 ( )획.

拍子   拍手

♣ 아래의 빈칸을 채우시오.   【지난학습】

바퀴 **륜**		떠날 **리**		누이 **매**		힘쓸 **면**		울 **명**	

【금일학습】

模 본뜰 모									
妙 묘할 묘									
墓 무덤 묘									
舞 춤출 무									
拍 칠 박									

모범 모사 모양 규모
묘기 묘안 묘수 묘약 기묘
묘비 묘소 묘지 묘역 성묘
가무 군무 난무
박자 박수

4급-17

髮 터럭 **발**	髟 부수 5획, 총 15획. ( )부수 ( )획, 총 ( )획.
	假:髮　　金髮　　頭髮　　理:髮　　白髮

妨 방해할 **방**	女 부수 4획, 총 7획. ( )부수 ( )획, 총 ( )획.
	妨害　　無妨

犯 범할(죄) **범**	犭犬 부수 2획, 총 5획. ( )부수 ( )획, 총 ( )획.
	犯:人　　犯:罪　　犯:行　　防犯　　主犯

範 법 **범** 모범 **범**	竹 부수 9획, 총 15획. ( )부수 ( )획, 총 ( )획.
	範:圍　　規範　　敎:範　　師範　　示:範

辯 말씀 **변**	辛 부수 14획, 총 21획. ( )부수 ( )획, 총 ( )획.
	辯:論　　達辯　　答辯　　雄辯　　辯:護士

4급-17-복습·쓰기장

♣ **아래의 빈칸을 채우시오.**　　　　　　　　　　　　　　　【지난학습】

본뜰 **모**		묘할 **묘**		무덤 **묘**		춤출 **무**		칠 **박**	

【금일학습】

髮 터럭 **발**					
妨 방해할 **방**					
犯 범할 **범**					
範 법 **범**					
辯 말씀 **변**					

가발　금발　두발　이발　백발
방해　무방
범인　범죄　범행　방범　주범
범위　규범　교범　사범　시범
변론　달변　답변　웅변　변호사

4급-18

| 普 넓을 보 | 日 부수 8획, 총 12획. ( )부수 ( )획, 총 ( )획. |
| | 普:通 |

| 伏 엎드릴 복 | 亻人 부수 4획, 총 6획. ( )부수 ( )획, 총 ( )획. |
| | 伏兵　　伏線　　三伏 |

| 複 겹칠 복 | 衤衣 부수 9획, 총 14획. ( )부수 ( )획, 총 ( )획. |
| | 複線　　複道　　複寫　　複雜　　複製 |

| 否 아닐 부 | 口 부수 4획, 총 7획. ( )부수 ( )획, 총 ( )획. |
| | 否:決　　否:認　　可:否　　否:定文 |

| 負 질(짐질) 부 / 패할 부 | 貝 부수 2획, 총 9획. ( )부수 ( )획, 총 ( )획. |
| | 負:擔　　負:傷　　勝負　　自負心 |

4급-18-복습·쓰기장

♣ **아래의 빈칸을 채우시오.** 【지난학습】

터럭 **발**		방해할 **방**		범할 **범**		법 **범**		말씀 **변**	

【금일학습】

普 넓을 보									
伏 엎드릴 복									
複 겹칠 복									
否 아닐 부									
負 질 부									

보통
복병 복선 삼복
복선 복도 복사 복잡 복제
부결 부인 가부 부정문
부담 부상 승부 자부심

핵심정리장 10

▼ 자세히 읽어 보세요.

모양(형 形)	뜻(훈 訓) 소리(음 音)	핵 심 정 리
粉(:)	가루　　분	쌀을 부수어 '가루'를 낸다는 뜻의 자입니다. • 긴소리 또는 짧은소리로도 읽음.
憤:	분할　　분	언짢은 일로 인해 마음속으로 크게 '분하'게 여긴다는 뜻의 자입니다. • 긴소리로 읽음.
批:	비평할　비	손으로 만져서 옳고 그름을 견주어 '비평한다'는 뜻의 자입니다. • 긴소리로 읽음.
祕:	숨길　　비	신은 반드시 신비로움을 은밀히 '숨긴' 것처럼 한다는 뜻의 자입니다. • 긴소리로 읽음.
碑	비석　　비	돌에 사적 등을 써서 무덤 앞에 세운 '비석'이라는 뜻의 자입니다.
私	사사(개인)　사	양식인 벼를 자기 팔에 끌어안으니 '사사'롭다는 뜻의 자입니다. • 公 ⇔ 私(공사).
射(:)	쏠　　　사	손으로 움켜진 화살이 몸에서 떠난다하여 '쏜다'는 뜻의 자입니다. • 부수는 寸(마디 촌)임.　• 긴소리 또는 짧은소리로도 읽음.
絲	실　　　사	누에가 토해 낸 명주 '실'의 모양을 나타낸 자입니다. • 부수는 糸(실사변)임.
辭	말씀　　사 사양할　사	죄를 다스리기 위한 글이나 '말씀'이라는 뜻의 자입니다. • 부수는 辛(매울 신)임.　• 言 ≒ 辭(언사).
散:	흩을　　산	삼대에서 벗겨지는 껍질이 갈라지면서 '흩어'진다는 뜻의 자입니다. • 集 ⇔ 散(집산).　• 긴소리로 읽음. • 부수는 攵(등글월문) = 攴(칠 복)임.

핵심정리장 11

모양(형形)	뜻(훈訓) 소리(음音)	핵 심 정 리
象	코끼리 상 본뜰 상	긴코·엄니·네발·꼬리 등의 모양을 본뜬 '코끼리'의 모양을 본뜬 자입니다. • 부수는 豕(돼지 시)임.
傷	다칠 상 상할 상	사람의 몸이 상처를 입어 '다쳤다'는 뜻의 자입니다.
宣	베풀 선	대궐에 계신 임금이 올바른 정사를 펴서 '베푼다'는 뜻의 자입니다.
舌	혀 설	입 안에 있으면서 말하거나 맛을 구별하는 '혀'의 모양을 본뜬 자입니다. • 告(고할 고), 舌(혀 설)
屬	붙일 속 부탁할 촉	짐승이나 벌레의 꼬리가 등뼈에 이어져 '붙어' 있다는 뜻의 자입니다. • 일자다음자임. 속·촉.
損:	덜 손	물건을 손으로 망가뜨리니 돈이 축나 '덜' 어졌다는 뜻의 자입니다. • 긴소리로 읽음.
松	소나무 송	재목으로 널리 쓰이는 '소나무'를 나타낸 자입니다.
頌:	칭송할 송 기릴 송	누구에게나 공평한 얼굴로 대하는 원만한 사람을 '칭송한다'는 뜻의 자입니다. • 긴소리로 읽음.
秀	빼어날 수	벼이삭 중에 특히 크고 길게 패어 탐스럽게 잘 익어 고개 숙인 모습이 '빼어나다'는 뜻의 자입니다. • 李(오얏 리/성 리), 季(계절 계), 秀(빼어날 수)
叔	아재비(아저씨) 숙	손으로 솎아 줍는 어린 콩싹을 나타내어, 아직 아버지만큼 성장하지 못한 '아재비'란 뜻의 자입니다.

4급-19

粉 가루 분	米 부수 4획, 총 10획.　　(　　)부수 (　　)획, 총 (　　)획.				
	粉末	**粉**乳	**粉**:紅	**粉**筆	製:**粉**

憤 분할 분	忄 心 부수 12획, 총 15획.　(　　)부수 (　　)획, 총 (　　)획.				
	憤:怒	**憤**:痛	**憤**:敗		

批 비평할 비	扌 手 부수 4획, 총 7획.　　(　　)부수 (　　)획, 총 (　　)획.				
	批:判	**批**:評			

祕 숨길 비	禾 부수 5획, 총 10획.　　(　　)부수 (　　)획, 총 (　　)획.				
	祕:境	**祕**:密	**祕**:法	極**祕**	神**祕**

碑 비석 비	石 부수 8획, 총 13획.　　(　　)부수 (　　)획, 총 (　　)획.				
	碑刻	**碑**石	口:**碑**	詩**碑**	記念**碑**

♣ **아래의 빈칸을 채우시오.**　　　　　　　　　　　　　　　　　　　　　【지난학습】

넓을 **보**	엎드릴 **복**	겹칠 **복**	아닐 **부**	질 **부**

【금일학습】

粉						
가루 **분**						
憤						
분할 **분**						
批						
비평할 **비**						
祕						
숨길 **비**						
碑						
비석 **비**						

분말 분유 분홍 분필 제분
분노 분통 분패
비판 비평
비경 비밀 비법 극비 신비
비각 비석 구비 시비 기념비

4급-20

私 사사(개인) 사	禾 부수 2획, 총 7획.　　(　)부수 (　)획, 총 (　)획.
	私立　　私心　　私生活　　公平無私

射 쏠 사	寸 부수 7획, 총 10획.　　(　)부수 (　)획, 총 (　)획.
	射擊　　射殺　　射手　　反:射　　發射

絲 실 사	糸 부수 6획, 총 12획.　　(　)부수 (　)획, 총 (　)획.
	原絲　　鐵絲　　一絲不亂

辭 말씀 사 사양할 사	辛 부수 12획, 총 19획.　　(　)부수 (　)획, 총 (　)획.
	辭任　　辭典　　辭退　　辭表　　祝辭

散 흩을 산	攵支 부수 8획, 총 12획.　　(　)부수 (　)획, 총 (　)획.
	散:在　　散:文　　離:散　　分散　　解:散

4급-20-복습・쓰기장

♣ 아래의 빈칸을 채우시오.　　　　　　　　　　　　　【지난학습】

가루	분	분할	분	비평할	비	숨길	비	비석	비

【금일학습】

私 사사 사									
射 쏠 사									
絲 실 사									
辭 말씀 사									
散 흩을 산									

사립　사심　사생활　공평무사
사격　사살　사수　반사　발사
원사　철사　일사불란
사임　사전　사퇴　사표　축사
산재　산문　이산　분산　해산

4급-21

象 코끼리 상 본뜰 상	豕 부수 5획, 총 12획. ( )부수 ( )획, 총 ( )획.			
	印象	氣象	象形文字	千態萬象

傷 다칠 상 상할 상	亻 人 부수 11획, 총 13획. ( )부수 ( )획, 총 ( )획.			
	傷害	傷心	傷處	損:傷	重:傷

宣 베풀 선	宀 부수 6획, 총 9획. ( )부수 ( )획, 총 ( )획.			
	宣傳	宣言書	宣敎師	宣戰布告

舌 혀 설	舌 부수 0획, 총 6획. ( )부수 ( )획, 총 ( )획.			
	舌戰	舌音	毒舌	口:舌數

屬 붙일 속 무리 속 부탁할 촉	尸 부수 18획, 총 21획. ( )부수 ( )획, 총 ( )획.			
	屬國	屬性	歸屬	所:屬	金屬

♣ 아래의 빈칸을 채우시오. 【지난학습】

| 사사 **사** | 쏠 **사** | 실 **사** | 말씀 **사** | 흩을 **산** |

【금일학습】

象 코끼리 상							
傷 다칠 상							
宣 베풀 선							
舌 혀 설							
屬 붙일 속							

인상 기상 상형문자 천태만상
상해 상심 상처 손상 중상
선전 선언서 선교사 선전포고
설전 설음 독설 구설수
속국 속성 귀속 소속 금속

4급-22

| 損 덜 손 | 扌手 부수 10획, 총 13획. ( )부수 ( )획, 총 ( )획. |
| | 損:失　　損:害　　損:益　　破:損　　缺損 |

| 松 소나무 송 | 木 부수 4획, 총 8획. ( )부수 ( )획, 총 ( )획. |
| | 松花　　松板　　松竹　　老:松　　靑松 |

| 頌 칭송할 송 / 기릴 송 | 頁 부수 4획, 총 13획. ( )부수 ( )획, 총 ( )획. |
| | 頌:祝　　稱頌　　讚:頌歌　　頌:德碑 |

| 秀 빼어날 수 | 禾 부수 2획, 총 7획. ( )부수 ( )획, 총 ( )획. |
| | 秀才　　秀作　　秀麗　　優秀 |

| 叔 아재비(아저씨) 숙 | 又 부수 6획, 총 8획. ( )부수 ( )획, 총 ( )획. |
| | 叔父　　叔母　　堂叔　　外:叔 |

4급-22-복습·쓰기장

♣ **아래의 빈칸을 채우시오.**　　　　　　　　　　　　　【지난학습】

코끼리 象		다칠 傷		베풀 宣		혀 舌		붙일 屬	

【금일학습】

損 덜 손					
松 소나무 송					
頌 칭송할 송					
秀 빼어날 수					
叔 아재비 숙					

손실 손해 손익 파손 결손
송화 송판 송죽 노송 청송
송축 칭송 찬송가 송덕비
수재 수작 수려 우수
숙부 숙모 당숙 외숙

◦ 핵심정리장 12   ⬇ 자세히 읽어 보세요.

모양(형 形)	뜻(훈 訓) 소리(음 音)	핵 심 정 리
肅	엄숙할 　숙 맑을 　　숙	손에 붓을 잡고 먹물을 묻힐 때 몸가짐을 '엄숙히' 한다는 뜻의 자입니다. • 靜 ≒ 肅(정숙).　　• 부수는 聿(오직 율)임.
崇	높을 　　숭	산의 마루가 매우 '높다' 는 뜻의 자입니다.
氏	각시 　　씨 성씨 　　씨 나라이름 지	나무 뿌리처럼 뻗거나 언덕에서 흩어진 돌처럼 여러 갈래로 번져나간 각각의 씨족인 '각시' 를 나타낸 자입니다. • 姓 ≒ 氏(성씨).
額	이마 　　액	사람 머리의 앞부분으로 잘 보이고 훤한 '이마' 라는 뜻의 자입니다.
樣	모양 　　양	양의 창자처럼 꾸불꾸불하고 긴 나무의 껍질 '모양' 이라는 뜻의 자입니다.
嚴	엄할 　　엄	험한 산에 우뚝 솟은 바위같은 위엄으로 호령한다는 데서 '엄하다' 는 뜻의 자입니다.
與:	더불 　　여 줄 　　　여	두 사람이 손으로 맞들어 주어 함께 '더불' 어 한다는 뜻의 자입니다. • 與 ⇔ 野(여야).　　• 긴소리로 읽음. • 與(더불 여), 興(일 흥)
易(:)	바꿀 　　역 쉬울 　　이	도마뱀의 몸빛깔이 햇빛에 쉽게 잘 '바뀐다' 는 뜻의 자입니다. • 일자다음자임. 역 · 이.　• 긴소리 또는 짧은소리로도 읽음.
域	지경 　　역 범위 　　역	혹시 적이 침입하지 않을까 우려되는 국경의 땅인 '지경' 을 나타낸 자입니다. • 境 ≒ 域(경역).
延	늘일 　　연 뻗칠 　　연	발을 끌며 걷는 폭을 '늘인다' 는 뜻의 자입니다.

◦ 핵심정리장 13   ⬇ 자세히 읽어 보세요.

모양(형 形)	뜻(훈 訓) 소리(음 音)	핵 심 정 리
燃	탈(불사를) 연	불을 살라 '타' 게 한다는 뜻의 자입니다.
鉛	납 연 분 연	녹았을 때나 녹지 않았을 때나 늪의 물빛처럼 푸르스름하고 잿빛을 띠는 금속인 '납' 을 뜻하는 자입니다.
緣	인연 연	천이 끊긴 데를 실로 감치며 가선을 둘러 올이 풀리지 않게 하듯이 그렇게 맺은 '인연' 이라는 뜻의 자입니다. • 錄(기록할 록), 綠(푸를 록), 緣(인연 연)
迎	맞을 영	오는 사람을 마중나가 우러러 '맞는다' 는 뜻의 자입니다. • 送 ⇔ 迎(송영).
映	비칠 영	태양이 하늘 가운데서 밝게 '비친다' 는 뜻의 자입니다.
營	경영할 영	화려한 집을 짓는데 규모와 계획을 세워 다스리는 것으로 '경영한다' 는 뜻의 자입니다. • 부수는 火(불 화)임.
豫:	맡길 예 미리 예	코끼리의 코에 먹이를 미리주어 '맡긴다' 는 뜻의 자입니다. • 부수는 豕(돼지 시)임. • 긴소리로 읽음.
郵	우편 우	변방에 있는 고을과의 서신과 연락을 '우편' 으로 한다는 뜻의 자입니다.
遇:	만날 우	짐승들은 돌아다니다가 우연히 잘 '만난다' 는 뜻의 자입니다. • 긴소리로 읽음.
優	넉넉할 우 뛰어날 우	남을 걱정해주는 사람은 도량이 크고 '넉넉하다' 는 뜻의 자입니다.

4급-23

肅 엄숙할 숙 맑을 숙	聿 부수 7획, 총 13획. ( )부수 ( )획, 총 ( )획.
	肅然　　　肅淸　　　自肅　　　嚴肅　　　肅正

崇 높을 숭	山 부수 8획, 총 11획. ( )부수 ( )획, 총 ( )획.
	崇高　　　崇拜　　　崇禮門

氏 각시 씨 성씨 씨 나라이름 지	氏 부수 0획, 총 4획. ( )부수 ( )획, 총 ( )획.
	氏族　　姓:氏　　兄氏　　無名氏　　月氏國

額 이마 액	頁 부수 9획, 총 18획. ( )부수 ( )획, 총 ( )획.
	額數　　額字　　減:額　　全額　　定:額

樣 모양 양	木 부수 11획, 총 15획. ( )부수 ( )획, 총 ( )획.
	樣相　　樣式　　多樣　　各樣各色

♣ **아래의 빈칸을 채우시오.**　　　　　　　　　　　　　　　　　　　　　　　【지난학습】

덜 **손**		소나무 **송**		칭송할 **송**		빼어날 **수**		아재비 **숙**	

【금일학습】

肅							
엄숙할 **숙**							
崇							
높을 **숭**							
氏							
각시 **씨**							
額							
이마 **액**							
樣							
모양 **양**							

숙연　숙청　자숙　엄숙　숙정
숭고　숭배　숭례문
씨족　성씨　형씨　무명씨　월지국
액수　액자　감액　전액　정액
양상　양식　다양　각양각색

4급-24

월   일 【시 간】   ~

嚴 엄할 엄	口 부수 17획, 총 20획.　(　)부수 (　)획, 총 (　)획.
	嚴格　　嚴禁　　嚴正　　嚴冬雪寒

與 더불 여 줄 여 참여할 여	臼 부수 8획, 총 14획.　(　)부수 (　)획, 총 (　)획.
	與:件　　與:否　　參與　　與:民同樂

易 바꿀 역 쉬울 이	日 부수 4획, 총 8획.　(　)부수 (　)획, 총 (　)획.
	交易　　貿易　　難易度　　易地思之

域 지경 역 범위 역	土 부수 8획, 총 11획.　(　)부수 (　)획, 총 (　)획.
	區域　　聖:域　　地域　　海:域　　廣:域市

延 늘일 연 뻗칠 연	廴 부수 4획, 총 7획.　(　)부수 (　)획, 총 (　)획.
	延期　　延命　　延着　　延長戰

♣ 아래의 빈칸을 채우시오.

【지난학습】

| 엄숙할 **숙** | 높을 **숭** | 각시 **씨** | 이마 **액** | 모양 **양** |

【금일학습】

嚴 엄할 엄

與 더불 여

易 바꿀 역

域 지경 역

延 늘일 연

엄격 엄금 엄정 엄동설한
여건 여부 참여 여민동락
교역 무역 난이도 역지사지
구역 성역 지역 해역 광역시
연기 연명 연착 연장전

4급-25

燃 탈(불사를) 연	火 부수 12획, 총 16획. ( )부수 ( )획, 총 ( )획.
	燃料 燃燈會 可:燃性

鉛 납 연 분 연	金 부수 5획, 총 13획. ( )부수 ( )획, 총 ( )획.
	鉛筆 黑鉛

緣 인연 연	糸 부수 9획, 총 15획. ( )부수 ( )획, 총 ( )획.
	緣分 因緣 血緣 緣木求魚

迎 맞을 영	辶 부수 4획, 총 8획. ( )부수 ( )획, 총 ( )획.
	迎入 迎接 歡迎 送:舊迎新

映 비칠 영	日 부수 5획, 총 9획. ( )부수 ( )획, 총 ( )획.
	映畫 反:映 放:映 上:映 映寫機

4급-25-복습・쓰기장

♣ **아래의 빈칸을 채우시오.**　　　　　　　　　　　　　　　　【지난학습】

엄할 **엄**	더불 **여**	바꿀 **역**	지경 **역**	늘일 **연**	

【금일학습】

燃 탈 **연**					
鉛 납 **연**					
緣 인연 **연**					
迎 맞을 **영**					
映 비칠 **영**					

연료 연등회 가연성
연필 흑연
연분 인연 혈연 연목구어
영입 영접 환영 송구영신
영화 반영 방영 상영 영사기

4급-26

| 營 경영할 영 | 火 부수 13획, 총 17획. ( )부수 ( )획, 총 ( )획. |
| | 營業　　營利　　經營　　國營　　野:營 |

| 豫 미리 예 맡길 예 | 豕 부수 9획, 총 16획. ( )부수 ( )획, 총 ( )획. |
| | 豫:感　　豫:備　　豫:約　　豫:防　　豫:測 |

| 郵 우편 우 | 阝邑 부수 8획, 총 11획. ( )부수 ( )획, 총 ( )획. |
| | 郵便　　郵送　　郵票　　郵便番號 |

| 遇 만날 우 | 辶辵 부수 9획, 총 13획. ( )부수 ( )획, 총 ( )획. |
| | 境遇　　待:遇　　不遇　　禮:遇　　處遇 |

| 優 넉넉할 우 뛰어날 우 | 亻人 부수 15획, 총 17획. ( )부수 ( )획, 총 ( )획. |
| | 優待　　優等　　優勝　　優良兒 |

4급-26-복습·쓰기장

♣ **아래의 빈칸을 채우시오.** 【지난학습】

탈	**연**	납	**연**	인연	**연**	맞을	**영**	비칠	**영**

【금일학습】

營					
경영할 영					
豫					
미리 예					
郵					
우편 우					
遇					
만날 우					
優					
넉넉할 우					

영업 영리 경영 국영 야영
예감 예비 예약 예방 예측
우편 우송 우표 우편번호
경우 대우 불우 예우 처우
우대 우등 우승 우량아

핵심정리장 14

모양(형 形)	뜻(훈 訓) 소리(음 音)		핵 심 정 리
怨:	원망할 원수	원 원	잠자리에서까지도 뒤척거리며 언짢게 생각하며 '원망한다'는 뜻의 자입니다. •긴소리로 읽음.
源	근원	원	언덕 밑에서 솟아나는 샘은 곧 흐르는 물의 '근원'이 된다는 뜻의 자입니다.
援:	도울	원	손으로 끌어당겨 주듯이 '도운다'는 뜻의 자입니다. •긴소리로 읽음.
危	위태할	위	사람이 절벽 위에 쭈그려 앉아있는 모습이 '위태하다'는 뜻의 자입니다. •安 ⇔ 危(안위).
委	맡길	위	여자가 벼이삭처럼 고개를 숙이고 몸을 남편에게 '맡긴다'는 뜻의 자입니다.
威	위엄	위	시어미는 집안에서 세워진 창처럼 꼿꼿하여 '위엄'이 있다는 뜻의 자입니다. •부수자는 女(계집 녀)임.
圍	에워쌀	위	겹겹으로 둘러싼 성의 주위를 병사들이 '에워싼다'는 뜻의 자입니다. •부수는 口(큰입구몸)임.
慰	위로할	위	편안한 마음을 가지도록 '위로한다'는 뜻의 자입니다.
乳	젖	유	어미새가 발톱으로 알을 품듯이 엄마가 아이를 손으로 잡아 앉고 '젖'을 먹인다는 뜻의 자입니다. •부수는 乙(새 을)임.
遊	놀	유	어린애가 깃발을 들고 다니며 '논다'는 뜻의 자입니다.

◦ 핵심정리장 15　　　　　　　　　　　　⬇ *자세히 읽어 보세요.*

모양(형 形)	뜻(훈 訓) 소리(음 音)	핵 심 정 리
遺	남길　　유 끼칠　　유	길을 가다가 귀한 물건을 깜박 '남기'고 떠나 잃어버렸다는 뜻의 자입니다.
儒	선비　　유	빗물이 만물을 적시듯이 덕으로써 가르침을 베푸는 사람이 '선비'라는 뜻의 자입니다.
隱	숨을　　은	산언덕 밑에서 조심스레 '숨어' 산다는 뜻의 자입니다.
依	의지할　의	사람의 몸을 가리는 것은 옷에 '의지한다'는 뜻의 자입니다.
儀	거동　　의	올바른 사람의 행동인 '거동'을 나타낸 자입니다.
疑	의심할　의	어린 아이가 마음에 이끌리어 갈 곳을 정하지 못하고 '의심한다'는 뜻의 자입니다. • 부수는 疋(필 필)임.
異:	다를　　이	사람이 두 손을 들어 가면을 쓰니 얼굴이 '다르다'는 뜻의 자입니다. • 부수는 田(밭 전)임.　　• 긴소리로 읽음.
仁	어질　　인	두 사람 사이의 기본이 되는 착하고 어진 '마음'을 나타낸 자입니다.
姉	손위누이　자 언니　　자	여자 형제 중에서 먼저 태어나 성숙하게 자란 '손위누이'라는 뜻의 자입니다. • 姉 ⇔ 妹(자매).　　　※ 姉 = 姊(손위누이 자)
姿:	모양　　자	차례로 늘어 앉은 여자들의 맵시 '모양'을 강조한 자입니다. • 姿 ≒ 態(자태).　　• 긴소리로 읽음.

4급-27

怨 원망할 원 원수 원	心 부수 5획, 총 9획. ( )부수 ( )획, 총 ( )획.
	怨:氣　　怨:望　　怨:恨　　怨:聲　　宿怨

源 근원 원	氵 水 부수 10획, 총 13획. ( )부수 ( )획, 총 ( )획.
	源流　　根源　　起源　　語:源　　資源

援 도울 원	扌 手 부수 9획, 총 12획. ( )부수 ( )획, 총 ( )획.
	援:軍　　援:助　　救:援　　聲援　　支援

危 위태할 위	㔾 卩 부수 4획, 총 6획. ( )부수 ( )획, 총 ( )획.
	危險　　危急　　危重　　危機一髮

委 맡길 위	女 부수 5획, 총 8획. ( )부수 ( )획, 총 ( )획.
	委員　　委任　　特委

4급-27-복습·쓰기장

♣ 아래의 빈칸을 채우시오.　　　　　　　　　　　　　　　　　【지난학습】

경영할 **영**		미리 **예**		우편 **우**		만날 **우**		넉넉할 **우**	

【금일학습】

怨 원망할 **원**									
源 근원 **원**									
援 도울 **원**									
危 위태할 **위**									
委 맡길 **위**									

원기　원망　원한　원성　숙원
원류　근원　기원　어원　자원
원군　원조　구원　성원　지원
위험　위급　위중　위기일발
위원　위임　특위

4급-28

威 위엄 위	女 부수 6획, 총 9획. ( )부수 ( )획, 총 ( )획.
	威力　　威勢　　國威　　威風堂堂
圍 에워쌀 위	口 부수 9획, 총 12획. ( )부수 ( )획, 총 ( )획.
	包:圍　　周圍
慰 위로할 위	心 부수 11획, 총 15획. ( )부수 ( )획, 총 ( )획.
	慰勞　　慰問　　慰安　　自慰
乳 젖 유	乙 부수 7획, 총 8획. ( )부수 ( )획, 총 ( )획.
	乳兒　　豆乳　　母:乳　　牛乳
遊 놀 유	辶 부수 9획, 총 13획. ( )부수 ( )획, 총 ( )획.
	遊興　　遊說　　遊星　　交遊　　遊牧

4급-28-복습 · 쓰기장

♣ **아래의 빈칸을 채우시오.** 【지난학습】

원망할 **원**		근원 **원**		도울 **원**		위태할 **위**		맡길 **위**	

【금일학습】

威 위엄 위					
圍 에워쌀 위					
慰 위로할 위					
乳 젖 유					
遊 놀 유					

위력 위세 국위 위풍당당
포위 주위
위로 위문 위안 자위
유아 두유 모유 우유
유흥 유세 유성 교유 유목

4급-29

遺 남길 유 / 끼칠 유	辶 辵 부수 12획, 총 16획. ( )부수 ( )획, 총 ( )획.			
	遺言	遺産	遺物	遺傳子

儒 선비 유	亻人 부수 14획, 총 16획. ( )부수 ( )획, 총 ( )획.			
	儒學	儒林	儒生	儒佛仙

隱 숨을 은	阝阜 부수 14획, 총 17획. ( )부수 ( )획, 총 ( )획.				
	隱居	隱密	隱身	隱語	隱退

依 의지할 의	亻人 부수 6획, 총 8획. ( )부수 ( )획, 총 ( )획.			
	依據	依存	歸:依	依他心

儀 거동 의	亻人 부수 13획, 총 15획. ( )부수 ( )획, 총 ( )획.
	儀禮　　儀式

4급-29-복습·쓰기장

♣ **아래의 빈칸을 채우시오.**　　　　　　　　　　　　　　　　　【지난학습】

| 위엄 **위** | 에워쌀 **위** | 위로할 **위** | 젖 **유** | 놀 **유** |

【금일학습】

| 遺 남길 **유** |
| 儒 선비 **유** |
| 隱 숨을 **은** |
| 依 의지할 **의** |
| 儀 거동 **의** |

유언　유산　유물　유전자
유학　유림　유생　유불선
은거　은밀　은신　은어　은퇴
의거　의존　귀의　의타심
의례　의식

4급-30

疑 의심할 의	疋 부수 9획, 총 14획. ( )부수 ( )획, 총 ( )획.			
	疑心　　疑問　　質疑應答			

異 다를 이	田 부수 6획, 총 11획. ( )부수 ( )획, 총 ( )획.			
	異:變　　異:性　　異:口同聲　　大:同小異			

仁 어질 인	亻人 부수 2획, 총 4획. ( )부수 ( )획, 총 ( )획.			
	仁術　　仁者無敵　　仁義禮智信			

姊 손위누이 자 / 언니 자	女 부수 5획, 총 8획. ( )부수 ( )획, 총 ( )획.			
	姊妹　　姊兄　　兄弟姊妹			

姿 모양 자	女 부수 6획, 총 9획. ( )부수 ( )획, 총 ( )획.			
	姿:勢　　姿:態			

♣ **아래의 빈칸을 채우시오.**　　　　　　　　　　　　　　　　　【지난학습】

남길 **유**		선비 **유**		숨을 **은**		의지할 **의**		거동 **의**	

【금일학습】

疑 의심할 의								
異 다를 이								
仁 어질 인								
姉 손위누이 자								
姿 모양 자								

의심　의문　질의응답
이변　이성　이구동성　대동소이
인술　인자무적　인의예지신
자매　자형　형제자매
자세　자태

○ 핵심정리장 16　　　　　　　　　　　　　　🔻 자세히 읽어 보세요.

모양(형形)	뜻(훈訓) 소리(음音)	핵 심 정 리
資	재물　　자	금전 또는 물품을 차례차례 쌓아놓은 '재물' 이라는 뜻의 자입니다.
殘	남을　　잔	창들에 찔려 뼈가 드러나는 상처만 '남았다' 는 뜻의 자입니다.
雜	섞일　　잡	새의 날개에 알락달락한 깃이 모인 것처럼 여러 빛깔의 천이 '섞여' 어수선하다는 뜻의 자입니다. • 부수는 隹(새 추)임.
壯:	장할　　장 씩씩할　장	나무를 조각낼 수 있는 기운찬 남자가 '장하다' 는 뜻의 자입니다. • 부수는 士(선비 사)임.　　• 긴소리로 읽음.
帳	장막　　장	추위나 햇볕을 막기 위해 길게 피륙을 이어 둘러친 '장막' 이라는 뜻의 자입니다.
張	베풀　　장	활시위를 길게 잡아당겨 쏘는 일을 '베푼다' 는 뜻의 자입니다.
獎:	장려할　장	장차 큰 일을 하도록 '장려한다' 는 뜻의 자입니다. • 부수는 大(큰 대)임.　　• 긴소리로 읽음.
腸	창자　　장	햇볕을 받으며 펄럭펄럭 휘날리는 깃발처럼 몸속에 구불구불한 모양으로 들어있는 '창자' 를 나타낸 자입니다. • 부수는 月(육달월변) = 肉(고기 육)임.
裝	꾸밀　　장	옷을 성하게 차려입어 겉을 '꾸민다' 는 뜻의 자입니다. • 부수는 衣(옷 의)임.
底:	밑　　　저	바위집 아래의 낮은 곳인 '밑' 을 뜻하는 자입니다. • 긴소리로 읽음.

○ 핵심정리장 17 　　　　　　　　　　⬇ 자세히 읽어 보세요.

모양(형 形)	뜻(훈 訓) 소리(음 音)		핵 심 정 리
賊	도둑 해칠	적 적	병장기를 들고 설치며 남의 재물을 훔치는 '도둑'을 뜻하는 자입니다. • 盜 ≒ 賊(도적).
適	맞을 마땅할	적 적	나무뿌리가 사방으로 뻗어나가 가지가 자라는데 '맞게' 한다는 뜻의 자입니다.
積	쌓을	적	자기가 벤 볏단을 책임지고 '쌓는다' 는 뜻의 자입니다.
績	길쌈	적	실을 겹겹으로 감아 '길쌈한다' 는 뜻의 자입니다.
籍	문서	적	밭을 갈때 이랑이 겹쳐지듯 대쪽을 엮어 호수나 인구를 적은 '문서' 라는 뜻의 자입니다.
專	오로지	전	실을 잣는 물레바퀴는 규칙적으로 한쪽으로만 '오로지' 돈다는 뜻의 자입니다. • 부수는 寸(마디 촌)임.
轉:	구를	전	수레바퀴가 둥글어 잘 '굴러' 간다는 뜻의 자입니다. • 긴소리로 읽음.
錢:	돈	전	금속으로 창이나 칼같이 깎아 만들었던 '돈' 을 뜻하는 자입니다. • 긴소리로 읽음.
折	꺾을	절	손에 도끼를 들고 물건을 찍어 '꺾는다' 는 뜻의 자입니다.
占(:)	점령할 점칠	점 점	그렇게 되리라고 입으로 점을 치듯 땅을 차지하기위해 깃대를 꽂아 '점령한다' 는 뜻의 자입니다. • 긴소리 또는 짧은소리로도 읽음.

4급-31

월   일   【시 간】   ~

資 재물 자	貝 부수 6획, 총 13획.	( )부수 ( )획, 총 ( )획.		
	資格 資質 資料 資金 物資			
殘 남을 잔	歹 부수 8획, 총 12획.	( )부수 ( )획, 총 ( )획.		
	殘在 殘額 殘金 殘務 殘雪			
雜 섞일 잡	隹 부수 10획, 총 18획.	( )부수 ( )획, 총 ( )획.		
	雜穀 雜務 雜念 雜談 雜貨			
壯 장할 장 씩씩할 장	士 부수 4획, 총 7획.	( )부수 ( )획, 총 ( )획.		
	壯:觀 壯:元 壯:年 壯:烈 健:壯			
帳 장막 장	巾 부수 8획, 총 11획.	( )부수 ( )획, 총 ( )획.		
	元帳 通:帳 日記帳 布帳馬車			

4급-31-복습·쓰기장

♣ **아래의 빈칸을 채우시오.**　　　　　　　　　　　　　　　【지난학습】

의심할 **의**	다를 **이**	어질 **인**	손위누이 **자**	모양 **자**

【금일학습】

資 재물 **자**					
殘 남을 **잔**					
雜 섞일 **잡**					
壯 장할 **장**					
帳 장막 **장**					

자격　자질　자료　자금　물자
잔재　잔액　잔금　잔무　잔설
잡곡　잡무　잡념　잡담　잡화
장관　장원　장년　장렬　건장
원장　통장　일기장　포장마차

4급-32

張 베풀 장	弓 부수 8획, 총 11획. ( )부수 ( )획, 총 ( )획.
	主張　　出張　　張本人　　表面張力

獎 장려할 장	大 부수 11획, 총 14획. ( )부수 ( )획, 총 ( )획.
	勸:獎　　獎:學生

腸 창자 장	月 肉 부수 9획, 총 13획. ( )부수 ( )획, 총 ( )획.
	斷:腸　　九折羊腸　　十二指腸

裝 꾸밀 장	衣 부수 7획, 총 13획. ( )부수 ( )획, 총 ( )획.
	裝備　假:裝　武:裝　包裝　裝身具

底 밑 저	广 부수 5획, 총 8획. ( )부수 ( )획, 총 ( )획.
	底:力　　底:邊　　底:意　　海:底

♣ 아래의 빈칸을 채우시오.

【지난학습】

	재물 資	남을 殘	섞일 雜	장할 壯	장막 帳

【금일학습】

張 베풀 장					
獎 장려할 장					
腸 창자 장					
裝 꾸밀 장					
底 밑 저					

주장 출장 장본인 표면장력
권장 장학생
단장 구절양장 십이지장
장비 가장 무장 포장 장신구
저력 저변 저의 해저

4급-33

賊 도둑 적 / 해칠 적
貝 부수 6획, 총 13획. ( )부수 ( )획, 총 ( )획.
盜賊　　馬:賊　　山賊　　義:賊　　海:賊

適 맞을 적 / 마땅할 적
辶 부수 11획, 총 15획. ( )부수 ( )획, 총 ( )획.
適當　　適用　　適性　　適者生存

積 쌓을 적
禾 부수 11획, 총 16획. ( )부수 ( )획, 총 ( )획.
積金　　積善　　積雪　　面:積　　積極的

績 길쌈 적
糸 부수 11획, 총 17획. ( )부수 ( )획, 총 ( )획.
功績　　成績　　業績

籍 문서 적
竹 부수 14획, 총 20획. ( )부수 ( )획, 총 ( )획.
國籍　　本籍　　書籍　　戶:籍

4급-33-복습·쓰기장

♣ 아래의 빈칸을 채우시오.　　　　　　　　　　　【지난학습】

베풀 장	장려할 장	창자 장	꾸밀 장		밑 저

【금일학습】

賊 도둑 적					
適 맞을 적					
積 쌓을 적					
績 길쌈 적					
籍 문서 적					

도적　마적　산적　의적　해적
적당　적용　적성　적자생존
적금　적선　적설　면적　적극적
공적　성적　업적
국적　본적　서적　호적

116

4급-34

專 (오로지 전)
寸 부수 8획, 총 11획. (　　)부수 (　　)획, 총 (　　)획.

專攻　　專門　　專用　　專任　　專有物

轉 (구를 전)
車 부수 11획, 총 18획. (　　)부수 (　　)획, 총 (　　)획.

轉:移　　轉:學　　自轉車　　起承轉結

錢 (돈 전)
金 부수 8획, 총 16획. (　　)부수 (　　)획, 총 (　　)획.

金錢　　急錢　　銅錢　　本錢　　分:錢

折 (꺾을 절)
扌 手 부수 4획, 총 7획. (　　)부수 (　　)획, 총 (　　)획.

折半　　骨折　　百折不屈

占 (점령할 점 / 점칠 점)
卜 부수 3획, 총 5획. (　　)부수 (　　)획, 총 (　　)획.

占:領　　占:據　　獨占　　占:星術

4급-34-복습·쓰기장

♣ **아래의 빈칸을 채우시오.**　　　　　　　　　　　　　　　　　【지난학습】

도둑 적	맞을 적	쌓을 적	길쌈 적	문서 적

【금일학습】

專
오로지 전

轉
구를 전

錢
돈 전

折
꺾을 절

占
점령할 점

전공 전문 전용 전임 전유물
전이 전학 자전거 기승전결
금전 급전 동전 본전 푼전
절반 골절 백절불굴
점령 점거 독점 점성술

◦ 핵심정리장 18   ⬇ 자세히 읽어 보세요.

모양(형 形)	뜻(훈 訓) 소리(음 音)	핵 심 정 리
點	점　　　　점	먹물이 튀어 얼룩 '점' 이 생겼다는 뜻의 자입니다. • 부수는 黑(검을 흑)임.
丁	고무래 장정　　　정	못의 확대된 모양이 '고무래' 같다는 뜻의 자입니다.
整:	가지런할　정	흐트러진 것을 다발로 묶고 위아래를 쳐서 '가지런히' 한다는 뜻의 자입니다. • 整 ≒ 齊(정제).　　　• 긴소리로 읽음. • 부수는 攵(등글월문) = 攴(칠 복)임.
靜	고요할　　정	붉고 푸른색이 다투어 칠해진 단청의 빛깔이 '고요한' 분위기를 자아낸다는 뜻의 자입니다.
帝:	임금　　　제	덕과 위엄이 하늘과 합치되는 사람인 '임금' 을 나타낸 자입니다. • 帝 ≒ 王(제왕).　　　• 긴소리로 읽음.
組	짤　　　　조	많은 실오리를 합치어 피륙을 '짠다' 는 뜻의 자입니다. • 祖(할아비 조),　組(짤 조)
條	가지　　　조	바람에 흔들거리는 나무의 곁 '가지' 를 뜻하는 자입니다. • 부수는 木(나무 목)임.
潮	조수　　　조	해와 달의 인력에 의하여 드나드는 바닷물을 '조수' 라고 한다는 뜻의 자입니다.
存	있을　　　존	아이들은 재능의 싹이 '있다' 는 뜻의 자입니다. • 存 ≒ 在(존재).　　　• 부수는 子(아들 자)임.
從(:)	좇을　　　종	한사람이 다른 사람의 뒤를 '좇는다' 는 뜻의 자입니다. • 긴소리 또는 짧은소리로도 읽음.

핵심정리장 19

▼ 자세히 읽어 보세요.

모양(형形)	뜻(훈訓) 소리(음音)	핵 심 정 리
鍾	쇠북 종	쇠로 만들어서 무거운 술잔모양의 '쇠북'을 나타낸 자입니다.
座:	자리 좌	집안에서 몸을 붙이고 앉는 '자리'라는 뜻의 자입니다. • 긴소리로 읽음.
朱	붉을 주	소나무의 고갱이나 관솔이 '붉다'는 뜻의 자입니다. • 부수는 木(나무 목)임.
周	두루 주 나라이름 주	입을 잘 써서 '두루' 할 말을 한다는 뜻의 자입니다. • 부수는 口(입 구)임.
酒	술 주	곡물로 만든 누룩에 물을 섞어서 빚어 항아리에 넣어둔 '술'을 나타낸 자입니다. • 부수는 酉(닭 유)임.
證	증거 증	단 위에 올라 사실대로 말하여 '증거'를 댄다는 뜻의 자입니다.
誌	기록할 지	말과 뜻을 실어 '기록한다'는 뜻의 자입니다.
智	지혜 지 슬기 지	사리를 밝게 아니 '지혜'롭다는 뜻의 자입니다.
持	가질 지	관청에서 내린 공문서를 받아 잘 '가지고' 있다는 뜻의 자입니다.
織	짤 직	창날이 부딪치듯이 소리를 내면서 실로 베를 '짠다'는 뜻의 자입니다.

4급-35

點 점 점	黑 부수 5획, 총 17획.　(　　)부수 (　　)획, 총 (　　)획.
	點檢　　點線　　點數　　點火　　觀點

丁 고무래 정 장정 정	一 부수 1획, 총 2획.　(　　)부수 (　　)획, 총 (　　)획.
	白丁　　兵丁　　壯:丁　　目不識丁

整 가지런할 정	攵攴 부수 12획, 총 16획.　(　　)부수 (　　)획, 총 (　　)획.
	整:理　　整:備　　整:然　　區畫整理

靜 고요할 정	靑 부수 8획, 총 16획.　(　　)부수 (　　)획, 총 (　　)획.
	靜肅　　靜脈　　動:靜　　靜中動

帝 임금 제	巾 부수 6획, 총 9획.　(　　)부수 (　　)획, 총 (　　)획.
	帝:王　　天帝　　帝:國主義

4급-35-복습·쓰기장

♣ **아래의 빈칸을 채우시오.** 【지난학습】

오로지 전	구를 전	돈 전	꺾을 절	점령할 점

【금일학습】

點 점 점					
丁 고무래 정					
整 가지런할 정					
靜 고요할 정					
帝 임금 제					

점검 점선 점수 점화 관점
백정 병정 장정 목불식정
정리 정비 정연 구획정리
정숙 정맥 동정 정중동
제왕 천제 제국주의

4급-36

組 짤 조	糸 부수 5획, 총 11획.　　(　　)부수 (　　)획, 총 (　　)획.
	組立　　組成　　組合　　組長　　組織

條 가지 조	木 부수 7획, 총 11획.　　(　　)부수 (　　)획, 총 (　　)획.
	條件　　條目　　條約　　金科玉條

潮 조수 조	氵水 부수 12획, 총 15획.　(　　)부수 (　　)획, 총 (　　)획.
	潮水　　潮流　　滿潮　　思潮　　赤潮

存 있을 존	子 부수 3획, 총 6획.　　(　　)부수 (　　)획, 총 (　　)획.
	存在　　存續　　共:存　　保:存　　實存

從 좇을 종	彳 부수 8획, 총 11획.　　(　　)부수 (　　)획, 총 (　　)획.
	從來　　主從　　白衣從軍　　類:類相從

♣ **아래의 빈칸을 채우시오.** 【지난학습】

점	點	고무래	丁	가지런할	整	고요할	靜	임금	帝

【금일학습】

組 짤 조						
條 가지 조						
潮 조수 조						
存 있을 존						
從 좇을 종						

조립 조성 조합 조장 조직
조건 조목 조약 금과옥조
조수 조류 만조 사조 적조
존재 존속 공존 보존 실존
종래 주종 백의종군 유유상종

4급-37

鍾 쇠북 종	金 부수 9획, 총 17획. ( )부수 ( )획, 총 ( )획.
	鍾愛　　龍鍾　　靑鍾　　鍾乳洞　　鍾乳石

座 자리 좌	广 부수 7획, 총 10획. ( )부수 ( )획, 총 ( )획.
	座席　　座中　　權座　　座談會

朱 붉을 주	木 부수 2획, 총 6획. ( )부수 ( )획, 총 ( )획.
	朱門　　朱黃　　印朱　　朱子學

周 두루 주 / 나라이름 주	口 부수 5획, 총 8획. ( )부수 ( )획, 총 ( )획.
	周易　　周邊　　周知

酒 술 주	酉 부수 3획, 총 10획. ( )부수 ( )획, 총 ( )획.
	酒類　　酒量　　藥酒　　酒色雜技

4급-37-복습·쓰기장

♣ **아래의 빈칸을 채우시오.**　　　　　　　　　　【지난학습】

짤 조	가지 조	조수 조	있을 존	좇을 종

【금일학습】

鍾 쇠북 종					
座 자리 좌					
朱 붉을 주					
周 두루 주					
酒 술 주					

종애　용종　청종　종유동　종유석
좌석　좌중　권좌　좌담회
주문　주황　인주　주자학
주역　주변　주지
주류　주량　약주　주색잡기

4급-38

證 증거 증	言 부수 12획, 총 19획. ( )부수 ( )획, 총 ( )획.
	證據　　考證　　　證書　　　證言　　　證人

誌 기록할 지	言 부수 7획, 총 14획. ( )부수 ( )획, 총 ( )획.
	誌面　　本誌　　日誌　　　雜誌

智 지혜 슬기 지	日 부수 8획, 총 12획. ( )부수 ( )획, 총 ( )획.
	智略　　機智　　智德體　　　智者一失

持 가질 지	扌 手 부수 6획, 총 9획. ( )부수 ( )획, 총 ( )획.
	持論　　持分　　　所:持　　　持續的

織 짤 직	糸 부수 12획, 총 18획. ( )부수 ( )획, 총 ( )획.
	織物　　毛織　　　組織的

4급-38-복습·쓰기장

♣ **아래의 빈칸을 채우시오.** 【지난학습】

쇠북 **종**		자리 **좌**		붉을 **주**		두루 **주**		술 **주**	

【금일학습】

證 증거 증					
誌 기록할 지					
智 지혜 지					
持 가질 지					
織 짤 직					

증거 고증 증서 증언 증인
지면 본지 일지 잡지
지략 기지 지덕체 지자일실
지론 지분 소지 지속적
직물 모직 조직적

○ 핵심정리장 20   ⬇ 자세히 읽어 보세요.

모양(형 形)	뜻(훈 訓) 소리(음 音)	핵 심 정 리
珍	보배 진	무늬가 머릿결같이 고운 진귀한 '보배'라는 뜻의 자입니다. • 부수는 王(구슬옥변/임금 왕) = 玉(구슬 옥)임.
陣	진칠 진	언덕에 의지하여 전쟁에 쓰이는 수레들을 세워 '진친다'는 뜻의 자입니다.
盡:	다할 진	화로의 깜부기불이 꺼지며 생명이 '다했다'는 뜻의 자입니다. • 부수는 皿(그릇 명)임. • 긴소리로 읽음.
差	다를 차 들쑥날쑥할 치	식물이 좌우로 늘어져 있으나 그 길이가 '다르다'는 뜻의 자입니다. • 부수는 工(장인 공)임. • 일자다음자임. 차·치
讚:	기릴 찬	말로 잘 되도록 도우며 좋은 점을 '기린다'는 뜻의 자입니다. • 긴소리로 읽음.
採:	캘 채	손으로 나뭇잎이나 풀뿌리를 뜯거나 뽑거나 '캔다'는 뜻의 자입니다. • 긴소리로 읽음.
冊	책 책	대쪽에다 글을 써서 가죽끈으로 엮어 매었던 '책'의 모양을 본뜬 자입니다. • 부수는 冂(멀경몸)임.
泉	샘 천	땅 속 또는 바위 틈에서 물이 솟아나 내를 이루는 '샘'의 모습을 나타낸 자입니다.
廳	관청 청	백성들의 말을 듣고 일을 처리하는 집인 '관청'을 나타낸 자입니다.
聽	들을 청	마음에서 우러나오는 말을 얻어 '듣는다'는 뜻의 자입니다. • 부수는 耳(귀 이)임.

○ 핵심정리장 21   ▼ 자세히 읽어 보세요.

모양(형形)	뜻(훈訓) 소리(음音)		핵 심 정 리
招	부를	초	부르는 행위를 손짓을 이용해서 '부른다' 는 뜻의 자입니다.
推	밀 (천거할) 밀	추 퇴	새가 앞으로 나아가듯이 손으로 힘껏 '민다' 는 뜻의 자입니다. • 일자다음자임. 추·퇴
縮	줄일	축	실이나 천을 물에 담갔다가 꺼내 말리면 '줄어' 든다는 뜻의 자입니다.
趣:	뜻 취미	취 취	목적한 바를 취하러 달려나가려는 '뜻' 을 나타낸 자입니다. • 긴소리로 읽음.
就:	나아갈 이룰	취 취	궁성 터를 더욱 높게 쌓아 '나아간다' 는 뜻의 자입니다. • 부수는 尤(더욱 우)임. • 긴소리로 읽음.
層	층	층	집 위에 집을 거듭지어 '층' 을 이룬다는 뜻의 자입니다.
寢:	잘	침	집에서 침대를 청소하고 누워 '잔다' 는 뜻의 자입니다. • 起床(기상) ⇔ 就寢(취침). • 긴소리로 읽음.
針(:)	바늘	침	귀에는 실을 꿰고 끝은 날카로운 쇠로 만든 '바늘' 을 뜻하는 자입니다.
稱	일컬을	칭	곡식을 들어올려 저울에 달 때마다 소리쳐 수량을 '일컫는다' 는 뜻의 자입니다.
彈:	탄알	탄	화살이 활시위를 퉁기며 홀로 날아가듯 총구에서 떠난 '탄알' 이라는 뜻의 자입니다. • 긴소리로 읽음.

4급-39

珍 보배 진	王玉 부수 5획, 총 9획. ( )부수 ( )획, 총 ( )획.
	珍貴　　珍島犬　　山海珍味

陣 진칠 진	阝阜 부수 7획, 총 10획. ( )부수 ( )획, 총 ( )획.
	陣營　　陣地　　出陣　　背:水陣

盡 다할 진	皿 부수 9획, 총 14획. ( )부수 ( )획, 총 ( )획.
	盡:心　　消盡　　盡:人事待天命

差 다를 차 들쑥날쑥할 치	工 부수 7획, 총 10획. ( )부수 ( )획, 총 ( )획.
	差異　差別　差等　時差　誤:差　參差

讚 기릴 찬	言 부수 19획, 총 26획. ( )부수 ( )획, 총 ( )획.
	讚:歌　　讚:美　　禮:讚　　自畫自讚

♣ 아래의 빈칸을 채우시오. 【지난학습】

증거 증	기록할 지	지혜 지	가질 지	짤 직

【금일학습】

珍 보배 진					
陣 진칠 진					
盡 다할 진					
差 다를 차					
讚 기릴 찬					

진귀 진도견 산해진미
진영 진지 출진 배수진
진심 소진 진인사대천명
차이 차별 차등 시차 오차 참치
찬가 찬미 예찬 자화자찬

4급-40

採 캘 채	扌 手 부수 8획, 총 11획. (　　)부수 (　　)획, 총 (　　)획.
	採:鑛　　採:取　　採:用　　採:集　　特採

冊 책 책	冂 부수 3획, 총 5획. (　　)부수 (　　)획, 총 (　　)획.
	冊房　　冊床　　冊名　　別冊

泉 샘 천	水 부수 5획, 총 9획. (　　)부수 (　　)획, 총 (　　)획.
	溫泉　　黃泉　　源泉

廳 관청 청	广 부수 22획, 총 25획. (　　)부수 (　　)획, 총 (　　)획.
	廳舍　　廳長　　區廳　　郡:廳　　市:廳

聽 들을 청	耳 부수 16획, 총 22획. (　　)부수 (　　)획, 총 (　　)획.
	聽衆　　難聽　　聽取者　　視:聽覺

4급-40-복습·쓰기장

♣ **아래의 빈칸을 채우시오.**　　　　　　　　　　　　　　　　【지난학습】

보배 **진**		진칠 **진**		다할 **진**		다를 **차**		기릴 **찬**	

【금일학습】

採									
캘 **채**									
冊									
책 **책**									
泉									
샘 **천**									
廳									
관청 **청**									
聽									
들을 **청**									

채광　채취　채용　채집　특채
책방　책상　책명　별책
온천　황천　원천
청사　청장　구청　군청　시청
청중　난청　청취자　시청각

4급-41

| 招 부를 초 | 扌 手 부수 5획, 총 8획. ( )부수 ( )획, 총 ( )획. |
| | 招來　　招待　　招請　　自招 |

| 推 밀(천거할) 추추퇴 옮길 밀 | 扌 手 부수 8획, 총 11획. ( )부수 ( )획, 총 ( )획. |
| | 推進　　推論　　推理　　推測　　類:推 |

| 縮 줄일 축 | 糸 부수 11획, 총 17획. ( )부수 ( )획, 총 ( )획. |
| | 縮小　　縮約　　軍縮　　壓縮 |

| 趣 뜻 취 취미 취 | 走 부수 8획, 총 15획. ( )부수 ( )획, 총 ( )획. |
| | 趣:味　　趣:向　　情趣　　興:趣 |

| 就 나아갈 취 이룰 취 | 尢 부수 9획, 총 12획. ( )부수 ( )획, 총 ( )획. |
| | 就:業　　就:職　　就:學　　成就　　進:就性 |

♣ **아래의 빈칸을 채우시오.** 【지난학습】

캘	채	책	책	샘	천	관청	청	들을	청

【금일학습】

招 부를 초						
推 밀 추						
縮 줄일 축						
趣 뜻 취						
就 나아갈 취						

초래 초대 초청 자초
추진 추론 추리 추측 유추
축소 축약 군축 압축
취미 취향 정취 흥취
취업 취직 취학 성취 진취성

4급-42

層 층층	尸 부수 12획, 총 15획. ( )부수 ( )획, 총 ( )획.
	層數　　層階　　高層　　地層

寢 잘침	宀 부수 11획, 총 14획. ( )부수 ( )획, 총 ( )획.
	寢:具　　寢:室　　寢:食　　就:寢

針 바늘침	金 부수 2획, 총 10획. ( )부수 ( )획, 총 ( )획.
	針術　　檢:針　　時針　　指針　　針葉樹

稱 일컬을칭	禾 부수 9획, 총 14획. ( )부수 ( )획, 총 ( )획.
	稱讚　　尊稱　　稱號　　假:稱　　名稱

彈 탄알탄	弓 부수 12획, 총 15획. ( )부수 ( )획, 총 ( )획.
	彈:壓　　彈:力　　彈:性　　防彈　　彈:藥庫

4급-42-복습·쓰기장

♣ **아래의 빈칸을 채우시오.**　　　　　　　　　　　　　【지난학습】

부를 **초**		밀 **추**		줄일 **축**		뜻 **취**		나아갈 **취**	

【금일학습】

層 충 층								
寢 잘 침								
針 바늘 침								
稱 일컬을 칭								
彈 탄알 탄								

층수 층계 고층 지층
침구 침실 침식 취침
침술 검침 시침 지침 침엽수
칭찬 존칭 칭호 가칭 명칭
탄압 탄력 탄성 방탄 탄약고

○ 핵심정리장 22　　　　　　　　　　　🔽 자세히 읽어 보세요.

모양(형 形)	뜻(훈 訓)	소리(음 音)	핵 심 정 리
歎:	탄식할	탄	어려움을 당하면 하품하듯 입을 크게 벌려 '탄식한다'는 뜻의 자입니다. •부수는 欠(하품 흠)임.　　•긴소리로 읽음.
脫	벗을	탈	몸의 꼴을 바꾸려고 껍질을 '벗는다'는 뜻의 자입니다.
探	찾을	탐	손을 깊은 곳에 넣어 더듬어 '찾는다'는 뜻의 자입니다.
擇	가릴	택	좋은 물건을 보고 손으로 '가린다'는 뜻의 자입니다.
討(:)	칠 찾을	토 토	법에 따라 죄값를 논하고 나아가 '친다'는 뜻의 자입니다. •긴소리 또는 짧은소리로도 읽음.
痛:	아플	통	부풀어 오른 상처가 매우 '아프다'는 뜻의 자입니다. •긴소리로 읽음.
投	던질	투	손으로 창을 '던진다'는 뜻의 자입니다.
鬪	싸움	투	무기를 들고 마주서서 베거나 쪼개며 '싸움'을 한다는 뜻의 자입니다.
派	갈래	파	물이 흐르며 '갈래' 진다는 뜻의 자입니다. •波(물결 파), 派(갈래 파)
判	판단할	판	물건을 정확히 절반으로 쪼개듯이 일이나 시비를 분명히 하여 '판단한다'는 뜻의 자입니다. •부수는 刂(칼도방) = 刀(칼 도)임.

◦ 핵심정리장 23   ⬇ 자세히 읽어 보세요.

모양(형 形)	뜻(훈 訓) 소리(음 音)		핵 심 정 리
篇	책	편	글을 쓴 대쪽을 엮은 '책'을 나타낸 자입니다. • 부수는 竹(대 죽)임.
評:	평할	평	치우치지 않는 공평한 말로 '평한다'는 뜻의 자입니다. • 긴소리로 읽음.
閉:	닫을	폐	문에 빗장을 걸 수 있도록 '닫는다'는 뜻의 자입니다. • 開 ⇔ 閉(개폐).　　• 긴소리로 읽음.
胞(:)	세포 태	포 포	태아를 감싸고 있는 태의 '세포'라는 뜻의 자입니다. • 긴소리 또는 짧은소리로도 읽음.
爆	불터질	폭	사나운 불길에 물체가 타서 '불터진다'는 뜻의 자입니다.
標	표할	표	잘 볼 수 있도록 나무에 표지를 '표한다'는 뜻의 자입니다.
疲	피곤할	피	병으로 가죽만 남을 정도로 '피곤하다'는 뜻의 자입니다.
避:	피할	피	편벽되어 남에게서 떠나가 눈을 '피한다'는 뜻의 자입니다. • 逃 ≒ 避(도피).　　• 긴소리로 읽음.
恨:	한	한	심장이 멈출 만큼 응어리진 '한'이라는 뜻의 자입니다. • 긴소리로 읽음.
閑	한가할	한	문을 열고 뜰에 심어놓은 나무를 보니 마음이 '한가하다'는 뜻의 자입니다.

4급-43

歎 탄식할 탄	欠 부수 11획, 총 15획. ( )부수 ( )획, 총 ( )획.
	歎:服 歎:息 感:歎 歎聲 歎願書

脫 벗을 탈	月 肉 부수 7획, 총 11획. ( )부수 ( )획, 총 ( )획.
	脫穀 脫黨 脫落 脫出 解:脫

探 찾을 탐	扌 手 부수 8획, 총 11획. ( )부수 ( )획, 총 ( )획.
	探究 探訪 探査 探知 探險

擇 가릴 택	扌 手 부수 13획, 총 16획. ( )부수 ( )획, 총 ( )획.
	擇日 選:擇 採:擇 兩者擇一

討 칠 토 찾을 토	言 부수 3획, 총 10획. ( )부수 ( )획, 총 ( )획.
	討:議 討:論 討罪 討伐 聲:討

4급-43-복습 · 쓰기장

♣ **아래의 빈칸을 채우시오.** 【지난학습】

층	충	잘	침	바늘	침	일컬을	칭	탄알	탄

【금일학습】

歎 탄식할 탄					
脫 벗을 탈					
探 찾을 탐					
擇 가릴 택					
討 칠 토					

탄복 탄식 감탄 탄성 탄원서
탈곡 탈당 탈락 탈출 해탈
탐구 탐방 탐사 탐지 탐험
택일 선택 채택 양자택일
토의 토론 토죄 토벌 성토

4급-44

痛 아플 통	疒 부수 7획, 총 12획. ( )부수 ( )획, 총 ( )획.
	痛:憤　　痛:快　　痛:歎　　苦痛　　齒痛

投 던질 투	扌 手 부수 4획, 총 7획. ( )부수 ( )획, 총 ( )획.
	投書　　投手　　投藥　　投資　　投票

鬪 싸움 투	鬥 부수 10획, 총 20획. ( )부수 ( )획, 총 ( )획.
	鬪技　　鬪犬　　鬪爭　　死:鬪　　戰:鬪

派 갈래 파	氵 水 부수 6획, 총 9획. ( )부수 ( )획, 총 ( )획.
	派生　　學派　　派兵　　派出所

判 판단할 판	刂 刀 부수 5획, 총 7획. ( )부수 ( )획, 총 ( )획.
	判斷　　判決　　判事　　判定　　判別

4급-44-복습·쓰기장

♣ 아래의 빈칸을 채우시오.　　　　　　　　　　　【지난학습】

탄식할 **탄**		벗을 **탈**		찾을 **탐**		가릴 **택**		칠 **토**	

【금일학습】

痛 아플 통									
投 던질 투									
鬪 싸움 투									
派 갈래 파									
判 판단할 판									

통분　통쾌　통탄　고통　치통
투서　투수　투약　투자　투표
투기　투견　투쟁　사투　전투
파생　학파　파병　파출소
판단　판결　판사　판정　판별

4급-45

篇 책 편	竹 부수 9획, 총 15획. ( )부수 ( )획, 총 ( )획.
	短篇　　長篇　　玉篇　　千篇一律

評 평할 평	言 부수 5획, 총 12획. ( )부수 ( )획, 총 ( )획.
	評:論　評:價　評:點　評:決　品:評　好:評

閉 닫을 폐	門 부수 3획, 총 11획. ( )부수 ( )획, 총 ( )획.
	閉:會　閉:業　閉:店　開閉　密閉

胞 세포 포 / 태 포	月(肉) 부수 5획, 총 9획. ( )부수 ( )획, 총 ( )획.
	胞子　同胞　細:胞

爆 불터질 폭	火 부수 15획, 총 19획. ( )부수 ( )획, 총 ( )획.
	爆發　爆彈　爆音　爆竹

4급-45-복습·쓰기장

♣ **아래의 빈칸을 채우시오.**　　　　　　　　　　　　　　【지난학습】

아플 **통**		던질 **투**		싸움 **투**		갈래 **파**		판단할 **판**	

【금일학습】

篇									
책 **편**									
評									
평할 **평**									
閉									
닫을 **폐**									
胞									
세포 **포**									
爆									
불터질 **폭**									

단편　장편　옥편　천편일률
평론　평가　평점　평결　품평　호평
폐회　폐업　폐점　개폐　밀폐
포자　동포　세포
폭발　폭탄　폭음　폭죽

4급-46

標 표할 표	木 부수 11획, 총 15획.　　(　　)부수 (　　)획, 총 (　　)획.
	標語　　標本　　標示　　標準　　標識板

疲 피곤할 피	疒 부수 5획, 총 10획.　　(　　)부수 (　　)획, 총 (　　)획.
	疲困　　疲勞

避 피할 피	辶 부수 13획, 총 17획.　　(　　)부수 (　　)획, 총 (　　)획.
	避:身　　避:難　　避:亂　　回避　　待:避

恨 한 한	忄 心 부수 6획, 총 9획.　　(　　)부수 (　　)획, 총 (　　)획.
	恨:歎　　餘恨　　情恨　　痛:恨

閑 한가할 한	門 부수 4획, 총 12획.　　(　　)부수 (　　)획, 총 (　　)획.
	閑暇　　閑散　　等:閑　　農閑期

147

♣ **아래의 빈칸을 채우시오.** 【지난학습】

책 편	평할 평	닫을 폐	세포 포	불터질 폭	

【금일학습】

標 표할 표					
疲 피곤할 피					
避 피할 피					
恨 한 한					
閑 한가할 한					

표어 표본 표시 표준 표지판
피곤 피로
피신 피난 피란 회피 대피
한탄 여한 정한 통한
한가 한산 등한 농한기

○ 핵심정리장 24　　　　　　　　　　　　　　🔽 자세히 읽어 보세요.

모양(형 形)	뜻(훈 訓) 소리(음 音)	핵 심 정 리
抗:	겨룰　　항 항거할　항	서로 손을 높이 들어 견제하며 '겨룬다' 는 뜻의 자입니다. • 긴소리로 읽음.
核	씨　　　핵	돼지의 살 속 뼈대처럼 나무의 단단한 '씨' 라는 뜻의 자입니다.
憲:	법　　　헌	해침당하지 않도록 눈과 마음을 밝혀 정해놓은 '법' 이라는 뜻의 자입니다. • 긴소리로 읽음.
險:	험할　　험	여러 산과 언덕이 첩첩으로 모여있어 '험하다' 는 뜻의 자입니다. • 긴소리로 읽음. • 儉(검소할 검), 檢(검사할 검), 驗(시험할 험), 險(험할 험).
革	가죽　　혁	짐승을 잡아 그 몸을 편편히 펴고 털을 매만져 없앤 날 '가죽' 의 모양을 본뜬 자입니다. • 皮 ≒ 革(피혁).　　• 草(풀 초), 革(가죽 혁).
顯:	나타날　현	머리에 장식으로 꾸민 명주실에 밝은 빛이 '나타난다' 는 뜻의 자입니다. • 긴소리로 읽음.
刑	형벌　　형	죄인을 우물틀 같은 형틀에 매고 칼로 위엄을 보여 '형벌' 을 가한다는 뜻의 자입니다. • 形(모양 형), 刑(형벌 형)
或	혹(혹시)　혹	국민들이 창을 들고 땅을 지키는 것은 적이 침입하지 않을까 '혹' 의심되어서라는 뜻의 자입니다.
婚	혼인할　혼	멀리서 오는 신부가 저물녘에 신랑집에 도착하여 '혼인한다' 는 뜻의 자입니다.
混:	섞을　　혼	맑거나 흐린 물이 같은 곳으로 흘러들어 '섞인다' 는 뜻의 자입니다. • 긴소리로 읽음.

◦ 핵심정리장 25　　　　　　　　　　　　⬇ 자세히 읽어 보세요.

모양(형 形)	뜻(훈 訓) 소리(음 音)		핵 심 정 리
紅	붉을	홍	실에 분홍 물감을 가공하여 들이니 빛깔이 '붉다' 라는 뜻의 자입니다. • 朱 ≒ 紅(주홍).
華	빛날	화	풀꽃들이 많이 피어 드리워진 모습이 '빛난다' 는 뜻의 자입니다.
環	고리	환	눈망울과 눈동자 같이 외곽과 안이 둥근 옥 '고리' 라는 뜻의 자입니다.
歡	기쁠	환	어미 황새가 먹이를 물어오면 새끼들이 입을 벌려 '기뻐한다' 는 뜻의 자입니다. • 歎(탄식할 탄), 歡(기쁠 환). • 부수는 欠(하품 흠)임.
況:	상황 하물며	황 황	물이 크게 불어났는데 하물며 더 큰 물이 되는 '상황' 이라는 뜻의 자입니다. • 긴소리로 읽음.
灰	재	회	불타고 나면 손에 쥘 수 있는 것은 '재' 라는 뜻의 자입니다.
厚:	두터울	후	바위가 겹쳐있어 '두텁다' 는 뜻의 자입니다. • 긴소리로 읽음.
候:	기후 기다릴	후 후	사람이 활을 쏠 때 과녁을 살피듯 그렇게 '기후' 도 살핀다는 뜻의 자입니다. • 긴소리로 읽음.
揮	휘두를	휘	군대의 지휘를 손으로 '휘두르며' 한다는 뜻의 자입니다.
喜	기쁠	희	북치고 노래하니 즐겁고 '기쁘다' 는 뜻의 자입니다. • 喜 ⇔ 悲(희비).

월   일 【시 간】   ~

4급-47

抗
겨룰 **항**
항거할 **항**

扌 手 부수 4획, 총 7획.　(　)부수 (　)획, 총 (　)획.

抗:拒　　抗:命　　抗:爭　　對:抗　　反:抗

核
씨 **핵**

木 부수 6획, 총 10획.　(　)부수 (　)획, 총 (　)획.

核心　　核武器　　核果類　　核實驗

憲
법 **헌**

心 부수 12획, 총 16획.　(　)부수 (　)획, 총 (　)획.

憲:法　　憲:兵　　憲:章　　改:憲　　立憲

險
험할 **험**

阝 阜 부수 13획, 총 16획.　(　)부수 (　)획, 총 (　)획.

險:難　　險:談　　險:惡　　保:險　　險:路

革
가죽 **혁**
고칠 **혁**

革 부수 0획, 총 9획.　(　)부수 (　)획, 총 (　)획.

革帶　　革命　　革新　　改:革　　變:革

151

♣ 아래의 빈칸을 채우시오.

【지난학습】

표할 **표**	피곤할 **피**	피할 **피**	한 **한**	한가할 **한**

【금일학습】

抗 겨룰 **항**					
核 씨 **핵**					
憲 법 **헌**					
險 험할 **험**					
革 가죽 **혁**					

항거 항명 항쟁 대항 반항
핵심 핵무기 핵과류 핵실험
헌법 헌병 헌장 개헌 입헌
험난 험담 험악 보험 험로
혁대 혁명 혁신 개혁 변혁

4급-48

顯 나타날 현	頁 부수 14획, 총 23획. ( )부수 ( )획, 총 ( )획.				
	顯:達	顯:忠日		顯考學生府君神位	

刑 형벌 형	刂 刀 부수 4획, 총 6획. ( )부수 ( )획, 총 ( )획.				
	刑罰	刑事	刑法	減:刑	處:刑

或 혹(혹시) 혹	戈 부수 4획, 총 8획. ( )부수 ( )획, 총 ( )획.				
	或是	或者	間:或		

婚 혼인할 혼	女 부수 8획, 총 11획. ( )부수 ( )획, 총 ( )획.				
	婚期	婚禮	結婚	請婚	離:婚

混 섞을 혼	氵 水 부수 8획, 총 11획. ( )부수 ( )획, 총 ( )획.				
	混:合	混:亂	混:雜	混:用	混:戰

4급-48-복습·쓰기장

♣ 아래의 빈칸을 채우시오. 【지난학습】

겨룰	항	씨	핵	법	헌	험할	험	가죽	혁

【금일학습】

顯 나타날 현									
刑 형벌 형									
或 혹 혹									
婚 혼인할 혼									
混 섞을 혼									

현달 현충일 현고학생부군신위
형벌 형사 형법 감형 처형
혹시 혹자 간혹
혼기 혼례 결혼 청혼 이혼
혼합 혼란 혼잡 혼용 혼전

4급-49

紅 붉을 홍	糸 부수 3획, 총 9획.　　(　　)부수 (　　)획, 총 (　　)획.
	紅白　　朱紅　　紅一點　　滿:山紅葉

華 빛날 화	⺿ 艸 부수 8획, 총 12획. (　　)부수 (　　)획, 총 (　　)획.
	華婚　　榮華　　華麗江山

環 고리 환	王 玉 부수 13획, 총 17획. (　　)부수 (　　)획, 총 (　　)획.
	環境　　花環

歡 기쁠 환	欠 부수 18획, 총 22획. (　　)부수 (　　)획, 총 (　　)획.
	歡迎　　歡待　　歡談　　歡聲　　歡心

況 상황 황 하물며 황	氵 水 부수 5획, 총 8획.　(　　)부수 (　　)획, 총 (　　)획.
	狀況　　現:況　　近:況　　不況　　好:況

4급-49-복습·쓰기장

♣ 아래의 빈칸을 채우시오. 【지난학습】

나타날 **현**		형벌 **형**		혹 **혹**		혼인할 **혼**		섞을 **혼**	

【금일학습】

紅 붉을 홍										
華 빛날 화										
環 고리 환										
歡 기쁠 환										
況 상황 황										

홍백 주홍 홍일점 만산홍엽
화혼 영화 화려강산
환경 화환
환영 환대 환담 환성 환심
상황 현황 근황 불황 호황

4급-50

灰 재 회	火 부수 2획, 총 6획. ( )부수 ( )획, 총 ( )획.
	灰色　　白灰　　石灰
厚 두터울 후	厂 부수 7획, 총 9획. ( )부수 ( )획, 총 ( )획.
	厚:德　　厚:待　　厚:謝　　厚:意　　厚:生
候 기후 후 / 기다릴 후	亻 人 부수 8획, 총 10획. ( )부수 ( )획, 총 ( )획.
	候:火　　氣:候　　測候所　　惡天候
揮 휘두를 휘	扌 手 부수 9획, 총 12획. ( )부수 ( )획, 총 ( )획.
	發揮　　揮發油　　指揮者
喜 기쁠 희	口 부수 9획, 총 12획. ( )부수 ( )획, 총 ( )획.
	喜悲　　喜劇　　喜消息

4급-50-복습·쓰기장

♣ **아래의 빈칸을 채우시오.**　　　　　　　　　　　【지난학습】

붉을 **홍**		빛날 **화**		고리 **환**		기쁠 **환**		상황 **황**	

【금일학습】

灰 재 회									
厚 두터울 후									
候 기후 후									
揮 휘두를 휘									
喜 기쁠 희									

회색 백회 석회
후덕 후대 후사 후의 후생
후화 기후 측후소 악천후
발휘 휘발유 지휘자
희비 희극 희소식

♣ **아래의 약자(略字)·속자(俗字)를 써 보시오.**
약자·속자 4급 — 1

暇 겨를 가	昄								
覺 깨달을 각	覚								
據 근거 거	拠								
傑 뛰어날 걸	杰								
儉 검소할 검	倹								
堅 굳을 견	坚								
繼 이을 계	継								
鑛 쇳돌 광	鉱								
勸 권할 권	劝							勧	

159

♣ 아래의 약자(略字)·속자(俗字)를 써 보시오.

약자·속자 4급 - 2

歸	帰							
돌아갈 귀								
亂	乱							
어지러울 란								
覽	覧							
볼 람								
龍	竜							
용 룡								
離	离							
떠날 리								
絲	糸							
실 사								
辭	辞							
말씀 사								
屬	属							
붙일 속								
肅	粛							
엄숙할 숙								

♣ **아래의 약자(略字)·속자(俗字)를 써 보시오.**

약자·속자 4급 - 3

樣	様								
모양 양									
嚴	厳								
엄할 엄									
與	与								
더불 여									
鉛	鈆								
납 연									
營	営								
경영할 영									
豫	予								
미리 예									
圍	囲								
에워쌀 위									
隱	隠								
숨을 은									
殘	残								
남을 잔									

♣ **아래의 약자(略字)·속자(俗字)를 써 보시오.**

약자·속자 4급 - 4

雜	雜								
섞일 잡									
壯	壯								
장할 장									
奬	奬								
장려할 장									
裝	裝								
꾸밀 장									
轉	転								
구를 전									
錢	錢								
돈 전									
點	点								
점 점									
靜	静								
고요할 정									
條	条								
가지 조									

♣ 아래의 약자(略字)·속자(俗字)를 써 보시오.

약자·속자 4급 − 5

從	从					從		
좇을 종								
證	証							
증거 증								
珍	珎							
보배 진								
盡	尽							
다할 진								
廳	庁							
관청 청								
聽	聴							
들을 청								
稱	称							
일컬을 칭								
彈	弾							
탄알 탄								
擇	択							
가릴 택								

♣ **아래의 약자(略字)·속자(俗字)를 써 보시오.**

약자·속자 4급 - 6

險	険							
험할 험								
顯	顕							
나타날 현								
歡	欢					歓		
기쁠 환								

한자어(漢字語) 학습

- 한자어 독음(讀音) 쓰기(장단음 포함)
- 한자어 쓰기
- 반의어(反義語)
- 동의어(同義語)
- 동음이의어(同音異義語)
- 한자성어(漢字成語)

♣ 다음 한자어(漢字語)의 독음(讀音)을 쓰시오. ▶정답은 238쪽

1. 病:暇
2. 休暇
3. 餘暇善用
4. 刻苦
5. 刻印
6. 陰刻
7. 板刻
8. 感:覺
9. 味覺
10. 發覺
11. 自覺
12. 知覺
13. 干城
14. 干滿
15. 看過
16. 看病
17. 看護
18. 走馬看山
19. 簡單
20. 簡潔
21. 簡便
22. 簡:易
23. 書簡文
24. 甘草
25. 甘味料
26. 甘言利說
27. 敢行
28. 敢:不生心
29. 甲富
30. 回甲
31. 鐵甲船
32. 甲午更張
33. 降:神
34. 降伏
35. 降:雪量
36. 降:雨量
37. 更:生
38. 更:新
39. 更:紙
40. 變:更
41. 更:年期
42. 巨:大
43. 巨:人
44. 巨:物
45. 巨:富
46. 巨:金
47. 拒:絶
48. 拒:逆
49. 拒:否權
50. 居室
51. 居處
52. 別居
53. 居住地
54. 據:點
55. 根據
56. 論據
57. 傑作
58. 傑物
59. 傑出
60. 英傑
61. 儉:素
62. 儉:約
63. 儉:朴
64. 檀君王儉
65. 激變
66. 激憤
67. 激論
68. 激烈

166

♣ 다음 한자어(漢字語)의 독음(讀音)을 쓰시오. ▶정답은 238쪽

1. 過:激
2. 擊退
3. 擊破
4. 目擊
5. 反:擊
6. 進:擊
7. 犬公
8. 軍犬
9. 名犬
10. 愛:犬
11. 忠犬
12. 堅固
13. 堅實
14. 堅持
15. 中堅手
16. 傾聽
17. 傾向
18. 左:傾
19. 右:傾化
20. 驚歎
21. 驚異
22. 驚天動地
23. 眼:鏡
24. 破:鏡
25. 色眼鏡
26. 明鏡止水
27. 戒:律
28. 十戒
29. 訓:戒
30. 一罰百戒
31. 系:統
32. 系:列
33. 系:派
34. 母:系
35. 體系
36. 季:節
37. 四:季
38. 夏:季
39. 冬季
40. 階段
41. 階級
42. 階層
43. 音階
44. 品:階
45. 鷄卵
46. 鷄林
47. 養:鷄場
48. 鷄口牛後
49. 繼:續
50. 繼:走
51. 繼:承
52. 繼:母
53. 後:繼者
54. 孤獨
55. 孤島
56. 孤兒
57. 孤立
58. 國庫
59. 金庫
60. 車庫
61. 火:藥庫
62. 穀食
63. 穀物
64. 糧穀
65. 困:境
66. 五:穀百果
67. 困:窮
68. 困:難

167

♣ 다음 한자어(漢字語)의 독음(讀音)을 쓰시오.   ▶정답은 238쪽

1. 貧困
2. 骨格
3. 骨折
4. 骨肉相爭
5. 孔:子
6. 言中有骨
7. 氣孔
8. 十九孔炭
9. 管理
10. 保:管
11. 血管
12. 管樂器
13. 鑛物
14. 金鑛
15. 鑛:工業
16. 鐵:鑛石
17. 構圖
18. 構想
19. 構成
20. 構造
21. 構築
22. 君子
23. 君主
24. 君臣有義
25. 檀君
26. 群島
27. 群衆
28. 群舞
29. 群雄
30. 屈曲
31. 屈伏
32. 屈指
33. 窮理
34. 百折不屈
35. 窮地
36. 無窮花
37. 旅券
38. 福券
39. 食券
40. 證券
41. 卷末
42. 席卷
43. 壓卷
44. 上:下卷
45. 勸:告
46. 勸:農
47. 勸:勉
48. 勸:學
49. 歸:家
50. 歸:京
51. 歸:國
52. 歸:鄕
53. 復歸
54. 均等
55. 均一
56. 平均
57. 均田制
58. 劇團
59. 劇場
60. 劇的
61. 悲:劇
62. 演:劇
63. 筋骨
64. 筋力
65. 筋肉
66. 鐵筋
67. 勤儉
68. 勤續

♣ 다음 한자어(漢字語)의 독음(讀音)을 쓰시오.　　　▶정답은 238쪽

1. 勤:務
2. 勤:勞
3. 紀律
4. 軍紀
5. 檀紀
6. 西紀
7. 今世紀
8. 奇妙
9. 奇異
10. 奇想天外
11. 奇特
12. 寄與
13. 寄宿舍
14. 寄生蟲
15. 機種
16. 機關
17. 機能
18. 機密
19. 機會
20. 納期
21. 納得
22. 納品
23. 納稅
24. 未:納
25. 段落
26. 段階
27. 手段
28. 初段
29. 有:段
30. 徒黨
31. 徒步
32. 徒勞
33. 信:徒
34. 暴徒
35. 逃亡
36. 逃走
37. 逃避
38. 盜難
39. 盜賊
40. 盜聽
41. 強:盜
42. 大:盜
43. 産:卵
44. 卵:生動物
45. 卵:細胞
46. 以:卵投石
47. 亂:離
48. 亂:雜
49. 國亂
50. 民亂
51. 反:亂
52. 觀覽
53. 遊覽
54. 博覽會
55. 展:覽會
56. 略圖
57. 略字
58. 攻:略
59. 大:略
60. 省略
61. 糧穀
62. 糧食
63. 軍糧米
64. 考慮
65. 思慮
66. 千慮一失
67. 念:慮
68. 烈士

♣ 다음 한자어(漢字語)의 독음(讀音)을 쓰시오. ▶정답은 239쪽

1. 強烈
2. 激烈
3. 先烈
4. 烈女門
5. 龍宮
6. 龍王
7. 龍馬
8. 靑龍
9. 登龍門
10. 柳氏
11. 柳:器
12. 細:柳
13. 路:柳
14. 輪月
15. 年輪
16. 輪回思想
17. 五:輪旗
18. 離:陸
19. 離:別
20. 離:合集散
21. 離:脫
22. 妹夫
23. 妹兄
24. 兄弟姉妹
25. 男妹
26. 勉:學
27. 勤勉
28. 鷄鳴
29. 悲:鳴
30. 百家爭鳴
31. 自鳴鍾
32. 模範
33. 模寫
34. 模樣
35. 規模
36. 妙:技
37. 妙:案
38. 妙:手
39. 妙:藥
40. 奇妙
41. 墓:碑
42. 墓:所
43. 墓:地
44. 墓:域
45. 省墓
46. 歌舞
47. 群舞
48. 亂:舞
49. 拍子
50. 拍手
51. 假:髮
52. 金髮
53. 頭髮
54. 理:髮
55. 白髮
56. 妨害
57. 無妨
58. 犯:人
59. 犯:罪
60. 犯:行
61. 防犯
62. 主犯
63. 範圍
64. 規範
65. 模範
66. 師範
67. 示:範
68. 辯論

♣ 다음 한자어(漢字語)의 독음(讀音)을 쓰시오. ▶정답은 239쪽

1. 達辯
2. 答辯
3. 雄辯
4. 辯護士
5. 普:通
6. 伏兵
7. 伏線
8. 三伏
9. 複線
10. 複道
11. 複寫
12. 複雜
13. 複製
14. 否:決
15. 否:認
16. 可:否
17. 否:定文
18. 負:擔
19. 負:傷
20. 勝負
21. 自負心
22. 粉末
23. 粉乳
24. 粉:紅
25. 粉筆
26. 製:粉
27. 憤:怒
28. 憤:痛
29. 憤:敗
30. 批:判
31. 批:評
32. 祕:境
33. 祕:密
34. 祕:法
35. 極祕
36. 神祕
37. 碑刻
38. 碑石
39. 墓:碑
40. 詩碑
41. 記念碑
42. 私立
43. 私心
44. 公平無私
45. 私生活
46. 射擊
47. 射殺
48. 射手
49. 反:射
50. 發射
51. 原絲
52. 一絲不亂
53. 鐵絲
54. 辭任
55. 辭典
56. 辭退
57. 辭表
58. 祝辭
59. 散:在
60. 散:文
61. 離:散
62. 分散
63. 解:散
64. 象形文字
65. 氣象
66. 千態萬象
67. 印象
68. 傷害

♣ 다음 한자어(漢字語)의 독음(讀音)을 쓰시오.　　▶정답은 239쪽

1. 傷心
2. 傷處
3. 負:傷
4. 重:傷
5. 宣傳
6. 宣言書
7. 宣敎師
8. 宣戰布告
9. 舌戰
10. 舌音
11. 毒舌
12. 口:舌數
13. 屬國
14. 屬性
15. 歸屬
16. 所:屬
17. 金屬
18. 損:失
19. 損:害
20. 損:益
21. 破:損
22. 缺損
23. 松花
24. 松板
25. 松竹
26. 老:松
27. 靑松
28. 頌:祝
29. 稱頌
30. 讚:頌歌
31. 頌:德碑
32. 秀才
33. 秀作
34. 秀麗
35. 優秀
36. 叔父
37. 叔母
38. 堂叔
39. 外:叔
40. 肅然
41. 肅淸
42. 自肅
43. 嚴肅
44. 靜肅
45. 崇高
46. 崇拜
47. 崇禮門
48. 氏族
49. 姓:氏
50. 兄氏
51. 無名氏
52. 額數
53. 額字
54. 減:額
55. 全額
56. 定:額
57. 樣相
58. 樣式
59. 多樣
60. 各樣各色
61. 嚴格
62. 嚴禁
63. 嚴正
64. 嚴冬雪寒
65. 與:件
66. 與:否
67. 參與
68. 與:民同樂

♣ 다음 한자어(漢字語)의 독음(讀音)을 쓰시오.   ▶정답은 239쪽

1. 交易	2. 貿易	35. 國營	36. 野:營
3. 難易度	4. 易:地思之	37. 豫:感	38. 豫:備
5. 區域	6. 聖:域	39. 豫:約	40. 豫:防
7. 地域	8. 海:域	41. 豫:測	42. 郵便
9. 廣:域市	10. 延期	43. 郵送	44. 郵便番號
11. 延命	12. 延着	45. 郵票	46. 待:遇
13. 延長線	14. 燃料	47. 不遇	48. 境遇
15. 燃燈會	16. 可:燃性	49. 禮:遇	50. 優待
17. 鉛筆	18. 黑鉛	51. 優等	52. 優勝
19. 緣分	20. 因緣	53. 優良兒	54. 怨:望
21. 血緣	22. 緣木求魚	55. 怨:恨	56. 怨:聲
23. 迎入	24. 迎接	57. 宿怨	58. 源流
25. 歡迎	26. 送:舊迎新	59. 根源	60. 起源
27. 映畵	28. 反:映	61. 語:源	62. 資源
29. 放:映	30. 上:映	63. 援:軍	64. 援:助
31. 映寫機	32. 營業	65. 救:援	66. 聲援
33. 營利	34. 經營	67. 支援	68. 危險

♣ 다음 한자어(漢字語)의 독음(讀音)을 쓰시오.   ▶정답은 240쪽

1. 危急
2. 危機一髮
3. 危重
4. 委員
5. 委任
6. 特委
7. 國威
8. 威風堂堂
9. 包:圍
10. 周圍
11. 慰勞
12. 慰問
13. 慰安
14. 自慰
15. 乳兒
16. 豆乳
17. 母:乳
18. 牛乳
19. 威力
20. 威勢
21. 遊覽
22. 遊說
23. 遊星
24. 交遊
25. 遊牧
26. 遺言
27. 遺産
28. 遺物
29. 遺傳子
30. 儒學
31. 儒林
32. 儒生
33. 儒佛仙
34. 隱居
35. 隱密
36. 隱身
37. 隱語
38. 隱退
39. 依據
40. 依存
41. 歸:依
42. 依他心
43. 儀禮
44. 儀式
45. 疑心
46. 質疑應答
47. 疑問
48. 大:同小異
49. 異:性
50. 異:口同聲
51. 異:變
52. 仁者無敵
53. 仁術
54. 仁義禮智信
55. 姉妹
56. 兄弟姉妹
57. 姉兄
58. 姿:勢
59. 姿:態
60. 資格
61. 資質
62. 資料
63. 資金
64. 物資
65. 殘存
66. 殘額
67. 殘金
68. 殘務

♣ 다음 한자어(漢字語)의 독음(讀音)을 쓰시오. ▶정답은 240쪽

1. 殘雪
2. 雜穀
3. 雜誌
4. 雜念
5. 雜談
6. 雜貨
7. 壯:觀
8. 壯:元
9. 壯:年
10. 壯:烈
11. 健:壯
12. 元帳
13. 通:帳
14. 布帳馬車
15. 日記帳
16. 主張
17. 出張
18. 表面張力
19. 張本人
20. 勸:獎
21. 獎:學生
22. 九折羊腸
23. 斷:腸
24. 十二指腸
25. 裝備
26. 假:裝
27. 武:裝
28. 包裝
29. 裝身具
30. 底:力
31. 底:邊
32. 底:意
33. 海:底
34. 盜賊
35. 馬:賊
36. 山賊
37. 義:賊
38. 海:賊
39. 適當
40. 適用
41. 適性
42. 適者生存
43. 積金
44. 積善
45. 積雪
46. 面:積
47. 積極的
48. 功績
49. 成績
50. 業績
51. 國籍
52. 本籍
53. 書籍
54. 戶:籍
55. 專攻
56. 專門
57. 專用
58. 專任
59. 專有物
60. 轉:移
61. 轉:學
62. 起承轉結
63. 自轉車
64. 金錢
65. 急錢
66. 銅錢
67. 本錢
68. 分:錢

♣ 다음 한자어(漢字語)의 독음(讀音)을 쓰시오.　　▶정답은 240쪽

1. 折半
2. 百折不屈
3. 骨折
4. 占:領
5. 占:據
6. 獨占
7. 占:星術
8. 點檢
9. 點線
10. 點數
11. 點火
12. 觀點
13. 白丁
14. 兵丁
15. 壯:丁
16. 目不識丁
17. 整:理
18. 整:備
19. 整:然
20. 區畫整理
21. 靜肅
22. 靜脈
23. 動:靜
24. 靜中動
25. 帝:王
26. 帝:國主義
27. 天帝
28. 組立
29. 組成
30. 組合
31. 組長
32. 組織
33. 條件
34. 條目
35. 條約
36. 金科玉條
37. 潮水
38. 潮流
39. 滿潮
40. 思潮
41. 赤潮
42. 存在
43. 存續
44. 共:存
45. 保:存
46. 實存
47. 從來
48. 白衣從軍
49. 主從
50. 類:類相從
51. 龍鍾
52. 靑鍾
53. 鍾乳洞
54. 鍾乳石
55. 座:席
56. 座:中
57. 權座
58. 座:談會
59. 朱紅
60. 朱黃
61. 印朱
62. 朱子學
63. 周易
64. 周邊
65. 周知
66. 酒類
67. 酒量
68. 酒色雜技

♣ 다음 한자어(漢字語)의 독음(讀音)을 쓰시오.   ▶정답은 240쪽

1. 藥酒
2. 證據
3. 證券
4. 證書
5. 證言
6. 證人
7. 誌面
8. 本誌
9. 日誌
10. 雜誌
11. 智略
12. 機智
13. 智德體
14. 智者一失
15. 持論
16. 持分
17. 所:持
18. 持續的
19. 織物
20. 毛織
21. 組織的
22. 珍貴
23. 珍島犬
24. 山海珍味
25. 陣營
26. 陣地
27. 出陣
28. 背:水陣
29. 盡:心
30. 消盡
31. 差異
32. 差別
33. 差等
34. 時差
35. 誤:差
36. 讚:歌
37. 讚:美
38. 自畫自讚
39. 讚:頌歌
40. 採:鑛
41. 採:取
42. 採:用
43. 採:集
44. 特採
45. 冊房
46. 冊床
47. 冊名
48. 別冊
49. 溫泉
50. 黃泉
51. 源泉
52. 廳舍
53. 廳長
54. 區廳
55. 郡:廳
56. 市:廳
57. 聽衆
58. 難聽
59. 聽取者
60. 視:聽覺
61. 招來
62. 招待
63. 招請
64. 自招
65. 推進
66. 推論
67. 推理
68. 推測

♣ 다음 한자어(漢字語)의 독음(讀音)을 쓰시오.   ▶정답은 241쪽

1. 類:推
2. 縮小
3. 縮約
4. 軍縮
5. 壓縮
6. 趣:味
7. 趣:向
8. 情趣
9. 興:趣
10. 就:業
11. 就:職
12. 就:學
13. 成就
14. 進:就性
15. 層數
16. 層階
17. 高層
18. 地層
19. 寢:具
20. 寢:室
21. 寢:食
22. 就:寢
23. 針術
24. 檢:針
25. 時針
26. 指針
27. 針葉樹
28. 稱讚
29. 稱頌
30. 稱號
31. 假:稱
32. 名稱
33. 彈:壓
34. 彈:力
35. 彈:性
36. 防彈
37. 彈:藥庫
38. 歎:服
39. 歎:息
40. 感:歎
41. 恨:歎
42. 歎:願書
43. 脫穀
44. 脫黨
45. 脫落
46. 脫出
47. 解:脫
48. 探究
49. 探訪
50. 探查
51. 探知
52. 探險
53. 擇日
54. 選:擇
55. 採:擇
56. 兩者擇一
57. 討:議
58. 討:論
59. 討罪
60. 討伐
61. 聲:討
62. 痛:憤
63. 痛:快
64. 痛:歎
65. 苦痛
66. 齒痛
67. 投書
68. 投手

♣ 다음 한자어(漢字語)의 독음(讀音)을 쓰시오.　　　▶정답은 241쪽

1. 投藥
2. 投資
3. 投票
4. 鬪技
5. 鬪犬
6. 鬪爭
7. 死:鬪
8. 戰:鬪
9. 派生
10. 學派
11. 派兵
12. 派出所
13. 判斷
14. 判決
15. 判事
16. 判定
17. 批:判
18. 短篇
19. 長篇
20. 千篇一律
21. 玉篇
22. 評:論
23. 評:價
24. 評:點
25. 評:決
26. 好:評
27. 閉:校
28. 閉:業
29. 閉:店
30. 開閉
31. 密閉
32. 胞子
33. 同胞
34. 細:胞
35. 爆發
36. 爆彈
37. 爆音
38. 爆竹
39. 標語
40. 標本
41. 標示
42. 標準
43. 標識板
44. 疲困
45. 疲勞
46. 避:身
47. 避:難
48. 回避
49. 待:避
50. 恨:歎
51. 餘恨
52. 怨:恨
53. 痛:恨
54. 閑暇
55. 閑散
56. 等:閑
57. 農閑期
58. 抗:拒
59. 抗:命
60. 抗:爭
61. 對:抗
62. 反:抗
63. 核心
64. 核武器
65. 核果類
66. 核實驗
67. 憲:法
68. 憲:兵

♣ 다음 한자어(漢字語)의 독음(讀音)을 쓰시오. ▶정답은 241쪽

1. 憲:章
2. 改:憲
3. 立憲
4. 險:難
5. 險:談
6. 險:惡
7. 保:險
8. 危險
9. 革帶
10. 革命
11. 革新
12. 改:革
13. 變:革
14. 顯:達
15. 顯:忠日
16. 刑罰
17. 刑事
18. 刑法
19. 減:刑
20. 處:刑
21. 攻:防
22. 攻:守
23. 強攻
24. 先攻
25. 速攻
26. 或是
27. 或者
28. 間:或
29. 婚期
30. 婚禮
31. 結婚
32. 請婚
33. 離:婚
34. 混:合
35. 混:亂
36. 混:雜
37. 混:用
38. 混:戰
39. 紅白
40. 朱紅
41. 紅一點
42. 滿:山紅葉
43. 華婚
44. 華麗江山
45. 榮華
46. 環境
47. 花環
48. 歡迎
49. 歡待
50. 歡談
51. 歡聲
52. 歡心
53. 狀況
54. 現:況
55. 近:況
56. 不況
57. 灰色
58. 白灰
59. 石灰
60. 厚:德
61. 厚:待
62. 厚:謝
63. 厚:意
64. 厚:生
65. 候:火
66. 氣:候
67. 測候所
68. 惡天候

180

♣ 다음 한자어(漢字語)의 독음(讀音)을 쓰시오.   ▶정답은 241쪽

1. 發揮   2. 揮發油

3. 指揮者   4. 喜悲

5. 喜劇   6. 喜消息

♣ 다음 낱말 풀이에 알맞은 한자(漢字)를 쓰시오.   ➡ 정답은 242쪽

1. 병가　(　　　　　　　)
병으로 말미암은 휴가.
¶ ~를 내다.

2. 휴가　(　　　　　　　)
학업 또는 근무를 일정한 기간 쉬는 일.
¶ 월차 ~를 받다.

3. 여가선용　(　　　　　　)
남은 시간을 좋은 일에 씀.
¶ 일반인들이 자신의 ~을 위해 승마를 배우는 사람이 많다고 한다.

4. 각고　(　　　　　　　)
고생을 견디며 몹시 애씀.
¶ ~의 노력 끝에 얻은 영광이다.

5. 각인　(　　　　　　　)
①도장을 새김. ②오래 잊히지 않게 되는 것.
¶ 유년의 음울한 기억이 머릿속에 선명히 ~되었다.

6. 음각　(　　　　　　　)
그림이나 문자 따위를 오목오목 들어가게 새기는 것.
¶ 비문(碑文)을 ~하다.

7. 판각　(　　　　　　　)
나무 조각에 그림이나 글씨를 새김.
¶ 선생님은 불상 ~에 남다른 재주가 있으시다.

8. 감각　(　　　　　　　)
①생체(生體)가 어떤 자극에 반응하여 의식하는 일. ②사물에서 받는 인상이나 느낌.
¶ 수족의 ~이 마비되다.

9. 미각　(　　　　　　　)
맛을 느끼는 감각.
¶ ~을 돋우는 햇나물이 벌써 나왔구나!

10. 발각　(　　　　　　　)
숨겼던 일을 드러내거나 알아냄.
¶ 부정(不正)이 ~되다.

11. 자각　(　　　　　　　)
스스로 깨닫는 것.
¶ 민주 시민으로서의 ~을 촉구하다.

12. 지각　(　　　　　　　)
①알아서 깨닫는 것. ②사물의 이치나 도리를 분별하는 능력.
¶ ~이 없는 사람이군.

13. 간성　(　　　　　　　)
방패와 성의 뜻으로 나라를 지키는 군인.
¶ 국군 용사는 나라의 ~이다.

14. 간만　(　　　　　　　)
밀물과 썰물.
¶ ~의 차가 심하다.

15. 간과　(　　　　　　　)
대강 보아 넘김.
¶ 최근의 사회 혼란은 결코 ~하지 못할 상태이다.

16. 간병　(　　　　　　　)
환자를 보살핌.
¶ 지극한 ~속에서 차츰 나아지기 시작했다.

17. 간호　(　　　　　　　)
보살펴 돌보는 것.
¶ 부상자의 ~를 맡다.

18. 주마간산　(　　　　　　)
말을 타고 달리며 산천을 구경한다는 뜻으로 사물의 겉만을 대강 보고 지남.
¶ 여기가 나와 아들의 ~으로 돌아본 역사기행 종착점이다.

19. 간단　(　　　　　　　)
기본적 요소만 있어 단순함.
¶ 소설의 줄거리를 ~하게 요약하다.

♣ 다음 낱말 풀이에 알맞은 한자(漢字)를 쓰시오.   ➡ 정답은 242쪽

1. 간결　(　　　　　　　　)
   간단하고 깔끔함.
   ¶ 문장이 ~하다.

2. 간편　(　　　　　　　　)
   간단하고 편리함.
   ¶ 들고 다니기에 ~한 물건이다.

3. 간이　(　　　　　　　　)
   간단하고 쉬움. 간편함.
   ¶ ~휴게소가 저기 보인다.

4. 서간문　(　　　　　　　　)
   편지에 쓰이는 문체.
   ¶ ~의 형식을 나타내고 있다.

5. 감초　(　　　　　　　　)
   ①콩과의 여러해살이풀. 뿌리는 맛이 달아 먹거나 약재로 씀. ②다른 약의 작용을 순하게 하므로 모든 처방에 널리 쓰임.
   ¶ 그는 우리모임에서 ~와 같은 역할을 한다.

6. 감미료　(　　　　　　　　)
   식품·의약품 등에 단맛을 내는 데에 쓰는 물질.
   ¶ 높은 설탕대신에 우식유발성이 없거나 낮은 ~를 사용하여 치아우식증 예방에 기여할 수도 있다.

7. 감언이설　(　　　　　　　　)
   남의 비위에 맞도록 꾸민 달콤한 말과 이로운 조건을 내세워 꾀는 말
   ¶ ~에 속아넘어가다.

8. 감행　(　　　　　　　　)
   과감하게 행하는 것.
   ¶ 맥아더 장군은 인천 상륙 작전을 ~했다.

9. 감불생심　(　　　　　　　　)
   힘이 부쳐 감히 엄두도 내지 못함.
   ¶ 그 병약한 몸으로 ~이지 어찌 저 험한 산을 오르려는가?

10. 갑부　(　　　　　　　　)
    첫째 가는 부자.
    ¶ 그의 집안은 당대의 ~이다.

11. 회갑　(　　　　　　　　)
    나이 예순한 살을 이르는 말.
    ¶ 내 아버님 ~ 시절을 다시금 상기하여 보았다.

12. 철갑선　(　　　　　　　　)
    쇠로 겉을 싼 병선(兵船).
    ¶ 거북선은 세계 최초의 ~이다.

13. 갑오경장　(　　　　　　　　)
    조선 고종 31년(1894:갑오년)에 개화당이 집권하여 구식 제도를 진보적인 서양식 제도로 개혁한 일.
    ¶ 남산 봉수는 조선 태조(1394) 때 설치하여 ~ 다음해까지 근 500년간 사용되었다.

14. 강신　(　　　　　　　　)
    제사 절차의 한 가지. 신이 내리게 하기 위하여, 향을 피우고 술을 따라 모사(茅沙) 위에 붓는 일.
    ¶ 지금도 어떤 사람은 서낭당 안에서 기도하며 ~을 기원한다.

15. 항복　(　　　　　　　　)
    힘에 눌려 적에게 굴복하는 것.
    ¶ 원자 폭탄의 위력 앞에 일본은 무조건 ~하였다.

16. 강설량　(　　　　　　　　)
    내린 눈의 분량. 눈을 녹여 측정함.
    ¶ 서울의 ~이 올해 들어 최고치이다.

17. 강우량　(　　　　　　　　)
    일정한 곳에, 일정한 동안 내린 비의 분량.
    ¶ 오늘 내린 ~이 얼마인지 아니?

18. 갱생　(　　　　　　　　)
    ①거의 죽은 상태에서 다시 살아남. ②바른 삶을 되찾음.
    ¶ ~의 길을 걷다.

♣ 다음 낱말 풀이에 알맞은 한자(漢字)를 쓰시오.   ▶ 정답은 242쪽

1. 갱신 (　　　　　)
①다시 새로워짐, 또는 다시 새롭게 함. ②계약 기간이 만료되었을 때, 그 기간을 연장하는 일.
¶ 해어진 도서 목록을 ~하다.

2. 갱지 (　　　　　)
지면이 조금 거친 양지(洋紙)의 하나. 신문 인쇄 따위에 쓰임.
¶ ~에 붓으로 그린 크로키입니다.

3. 변경 (　　　　　)
그 내용을 다르게 바꾸어서 고치는 것.
¶ 계획이 ~되자 날짜가 늦추어졌다.

4. 갱년기 (　　　　　)
사람이 장년기에서 노년기로 접어드는, 40~50대의 시기.
¶ 나에게 벌써 ~기 증상이 오다니….

5. 거대 (　　　　　)
엄청나게 큰 것.
¶ ~한 규모의 미사일 기지.

6. 거인 (　　　　　)
몸이 아주 큰 사람.
¶ 키가 2m가 넘는 ~이다.

7. 거물 (　　　　　)
①학문이나 경력·세력 등이 뛰어나 사회적으로 영향력이 큰 인물. ②큰 물건.
¶ 그는 정계(政界)의 ~이다.

8. 거부 (　　　　　)
썩 큰 부자.
¶ 그이 집안은 대대로 ~집안이다.

9. 거금 (　　　　　)
거액의 돈.
¶ ~을 복지사업에 희사하다.

10. 거절 (　　　　　)
안 하겠다거나 못 하겠다고 하면서 받아들이지 않고 물리치는 것.
¶ 그는 나의 간청을 일언지하에 ~하였다.

11. 거역 (　　　　　)
따르지 않고 거스르는 것.
¶ 왕명을 ~하고 네가 온전하길 바라냐?

12. 거부권 (　　　　　)
①입법부를 통과한 의안에 대하여 대통령이 동의를 거부할 수 있는 권한. ②국제 연합 안전 보장 이사회 상임 이사국에 부여된, 결의 성립을 거부할 수 있는 특권.
¶ ~을 행사하다.

13. 거실 (　　　　　)
① 거처하는 방. 거처방. ②서양식 집에서 가족이 모여 생활하는 공간.
¶ 식구들이 모두 모여 ~에서 텔레비전을 보고 있다.

14. 거처 (　　　　　)
일정하게 자리를 잡고 살거나 한동안 묵는 것.
¶ 그는 숙부의 집에 ~하고 있다.

15. 별거 (　　　　　)
따로 떨어져 사는 것.
¶ 그들 부부는 ~ 중이다.

16. 거주지 (　　　　　)
사람이 자리를 잡아 살고 있는 곳.
¶ 우리나라 ~ 가운데 가장 오래된 것은 구석기 시대 유적에서 발견된 ~이다.

17. 거점 (　　　　　)
활동의 근거로 삼는 중요한 지점.
¶ 첩보 활동의 ~을 확보하다.

18. 근거 (　　　　　)
근본이 되는 거점.
¶ 지리산을 ~로 하여 빨치산은 활동했다.

♣ 다음 낱말 풀이에 알맞은 한자(漢字)를 쓰시오.   ▶ 정답은 242쪽

1. 논거 (　　　　　)
어떤 주장이나 이론의 논리적 근거.
¶ 그의 학설은 실증적 자료에 ~를 두고 있다.

2. 걸작 (　　　　　)
뛰어난 작품. 명작(名作).
¶ 미켈란젤로의 작품은 모두 훌륭하지만 그 중에서도 다윗상은 세계인의 사랑을 받는 ~품입니다.

3. 걸물 (　　　　　)
뛰어난 사람을 홀하게 이르는 말.
¶ 아무튼 우리 이 사장이 ~이야. 요즘 같은 불경기에도 사업수단이 대단하거든.

4. 걸출 (　　　　　)
남보다 훨씬 뛰어난 사람.
¶ 그는 우리동네의 ~한 인물이다.

5. 영걸 (　　　　　)
영웅과 호걸.
¶ 역시 혼자서 큰 일을 실행하였으니 이 얼마나 용감한 일이랴! 우리 마을에 ~이 나왔다.

6. 검소 (　　　　　)
치레하지 않고 수수함. 꾸밈이 없이 무던함.
¶ 그는 옷차림이 ~하다.

7. 검약 (　　　　　)
낭비하지 않고 아껴 쓰는 것.
¶ 어머니의 ~정신은 배워야 한다.

8. 검박 (　　　　　)
검소하고 꾸밈이 없음.
¶ 분수에 넘치지 않게 좀더 ~한 생활을 꾸려간다면 함께 행복한 날이 더 빨리 올텐데….

9. 단군왕검 (　　　　　　　)
새우리 겨레의 시조로 받들어지는 태초의 임금. 기원전 2333년 아사달(阿斯達)에 도읍하여 고조선(古朝鮮)을 세움.
¶ 단군신화란 ~이 태어난 신화이다.

10. 격변 (　　　　　)
갑자기 심하게 변하는 것.
¶ ~하는 세계 속에서 끊임없이 발전하는 대한민국.

11. 격분 (　　　　　)
몹시 분하여 성이 치미는 것.
¶ 그가 ~하는 것을 처음 본다.

12. 격론 (　　　　　)
격렬한 언론이나 논쟁.
¶ ~하는 사이에 시간이 이렇게 흐르다니….

13. 격렬 (　　　　　)
몹시 세참.
¶ 학생들은 경찰과 맞서 ~한 시위를 벌였다.

14. 과격 (　　　　　)
지나치게 격렬함.
¶ ~한 운동은 건강에 해롭다.

15. 격퇴 (　　　　　)
쳐서 물리치는 것.
¶ 침략자들을 ~하다.]

16. 격파 (　　　　　)
쳐부수는 것.
¶ 상대팀을 ~했다.

17. 목격 (　　　　　)
우연히 눈으로 직접 보는 것.
¶ 사건의 현장을 ~했다.

18. 반격 (　　　　　)
되받아 하는 공격.
¶ ~을 가하다.

19. 진격 (　　　　　)
앞으로 나아가 적을 치는 것.
¶ 적진을 향하여 빠른 속도로 ~하다.

♣ 다음 낱말 풀이에 알맞은 한자(漢字)를 쓰시오.   ▶ 정답은 242쪽

1. 견공 (   )

개를 의인화하여 일컫는 말.
¶ 미국인들의 ~ 사랑은 각별하다.

2. 군견 (   )

군사상의 목적을 위해 특별히 훈련된 개.
¶ 그 ~은 무척 영리하다.

3. 명견 (   )

혈통이 썩 좋아 이름이 난 개.
¶ ~ 은 구하기도 어렵고 가격도 비싸다.

4. 애견 (   )

개를 사랑함. 개를 귀여워하는 것.
¶ 나의 ~이 교통사고로 죽다니.. 믿을 수가 없다.

5. 충견 (   )

주인에게 충직한 개.
¶ 오수의 개는 ~으로 유명하다.

6. 견고 (   )

굳고 튼튼함.
¶ 그곳은 ~한 요새이다.

7. 견실 (   )

믿음직스럽게 튼튼하고 착실함.
¶ 재무 구조가 ~한 기업이다.

8. 견지 (   )

굳게 지니는 일.
¶ 자기 주장을 ~하다.

9. 중견수 (   )

야구에서, 외야의 중앙부를 맡아 지키는 선수. 센터 필더.
¶ 롯데 ~ 김재상은 열심히 볼을 따라갔다.

10. 경청 (   )

귀 기울여 듣는 것.
¶ 청중은 숨소리 하나 내지 않고 그의 강연을 끝까지 ~하였다.

11. 경향 (   )

어떤 방향으로 기울거나 쏠리는 일.
¶ 영수는 말을 함부로 하는 ~이 있다.

12. 좌경 (   )

사회주의·공산주의의 성향을 띠어 그쪽으로 기우는 것.
¶ ~사상으로 물들었다.

13. 우경화 (   )

우익 사상으로 기울어지는 것.
¶ 일본의 ~ 경향이 날로 정도를 더해가고 있다.

14. 경탄 (   )

①몹시 감탄함. ②놀라고 탄식함.
¶ 우주의 질서와 대자연의 운행을 보노라면 신의 위대한 섭리에 ~하지 않을 수 없게 된다.

15. 경이 (   )

놀랍고 감탄스러운 상태.
¶ 모두가 ~의 눈으로 보았다.

16. 경천동지 (   )

세상을 몹시 놀라게 함.
¶ 정권이 송두리째 날아갈 ~할 사건이 일어나다.

17. 안경 (   )

시력이 나쁜 눈을 잘 보이게 하기 위해, 둥그런 테에 렌즈를 끼우고 다리를 달아 눈 앞에 걸칠 수 있게 만든 물건.
¶ 글자가 잘 보이지 않아 ~을 쓰다.

18. 파경 (   )

깨어진 거울이라는 뜻으로 부부의 금실이 좋지 않아 이별하는 일을 비유하는 말.
¶ 부부가 성격 차로 ~에 이르다.

♣ 다음 낱말 풀이에 알맞은 한자(漢字)를 쓰시오.   ▶ 정답은 242쪽

1. 색안경 (   )
   ①선글라스. ②주관이나 감정에 사로잡힌 편견이나 선입관을 비유하여 이르는 말.
   ¶ 아직도 우리 사회는 청소년들의 이성 교제를 ~을 쓰고 보는 경향이 강하다.

2. 명경지수 (   )
   맑은 거울과 잔잔한 물이라는 뜻으로 아주 맑고 깨끗한 심경(心境)을 일컫는 말.
   ¶ 부드럽고 은빛이 나는 백사장과 ~같은 바닷물이 송림을 배경으로 자리잡고 있다.

3. 계율 (   )
   승려나 신도가 지켜야 할 행동 규범.
   ¶ ~을 어기고 산사를 벗어났다.

4. 십계 (   )
   열 가지의 계율.
   ¶ 불도에서는 ~를 지키라고 한다.

5. 훈계 (   )
   타일러서 경계하는 것
   ¶ 그는 늘 ~조로 말한다.

6. 일벌백계 (   )
   타(他)의 경각심을 불러일으키기 위하여 본보기로 중한 처벌을 하는 일.
   ¶ ~로 다스리다.

7. 계통 (   )
   ①일정한 차례에 따라 이어져 있는 것. ②일정한 분야나 부문 또는 갈래.
   ¶ 우리 가족은 모두 예술 ~에 종사하고 있다.

8. 계열 (   )
   서로 관련이 있거나 유사한 점에서 한 갈래로 이어지는 계통이나 조직.
   ¶ 이 책들은 모두 자연주의 ~의 문학 작품.

9. 계파 (   )
   정당이나 조직 내부에서 출신이나 연고, 이권 등에 의해 결합된 배타적인 모임.
   ¶ ~사이의 갈등으로 당정이 마비되었다.

10. 모계 (   )
    어머니 쪽의 계통.
    ¶ ~사회의 전통이 남아 있는 곳이다.

11. 체계 (   )
    일정한 원리에 의하여 각기 다른 것을 계통적으로 통일한 조직.
    ¶ ~를 세워서 일하다.

12. 계절 (   )
    ①한 해를 날씨에 따라 나눈 그 한 철. ②어떤 일을 하는 데 가장 알맞은 시절.
    ¶ 가을은 독서의 ~이다.

13. 사계 (   )
    봄·여름·가을·겨울의 네 철.
    ¶ 우리나라는 ~를 가지고 있다.

14. 하계 (   )
    여름의 시기. 여름철.
    ¶ ~세미나가 다음 주에 시작된다.

15. 동계 (   )
    겨울철.
    ¶ ~올림픽에서도 좋은 성과가 있어야 할텐데….

16. 계단 (   )
    ①층계. ②일을 하는 데 밟아야 할 순서.
    ¶ 비상 ~으로 내려갔다.

17. 계급 (   )
    사회나 조직 속에서의 신분·지위 따위의 단계.
    ¶ 그 군인은 ~이 병장이다.

18. 계층 (   )
    여러 차원에서 사회적 지위가 거의 비슷한 사람들의 집단.
    ¶ 경제적으로 부유한 ~이다.

♣ 다음 낱말 풀이에 알맞은 한자(漢字)를 쓰시오.   ➡ 정답은 242쪽

1. 음계 (   )
일정한 음정(音程)의 순서로 음을 차례로 늘어놓은 것.
¶ 국악 ~는 모두 12음률로 되어있는데 이것이 우리의 ~입니다.

2. 품계 (   )
직품(職品)과 관계(官階). 위로부터 정1품, 종1품, 정2품, 종2품의 차례로 종9품까지 있음
¶ 영감이란 호칭은 정3품에서 종2품의 ~를 지녔을 때 부른다.

3. 계란 (   )
닭이 낳은 알.
¶ ~은 영양가가 풍부한 단백질 음식이다.

4. 계림 (   )
신라의 딴 이름. 경주의 딴 이름.
¶ 흰닭이 알림으로써 태자를 얻었다 하여 원래 시림(始林)이라 한 것을 ~이라 고쳐 부르게 했다.

5. 양계장 (   )
닭을 먹여 기를 수 있도록 설비한 곳.
¶ ~에 가면 수많은 닭을 볼 수 있다.

6. 계구우후 (   )
소의 꼬리보다는 닭의 부리가 되라는 뜻으로, 큰 단체의 꼴찌보다는 작은 단체의 우두머리가 되는 편이 낫다는 말.
¶ '차라리 닭의 주둥이가 될지언정 소의 꼬리는 되지 말라'는 뜻의 한자성어를 ~라 한다.

7. 계속 (   )
끊이지 아니하고 잇대어 나아감.
¶ 지금 얘기는 아까 하던 얘기의 ~이다.

8. 계주 (   )
일정한 구간을 나누어 4명이 한 조가 되어 차례로 배턴을 주고받으면서 달리는 육상 경기.
¶ 이번 ~에서 우리 팀이 상을 받았다.

9. 계승 (   )
이어받는 것.
¶ 문화 유산을 ~ 발전시켜야 한다.

10. 계모 (   )
아버지의 후처(後妻). 의붓어머니.
¶ 이제부터 ~와 함께 살게 되었다.

11. 후계자 (   )
어떤 일이나 사람의 뒤를 잇는 사람.
¶ 선생님의 ~는 너뿐이다.

12. 고독 (   )
외로움.
¶ 그는 만년을 ~하게 살다 갔다.

13. 고도 (   )
외딴 섬.
¶ 절해(絶海)의 ~에서 어떻게 사람이 살수 있겠니?

14. 고아 (   )
부모가 없는 아이.
¶ 그는 어린 나이에 ~가 되었다.

15. 고립 (   )
홀로 외따로 떨어져 있음.
¶ 사회로부터 ~하여서는 살 수 없다.

16. 국고 (   )
국가 소유의 현금을 출납·보관하는 곳.
¶ 벌과금을 ~에서 수납하다.

17. 금고 (   )
①돈·귀중품·중요 서류 등의 화재·도난을 방지하기 위해 보관하는 쇠붙이 따위로 만든 궤. ②공공 목적을 가지는 특수 금융 기관.
¶ 우리 동네에도 마을~가 생겼다.

18. 차고 (   )
차를 넣어 두는 곳간.
¶ 밤 12시가 되자 버스들이 ~로 모여들기 시작했다.

♣ **다음 낱말 풀이에 알맞은 한자(漢字)를 쓰시오.**   ➡ 정답은 242쪽

1. 화약고 (   )
①화약을 저장하는 곳집. ②분쟁이나 전쟁 따위로 위험한 지역을 일컫는 말.
¶ 유럽의 ~인 발칸반도가 유럽 불법이민의 거점이라는 또 하나의 오명을 쓰게 됐다.

2. 곡식 (   )
양식이 되는 쌀·보리·조·콩 등을 이르는 말.
¶ 누렇게 익은 ~을 보니 마음이 흡족하다.

3. 곡물 (   )
곡식.
¶ ~을 시루에 찌고 있는 고구려 고분 벽화로 미루어 볼 때 밥을 지어 먹기 시작한 것은 1500년쯤으로 추정된다.

4. 곡창 (   )
①곡식을 넣어 두는 창고. ②곡식이 많이 생산되는 곳을 비유하여 이르는 말.
¶ 김포평야는 우리나라 ~지대 가운데 하나이다.

5. 오곡백과 (   )
온갖 곡식과 과실.
¶ 가을은 ~가 풍성한 계절이다.

6. 곤경 (   )
곤란한 처지.
¶ 그 사건으로 ~에 빠지다.

7. 곤궁 (   )
가난하고 구차함.
¶ 그가 ~하게 사는 것을 보니 마음이 아프다.

8. 곤난 (   )
①처리하기 어려움. ②생활이 쪼들림.
¶ 식수난으로 ~을 겪다.

9. 빈곤 (   )
①가난하여 살기가 어려운 것. ②필요한 것이 없거나 부족한 것.
¶ 아버지의 실직으로 그의 가족은 ~에 빠졌다.

10. 골격 (   )
①몸을 지탱하는 여러 가지 뼈의 조직. 뼈대. ②무슨 일을 형성하는 데 있어서의 기본적인 뼈대.
¶ 고층 건물의 ~을 세우다.

11. 골절 (   )
뼈가 부러짐
¶ 빙판에 넘어져 그의 팔이 ~되었다.

12. 골육상쟁 (   )
같은 민족끼리 해치며 싸우는 일
¶ 1950년에 일어난 한국전쟁은 ~의 비극이다.

13. 언중유골 (   )
예사로운 말 같으나 그 속에 단단한 속뜻이 들어 있음.
¶ 그녀는 뒤늦게 교사가 되신 아버지로부터 교사로서의 ~의 조언을 자주 듣는다.

14. 공자 (   )
중국 춘추 시대의 사상가학자(552~479 B.C.).
¶ ~님은 세계 성인 가운데 한 분이시다.

15. 기공 (   )
①곤충류의 몸뚱이 옆에 있는 숨구멍. ②식물의 잎이나 줄기의 표피에 무수히 나 있는 구멍.
¶ 잎의 맨 밑층을 구성하는 표피세포에는 광합성에 필요한 이산화탄소를 공기 중으로부터 흡수하는 수많은 작은 ~이 있다.

16. 십구공탄 (   )
19개의 구멍이 뚫린 가정용 연탄.
¶ 요즘 ~을 보기가 힘들다.

17. 관리 (   )
①사람을 지휘 감독하는 것. ②시설이나 물건의 유지·개량 따위를 꾀하는 것. ③어떤 일을 맡아 관할하고 처리함.
¶ 아파트를 ~하다.

♣ 다음 낱말 풀이에 알맞은 한자(漢字)를 쓰시오.   ▶ 정답은 242쪽

1. 보관 (　　　　　　)
   맡아서 관리함.
   ¶ 이 자전거는 분해가 가능해서 ~이 편리하다.

2. 혈관 (　　　　　　)
   혈액이 통하여 흐르는 관.
   ¶ ~의 어느 한 곳이라도 이상이 생기면 몸은 엉망이 되고, 심하면 죽기까지 한다.

3. 관악기 (　　　　　　)
   입으로 불어서 관 속의 공기를 진동시켜 소리를 내는 악기.
   ¶ 한국의 ~는 대나무로 만들어진 것이 주류를 이룬다.

4. 광물 (　　　　　　)
   지각(地殼) 속에 섞여 있는 천연의 무기물(無機物).
   ¶ 우리나라는 ~자원이 풍부하지 못하다.

5. 금광 (　　　　　　)
   금이 들어 있는 광석, 또는 그 광산.
   ¶ ~의 발견으로 부자가 되다.

6. 광공업 (　　　　　　)
   광업과 공업.
   ¶ ~이 급속하게 발전하면서 생활이 편리해 졌다.

7. 철광석 (　　　　　　)
   철을 포함하고 있는 광석.
   ¶ 광양 제철소에서 필요한 ~을 오스트레일리아, 브라질, 인도 등지에서 수입하여 사용하고 있다.

8. 구도 (　　　　　　)
   ①작품의 미적(美的) 효과를 얻기 위하여, 예술 표현의 여러 요소를 전체적으로 조화 있게 배치하는 도면 구성의 요령. ②사물 현상의 전체적인 짜임이나 양상.
   ¶ 대각선으로 ~를 잡다.

9. 구상 (　　　　　　)
   앞으로 어떤 방법으로 이룰 것인가를 생각하고 계획을 세우는 것.
   ¶ 새로운 사업~에 들어갔다.

10. 구성 (　　　　　　)
    각각의 요소를 얽어서 하나의 통일체로 만드는 일.
    ¶ 이 소설은 ~이 허술하다.

11. 구조 (　　　　　　)
    사물의 부분들이 서로 결합하여 전체를 이루고 있는 짜임새.
    ¶ 건물의 내부~가 복잡하다.

12. 구축 (　　　　　　)
    큰 구조물이나 진지 등을 쌓아 올려 만듦.
    ¶ 진지를 ~하다.

13. 군자 (　　　　　　)
    학문과 덕이 높고 행실이 바르며 품위를 갖춘 사람. ¶ 성인~는 아무나 될 수 없는 법.

14. 군주 (　　　　　　)
    임금.
    ¶ 이 땅은 모두 ~님의 것입니다.

15. 단군 (　　　　　　)
    우리 겨레의 시조로 받드는 태초의 임금. 기원전 24세기경에 단군 조선을 건국하였다 함.
    ¶ 환웅이 이에 잠깐 변하여 결혼해서 아들을 낳으니, 이를 ~ 왕검이라 하였다.

16. 군신유의 (　　　　　　)
    오륜(五倫)의 하나. 임금과 신하의 도리는 의리에 있음을 이르는 말.
    ¶ 비록 벼슬은 하지 않았지만, 조선 유학자의 ~의 정신을 엿볼 수 있다.

17. 군도 (　　　　　　)
    무리를 이룬 많은 섬.
    ¶ 점점이 뿌려진 듯한 ~.

♣ **다음 낱말 풀이에 알맞은 한자(漢字)를 쓰시오.**   ▶ 정답은 242쪽

1. 군중 (　　　　　　　　)

   많은 사람의 무리.
   ¶ ~을 헤치고 나아가다.

2. 군무 (　　　　　　　　)

   여러 사람이 함께 어우러져 춤을 춤.
   ¶ ~를 추다.

3. 군웅 (　　　　　　　　)

   많은 영웅.
   ¶ 전국시대에는 ~의 출연이 많았다.

4. 굴곡 (　　　　　　　　)

   ①이리저리 굽어 꺾이는 것. ②사람이 살아가면서 겪는 변동.
   ¶ 그는 평생을 ~이 없이 순탄하게 살았다.

5. 굴복 (　　　　　　　　)

   머리를 숙이고 꿇어 엎드림.
   ¶ 어전에 ~한 신하들.

6. 굴지 (　　　　　　　　)

   ①손가락을 꼽는 것. ②여럿 가운데에서 손가락을 꼽아 셀 만큼 뛰어난 것.
   ¶ J사는 우리나라 ~의 재벌이다.

7. 백절불굴 (　　　　　　　　)

   백 번 꺾여도 굴하지 않는다는 뜻에서 어떠한 어려움에도 굽히지 않음.
   ¶ 완전한 독립이 오려면 자주성을 확립시켜 ~해야 합니다.

8. 궁리 (　　　　　　　　)

   깊이 생각함.
   ¶ 그녀는 요즘 어떻게 살아갈 지를 ~중이다.

9. 궁지 (　　　　　　　　)

   살아갈 길이 막연하거나, 매우 어려운 일을 당한 처지.
   ¶ ~에 몰리다.

10. 무궁화 (　　　　　　　　)

    무궁화나무의 꽃. 우리나라의 국화(國花)
    ¶ 나라꽃 ~, 우리 모두 아끼고 사랑합시다!

11. 여권 (　　　　　　　　)

    외국에 여행하는 사람의 신분·국적을 증명하며, 그 나라의 보호를 의뢰하는 문서.
    ¶ 외국 여행을 위해 ~을 발급 받았다.

12. 복권 (　　　　　　　　)

    공공 기관 등에서 어떤 사업 자금을 마련하기 위하여 널리 파는, 당첨금이 따르는 표
    ¶ 주택 ~이 당첨되다.

13. 식권 (　　　　　　　　)

    식당 따위에서, 음식물과 맞바꾸게 되어 있는 표.
    ¶ ~을 잃어버려 오늘은 점심을 굶게 생겼다.

14. 증권 (　　　　　　　　)

    ①증거가 되는 문권(文券). ②재산상의 권리·의무에 관한 사항을 기재한 문권.
    ¶ 그는 ~에 빠져 모든 재산을 잃었다.

15. 권말 (　　　　　　　　)

    책의 맨 끝.
    ¶ ~부록은 참 재미있다.

16. 석권 (　　　　　　　　)

    닥치는 대로 영토를 휩쓺. 무서운 기세로 세력을 펼치거나 휩쓺.
    ¶ 신제품으로 국내 시장을 ~하다.

17. 압권 (　　　　　　　　)

    가장 뛰어난 부분.
    ¶ 이 곡은 그의 작품 가운데서도 ~이다.

18. 상하권 (　　　　　　　　)

    두 권으로 가른 책의 상권과 하권.
    ¶ 그 책은 ~으로 만들어졌다.

♣ 다음 낱말 풀이에 알맞은 한자(漢字)를 쓰시오.　　▶ 정답은 242쪽

1. 권고　(　　　　　)
타이르며 권함.
¶ 총선 출마를 ~하다.

2. 권농　(　　　　　)
농사를 장려함.
¶ 고려 시대 ~정책으로 양곡이 증산되어 떡문화가 한층 발전하였다.

3. 권면　(　　　　　)
무슨 일을 권하고 격려하여 힘쓰게 함.
¶ 학생들에게 독서를 ~하다.

4. 권학　(　　　　　)
학문에 힘쓰도록 권함.
¶ 피가 끓는 지사(志士)들이 향촌으로 돌아다니며 ~을 부르짖었다.

5. 귀가　(　　　　　)
집으로 돌아가거나 돌아옴.
¶ ~ 시간이 늦다.

6. 귀경　(　　　　　)
지방에서 서울로 돌아가거나 돌아옴
¶ 터미널은 ~인파로 가득 차다.

7. 귀국　(　　　　　)
자기 나라로 돌아가거나 돌아옴.
¶ 임기를 마치고 ~하다.

8. 귀향　(　　　　　)
고향으로 돌아가거나 돌아옴.
¶ 군 복무를 마치고 ~하다.

9. 복귀　(　　　　　)
본디의 자리나 상태로 되돌아감.
¶ 왕년의 스타가 은막에 ~하다.

10. 균등　(　　　　　)
수량이나 상태 따위가, 차별 없이 고름.
¶ ~하게 분배하다.

11. 균일　(　　　　　)
금액이나 수량 따위가 모두 똑같음.
¶ 이 물건들은 ~가 1000원 입니다.

12. 평균　(　　　　　)
중간의 값.
¶ ~ 성적은 나와야 할텐데….

13. 균전제　(　　　　　)
중국 북위(北魏) ~ 당(唐)까지 약 300년간 시행된 북조(北朝)의 토지제도.
¶ ~는 북제·북주를 거쳐 수·당에게까지 계승되었다.

14. 극단　(　　　　　)
연극의 상연(上演)을 목적으로 결성된 단체.
¶ 유랑~이 우리 동네로 공연을 하기 위해 왔다.

15. 극장　(　　　　　)
연극·영화·무용 등을 감상할 수 있도록 무대와 관람석 등 여러 가지 시설을 갖춘 곳.
¶ 요즘은 복합~이 유행이다.

16. 극적　(　　　　　)
①극(劇)의 특성을 띤 것. ②연극을 보는 것처럼 감격적이고 인상적인 것.
¶ ~으로 구출되다.

17. 비극　(　　　　　)
①내용이 슬프고 불행한 결말을 가지는 연극. ②매우 비참한 사건.
¶ 한국전쟁은 아직도 아물지 않은 동족상잔의 ~이다.

18. 연극　(　　　　　)
①배우가 무대 위에서 대본에 따라 동작과 대사를 통하여 표현하는 예술. ②거짓을 사실처럼 그럴싸하게 꾸며서 행동하는 일.
¶ 사표 제출은 ~이었다.

♣ 다음 낱말 풀이에 알맞은 한자(漢字)를 쓰시오.   ▶ 정답은 242쪽

1. 근골 (   )
   근육과 뼈. 체력.
   ¶ 백두대간(白頭大幹)은 우리나라 산줄기의 ~을 이룬 기준 산줄기이다.

2. 근력 (   )
   근육의 힘 또는 그 지속성.
   ¶ ~을 시험하다.

3. 근육 (   )
   몸의 연한 부분을 이루고 있는 심줄과 살.
   ¶ 저 선수들은 ~이 잘 발달했는데….

4. 철근 (   )
   콘크리트 속에 박아 뼈대로 삼는 가는 쇠막대.
   ¶ 그 건물은 ~을 기본구조로 하고 있다.

5. 근검 (   )
   부지런하고 검소함.
   ¶ 아버지의 ~한 생활 태도는 본받아야 한다.

6. 근속 (   )
   한 일자리에서 오래 근무함.
   ¶ 삼십 년 동안 ~하다.

7. 근무 (   )
   일을 맡아봄.
   ¶ ~ 시간을 준수하다.

8. 근로 (   )
   힘써 부지런히 일함.
   ¶ 국민이면 누구나 ~를 해야 할 의무가 있다..

9. 기율 (   )
   도덕상으로 여러 사람에게 행위의 모범이 될 만한 질서.
   ¶ 해이해진 ~을 진작시키다.

10. 군기 (   )
    군대를 통제하기 위한 규율이나 풍기(風紀).
    ¶ ~를 확립하다.

11. 단기 (   )
    단군이 개국하여 왕위에 오른 해를 원년(元年)으로 잡은 우리나라의 기원. 서력기원보다 2333년이 앞섬.
    ¶ 올해는 ~ 4335년이다.

12. 서기 (   )
    예수가 탄생한 해를 원년(元年)으로 삼는 서력의 기원. 실제는 예수의 생후 4년째가 원년이라고 함.
    ¶ 올해는 ~2002년이다.

13. 금세기 (   )
    지금의 세기. 이 세기.
    ¶ ~에 보기 드문 유성의 쇼가 하늘에서 펼쳐진다고 한다.

14. 기묘 (   )
    생김새 따위가 기이하고 묘함.
    ¶ ~한 옷차림을 보고 모두들 놀랐다.

15. 기이 (   )
    보통과는 달리 이상야릇함.
    ¶ 정말로 ~한 현상이었다.

16. 기특 (   )
    신통하여 귀염성이 있음.
    ¶ ~할 정도로 인내심이 강하다.

17. 기상천외 (   )
    보통으로는 짐작도 할 수 없을 만큼 생각이 기발하고 엉뚱함.
    ¶ 그는 ~한 행동을 잘했다.

18. 기여 (   )
    남에게 이바지함. 남에게 이익을 줌.
    ¶ 소득 증대에 ~하다.

19. 기숙사 (   )
    학교나 회사 따위에서, 학생이나 사원을 위하여 마련한 공동 숙사(宿舍).
    ¶ 이번 학기부터 ~에서 살게 되었다.

♣ 다음 낱말 풀이에 알맞은 한자(漢字)를 쓰시오.   ▶ 정답은 242쪽

1. 기생충 (   )

①다른 생물에 기생하는 동물. ②노력하지 않고 남에게 의지하여 사는 사람을 야유하여 이르는 말.
¶ ~ 같은 존재로 계속 살고 싶니?

2. 기종 (   )

①항공기의 종류. ②기계의 종류.
¶ 최신 ~이라 역시 다르군.

3. 기관 (   )

①에너지를 기계적인 힘으로 바꾸는 장치. ②어떤 목적을 이루기 위하여 설치된 조직.
¶ 그 일은 교육~에서 담당해야 한다.

4. 기능 (   )

①사물의 작용이나 활용. ②어떤 기관이 그 권한 안에서 활용할 수 있는 능력
¶ 머리를 심하게 다쳐 뇌의 ~이 마비되었다.

5. 기밀 (   )

더없이 중요하고 비밀한 일.
¶ 어떠한 경우에도 ~을 지켜야 한다

6. 기회 (   )

①어떠한 일이나 행동을 하기에 알맞거나 효과적인 때. ②어떤 일을 할 겨를이나 짬.
¶ ~가 닿으면 한번 가마.

7. 납기 (   )

바치는 시기나 기한.
¶ ~ 안에 세금을 내다.

8. 납득 (   )

남의 말이나 행동을 잘 알아차려 이해함.
¶ ~이 안 되는 이야기는 그만하여라.

9. 납품 (   )

주문받은 물품을, 그것을 주문한 곳(사람)에 가져다 줌.
¶ 식당에 채소를 ~하다.

10. 납세 (   )

세금을 바침.
¶ 국민으로서 ~의 의무를 다하다.

11. 미납 (   )

아직 내지 못함.
¶ 재산세를 ~하다.

12. 단락 (   )

①일이 다 된 끝. ②긴 문장에서, 내용상으로 일단 끊어지는 곳.
¶ 이번 일은 우선 여기서 ~을 짓자.

13. 단계 (   )

일의 차례를 따라 나아가는 과정.
¶ 마무리 ~에서 일을 망쳤다.

14. 수단 (   )

①어떤 목적을 달성하기 위한 방법. ②어떤 일을 처리하는 꾀나 솜씨
¶ 부정한 ~ 으로 돈을 벌다.

15. 초단 (   )

유도나 바둑 따위의 기술이나 수(手)에 대한 등급의 한 가지.
¶ 이번 대회에서 ~을 땄다.

16. 유단 (   )

검도·유도·태권도·바둑 등에서, 초단 이상의 등급.
¶ 우리 삼촌은 태권도 ~자다.

17. 도당 (   )

떼를 지은 무리를 얕잡아 이르는 말.
¶ ~을 만들어 폭력을 일삼다.

18. 도보 (   )

걸어서 감.
¶ 방학을 이용해 ~ 여행을 떠났다.

19. 도로 (   )

헛되이 수고함. 헛수고.
¶ 노력이 ~아미타불이 되다.

♣ 다음 낱말 풀이에 알맞은 한자(漢字)를 쓰시오.   ▶ 정답은 243쪽

1. 신도　(　　　　　)
종교를 믿는 사람.
¶ 나는 불교 ~이다.

2. 폭도　(　　　　　)
폭동을 일으키는 무리. 흉도.
¶ ~를 소탕하다.

3. 도망　(　　　　　)
①몰래 피해 달아남. ②쫓기어 달아남.
¶ 죄를 짓고 ~가다.

4. 도주　(　　　　　)
다른 사람에게 잡히지 않으려고 다른 곳으로 가는 것.
¶ 사업 실패로 우리가족은 야반(夜半) ~를 하였다.

5. 도피　(　　　　　)
도망하여 피함.
¶ 부도(不渡)를 내고 외국으로 ~하다.

6. 도난　(　　　　　)
도둑을 맞는 재난(災難).
¶ ~경보기가 울리기 시작했다.

7. 도적　(　　　　　)
남의 물건을 빼앗거나 훔치는 일을 하는 사람.
¶ 민생은 도탄에 빠지고 도처에 ~이 날뛴다

8. 도청　(　　　　　)
몰래 엿들음.
¶ ~장치를 하여 정보를 빼내었다.

9. 강도　(　　　　　)
폭행·협박 등 강제 수단으로 남의 금품을 빼앗는 일, 또는 그러한 도둑.
¶ 한밤중에 ~가 들어왔다.

10. 대도　(　　　　　)
큰 도둑.
¶ 그의 행적을 추궁하던 중 밝혀져 언론이 그를 ~라고 부른 것이다.

11. 산란　(　　　　　)
알을 낳음.
¶ 우리 집 닭이 ~기에 있다.

12. 난세포　(　　　　　)
유성 생식을 하는 생물의 암컷의 생식 세포.
¶ 살아있는 ~가 활동성이 있는 정충과 만나면 이 두 세포가 합해서 임신을 하게 된다.

13. 난생동물　(　　　　　)
알을 낳아 새끼를 까는 동물
¶ 타조는 ~에 속한다.

14. 이란투석　(　　　　　)
달걀로 바위치기.
¶ '달걀로 바위치기'를 4자 성어로 하면 ~이지.

15. 난이　(　　　　　)
세상이 어지러워진 상태.
¶ ~를 피하여 먼 곳으로 떠나다.

16. 난잡　(　　　　　)
어수선하고 혼잡함.
¶ 방 안이 ~하다.

17. 국란　(　　　　　)
나라가 어지러움.
¶ ~으로 민심이 흉흉하다.

18. 민란　(　　　　　)
폭정(暴政) 따위에 항거하여 일반 백성이 일으키는 소요.
¶ ~가 곳곳에서 일어났다.

19. 반란　(　　　　　)
정부나 지배자에게 반항하여 내란을 일으킴.
¶ 내부의 ~을 진압하다.

195

♣ 다음 낱말 풀이에 알맞은 한자(漢字)를 쓰시오.   ➡ 정답은 243쪽

1. 관람 (   )
연극·영화·운동 경기 따위를 구경함.
¶ 연극을 ~하다.

2. 유람 (   )
구경하며 돌아다님.
¶ 명승지를 ~하다.

3. 박람회 (   )
생산물의 개량 발전 및 산업의 진흥을 꾀하기 위하여, 농업·공업 등의 온갖 물품을 전시하거나 판매하는 모임.
¶ 무역~가 코엑스에서 열린다.

4. 전람회 (   )
여러 가지 물품, 또는 작품을 진열해 놓고 보이는 모임.
¶ 미술 ~를 관람하다.

5. 약도 (   )
요점이나 요소만을 간략하게 나타낸 그림.
¶ 관광지 ~가 잘 되어 있어 누구나 찾아가기 편리하다.

6. 약자 (   )
글자의 획을 줄여서 간편하게 나타낸 한자.
¶ 이 글자의 ~는 어떻게 되니?

7. 공략 (   )
적의 영토 따위를 공격하여 빼앗음.
¶ 적의 후방을 ~하다.

8. 대략 (   )
①큰 모략. ②대체의 개략.
¶ 사건의 내막은 ~ 다음과 같다.

9. 생략 (   )
간단하게 줄이거나 뺌.
¶ 절차를 ~하다.

10. 양곡 (   )
양식으로 쓰이는 곡식.
¶ ~ 수매(收買)가 내일부터 시작된다.

11. 양식 (   )
①끼니를 이을 곡식. ②정신적인 활동에 양분과 같은 구실을 하는 것.
¶ 마음의 ~을 쌓다.

12. 군량미 (   )
군대의 식량으로 쓰는 쌀.
¶ ~가 떨어지기 전에 전쟁이 끝나야 할텐데….

13. 고려 (   )
생각하여 헤아림.
¶ 직업은 자기의 소질과 능력과 취향을 ~해 선택함.

14. 사려 (   )
여러 가지로 신중하게 생각함, 또는 그 생각.
¶ 그는 ~ 깊은 사람이다.

15. 염려 (   )
마음을 놓지 못함.
¶ 교통사고 후유증을 ~하다.

16. 천려일실 (   )
많은 생각 가운데는 한 가지쯤은 실책이 있게 마련이라는 말.
¶ 지혜로운 자의 ~이라 할 수 있을 것이다.

17. 열사 (   )
나라를 위하여 절의를 굳게 지켜 죽은 사람.
¶ 유관순 ~의 뜻을 기리다.

18. 강렬 (   )
강하고 세참.
¶ ~한 여름 햇살이 그리 좋지만은 않다.

19. 격렬 (   )
몹시 세참.
¶ ~한 논쟁을 벌이다.

♣ **다음 낱말 풀이에 알맞은 한자(漢字)를 쓰시오.** ➡ 정답은 243쪽

1. 선열 (　　　　　)
의(義)를 위해 목숨을 바친 열사.
¶ ~의 뜻을 기리다.

2. 열녀문 (　　　　　)
열녀를 기리기 위하여 세운 정문(旌門).
¶ ~을 받는 것은 가문의 영광이었다.

3. 용궁 (　　　　　)
바다 속에 있다는 용왕의 궁전.
¶ 토끼는 거북이의 거짓말에 의해 ~까지 끌려갔다.

4. 용왕 (　　　　　)
용궁의 임금.
¶ 용궁에서는 ~님이 토끼를 기다리고 있었다.

5. 용마 (　　　　　)
①썩 잘 달리는 훌륭한 말. 용총(龍驄). ②용같이 생겼다는 상상의 말.
¶ 그 계곡을 ~가 난 고을이라 부르고 있다.

6. 청룡 (　　　　　)
①푸른빛을 띤 용. ②(민속) 동쪽 방위의 목(木) 기운을 맡은 태세신(太歲神)을 상징한 짐승.
¶ 색종이로 꽃을 만든 듯한 서기 어린 구름 속에 위엄서린 ~을 화면 가득히 그렸다.

7. 등용문 (　　　　　)
용문(龍門)은 중국 황허(黃河) 상류의 급류를 이루는 곳으로, 고기가 이 곳을 오르면 용이 된다는 고사에서 입신출세에 연결되는 어려운 관문이나 시험을 비유하여 이르는 말.
¶ 사법 시험은 법관의 ~이다.

8. 유씨 (　　　　　)
유라는 성씨
¶ 문화 ~의 족보.

9. 유기 (　　　　　)
껍질을 벗긴 고리버들의 가지.
¶ ~로 만든 상자에 그것을 넣어 보관했다.

10. 세류 (　　　　　)
가지가 매우 가는 버드나무.
¶ 봄기운이 돌자 ~에 물이 오르기 시작했다.

11. 노류 (　　　　　)
길가의 버들.
¶ ~장화는 길가의 버들과 담 밑의 꽃을 말한다.

12. 윤월 (　　　　　)
수레바퀴처럼 둥글게 생긴 달을 비유하여 이르는 말.
¶ 음력 15일 밤이 되자 ~이 동산 위로 올랐다.

13. 연륜 (　　　　　)
①나이테. ②한 해 한 해 쌓아 올린 역사.
¶ 업무에 ~이 쌓이다.

14. 오륜기 (　　　　　)
근대 올림픽을 상징하는 기. 청색·황색·흑색·녹색·적색으로 되어 있음.
¶ 경기장의 ~기가 펄럭인다.

15. 윤회사상 (　　　　　)
중생은 끊임없이 삼계 육도(三界六道)를 돌고 돌며 생사를 거듭한다고 보는 사상.
¶ 나는 불교의 ~을 믿고 있다.

16. 이륙 (　　　　　)
비행기가 날기 위해서 땅에서 떠오름.
¶ ~을 할 예정이니 모두 안전벨트를 메어주세요.

17. 이별 (　　　　　)
서로 헤어짐.
¶ 사랑하는 이와 ~하다.

18. 이탈 (　　　　　)
떨어져 나가거나 떨어져 나옴.
¶ 대열에서 ~하여 낙오자가 되었다.

19. 이합집산 (　　　　　)
헤어짐과 모임.
¶ 선거철이 되면 정치인들이 ~을 한다.

♣ 다음 낱말 풀이에 알맞은 한자(漢字)를 쓰시오.   ▶ 정답은 243쪽

1. 매부 (　　　　)
   누이의 남편.
   ¶ 누이를 쫓아다니던 그 남자가 ~가 되었다.

2. 매형 (　　　　)
   손위 누이의 남편.
   ¶ 우리 ~는 나와 동갑이다.

3. 남매 (　　　　)
   오빠와 누이동생, 또는 누나와 남동생을 아울러 이르는 말.
   ¶ 두 사람은 ~ 사이다.

4. 형제자매 (　　　　)
   형제와 자매.
   ¶ 그 집안 ~는 우애가 좋다.

5. 면학 (　　　　)
   학문에 힘씀.
   ¶ 그 학교는 ~분위기가 좋다.

6. 근면 (　　　　)
   아주 부지런함.
   ¶ 그는 매사에 ~하다.

7. 계명 (　　　　)
   닭의 울음.
   ¶ ~소리에 잠이 깨었다.

8. 비명 (　　　　)
   몹시 놀라거나 고통을 느끼거나 하는 순간, 자기도 모르게 지르는 소리.
   ¶ 깜짝 놀라 ~을 지르다.

9. 자명종 (　　　　)
   일정한 시간이 되면 스스로 울려서 시각을 알려주는 시계.
   ¶ ~소리에 잠이 깨다.

10. 백가쟁명 (　　　　)
    학문·사상 등 여러 가지 것들이 서로 다투며 번성함.
    ¶ 춘추전국시대 당시에는 ~의 시대였다.

11. 모범 (　　　　)
    본받아 배울 만한 본보기.
    ¶ 윗사람이 먼저 ~을 보이다

12. 모사 (　　　　)
    무엇을 흉내내어 그대로 나타냄.
    ¶ 그의 목소리 ~는 정말 훌륭하다.

13. 모양 (　　　　)
    ①겉으로 나타나는 생김새나 형상. ②어떠한 자태나 용모.
    ¶ 그 여자는 한복을 입은 ~이 예쁘다

14. 규모 (　　　　)
    건물이나 시설물, 지역 등의 외형적 크기.
    ¶ 10만 관중을 수용할 만한 ~의 체육관이다.

15. 묘기 (　　　　)
    절묘한 재주.
    ¶ ~를 보이다.

16. 묘안 (　　　　)
    아주 뛰어난 생각.
    ¶ 좋은 ~이 떠오르다.

17. 묘수 (　　　　)
    절묘한 솜씨, 또는 솜씨가 절묘한 사람
    ¶ 기막힌 ~로군.

18. 묘약 (　　　　)
    신통하게 잘 듣는 약.
    ¶ 이병에는 ~이 없습니다.

19. 기묘 (　　　　)
    생김새 따위가 기이하고 묘하다.
    ¶ ~한 옷차림을 하고 나타났다.

20. 묘비 (　　　　)
    무덤 앞에 세우는 비석
    ¶ 그이 ~앞에는 국화 한 송이가 놓여 있었다.

♣ **다음 낱말 풀이에 알맞은 한자(漢字)를 쓰시오.**　　→ 정답은 243쪽

1. 묘소　(　　　　　　)
   산소(山所)의 높임말.
   ¶ ~에는 많은 잡초가 나 있었다.

2. 묘지　(　　　　　　)
   무덤이 있는 땅, 또는 그 구역.
   ¶ ~에 매장을 하다.

3. 묘역　(　　　　　　)
   묘소(墓所)로 정한 구역.
   ¶ ~을 잘 정돈하였다.

4. 성묘　(　　　　　　)
   조상의 산소에 가서 인사를 드리고 산소를 살피는 일.
   ¶ 추석날 아침 ~를 떠났다.

5. 가무　(　　　　　　)
   노래와 춤.
   ¶ 그는 ~에 뛰어난 재능을 보였다.

6. 군무　(　　　　　　)
   여러 사람이 함께 어우러져 춤을 춤.
   ¶ 해가 진후 환상적인 ~를 펼쳐보인 후 오리들은 식사를 하러 어디론가 날아 갑니다.

7. 난무　(　　　　　　)
   ①한데 뒤섞여 어지럽게 춤을 춤. ②함부로 나서서 마구 날뜀.
   ¶ 폭력과 공갈이 ~하여 생활하기가 어렵다.

8. 박자　(　　　　　　)
   일정한 빠르기로 강약이 주기적으로 반복·진행되는 음악적 시간의 단위.
   ¶ 너는 ~하나 제대로 못 맞추니?

9. 박수　(　　　　　　)
   손뼉을 여러 번 치는 일.
   ¶ 강사님을 ~로 맞이합시다.

10. 가발　(　　　　　　)
    머리에 덧얹어 쓰는, 본래의 자기 머리가 아닌 가짜 머리.
    ¶ 자꾸 머리카락이 빠지자 할아버지는 ~을 쓰고 다니셨다.

11. 금발　(　　　　　　)
    금빛 머리털.
    ¶ ~미인을 보았다.

12. 두발　(　　　　　　)
    머리털.
    ¶ 요즘 학교에서 ~단속을 하지 않는다.

13. 이발　(　　　　　　)
    머리털을 깎고 다듬음.
    ¶ ~을 하니 다른 사람 같다.

14. 백발　(　　　　　　)
    하얗게 센 머리털.
    ¶ 어느새 내 머리카락이 ~이 되었구나!

15. 방해　(　　　　　　)
    남의 일에 훼살을 놓아 못하게 함.
    ¶ 옆방의 텔레비전 소리가 공부에 ~된다.

16. 무방　(　　　　　　)
    지장이 없음.
    ¶ 답안지를 다 쓴 사람은 먼저 나가도 ~합니다.

17. 범인　(　　　　　　)
    죄를 저지른 사람.
    ¶ 현장에서 ~을 체포하다.

18. 범죄　(　　　　　　)
    죄를 지음, 또는 지은 죄.
    ¶ 그는 자신의 ~사실을 숨기려 하였다.

19. 범행　(　　　　　　)
    법을 어기는 짓.
    ¶ ~일체를 자백 받았다.

♣ 다음 낱말 풀이에 알맞은 한자(漢字)를 쓰시오.　　➡ 정답은 243쪽

1. 방범　(　　　　　)
범죄가 일어나지 않도록 막음.
¶ ~활동을 소홀히 하지 않도록 지시하라.

2. 주범　(　　　　　)
형법상, 범죄 행위를 실행한 사람.
¶ 사건의 ~을 수배하다.

3. 범위　(　　　　　)
①얼마만큼 한정된 구역의 언저리. ②어떤 힘이 미치는 한계.
¶ 조사할 대상의 ~를 정하다.

4. 규범　(　　　　　)
사물의 본보기.
¶ ~을 보이다.

5. 모범　(　　　　　)
본받아 배울 만한 본보기.
¶ 윗사람이 먼저 ~을 보이다.

6. 사범　(　　　　　)
①본받을 만한 모범. 남의 스승이 될 만한 모범. ②학술·기예(技藝)·무술 따위를 가르치는 사람
¶ 태권도 ~님이 시범을 보이셨다.

7. 시범　(　　　　　)
모범을 보임.
¶ ~경기가 시작되었다.

8. 변론　(　　　　　)
옳고 그름을 따지는 것.
¶ ~의 기회를 줄 것이니 말해 보아라.

9. 달변　(　　　　　)
막히는 데 없이 말을 술술 잘함.
¶ 그는 ~으로 상대방을 휘어잡았다.

10. 답변　(　　　　　)
물음에 대하여 밝히어 대답함.
¶ 어제 질문에 대한 ~을 꼭 듣고 싶다.

11. 웅변　(　　　　　)
조리 있고 힘차게 거침없이 말함, 또는 그런 말이나 연설.
¶ 대회를 앞두고 ~연습을 열심히 했다.

12. 변호사　(　　　　　)
소송 당사자의 의뢰 또는 법원의 선임(選任)에 의하여, 소송 사무나 기타 일반 법률 사무를 행하는 것을 업으로 하는 사람.
¶ 이번 사건을 맡은 ~이다.

13. 보통　(　　　　　)
특별하거나 드물거나 하지 않고 예사로움.
¶ 그 사람은 거짓말을 ~으로 해댄다.

14. 복병　(　　　　　)
적이 쳐들어오기를 숨어 기다렸다가 갑자기 습격하는 군사.
¶ 예상치 않은 ~으로 우리군대는 몹시 당황했다.

15. 복선　(　　　　　)
①앞으로 발생할 사건에 대한 준비로서, 그에 관련된 일을 앞에서 미리 비쳐 보이는 일. ②뒤의 일을 대비하여 미리 꾸며 놓는 일.
¶ 나중에 거절하기 위해 미리 ~을 깔아 두다.

16. 삼복　(　　　　　)
초복(初伏)·중복(中伏)·말복(末伏)을 통틀어 이르는 말.
¶ ~더위가 오기 전에 에어컨 한 대 사야겠다.

17. 복선　(　　　　　)
겹줄.
¶ ~공사로 오늘 열차 운행이 중단됩니다.

18. 복도　(　　　　　)
건물 안에 다니게 된 긴 통로.
¶ ~에서는 뛰어다니지 마라.

19. 복사　(　　　　　)
사진·문서 따위를 본디 것과 똑같이 박는 일.
¶ 서류를 ~하다.

♣ 다음 낱말 풀이에 알맞은 한자(漢字)를 쓰시오.   ▶ 정답은 243쪽

1. 복잡 (   )
겹치고 뒤섞여 어수선함.
¶ ~한 내 사정을 잘 알지 않니?

2. 복제 (   )
본디의 것과 똑같이 만듦
¶ 앞으로는 ~인간이 나올지도 모른다….

3. 부결 (   )
회의에서, 의안을 승인하지 않기로 결정함.
¶ 법률안이 ~되다.

4. 부인 (   )
시인하지 않음.
¶ 그는 끝까지 범죄 사실을 ~했다.

5. 가부 (   )
옳고 그름의 여부.
¶ 처리 결과에 대하여 ~를 논하다.

6. 부정문 (   )
부정의 뜻을 나타내는 문장.
¶ 러시아어의 경우는 부정과 부정이 이어져서 ~이 되는 경우도 있습니다.

7. 부담 (   )
어떤 일이나 의무·책임 따위를 떠맡음.
¶ 보내는 쪽에서 우송료를 ~하다.

8. 부상 (   )
몸에 상처를 입음
¶ 그때 당한 ~이 아직도 남아 있다.

9. 승부 (   )
이김과 짐.
¶ 너무 ~에 연연해 하지 마라.

10. 자부심 (   )
자부하는 마음.
¶ 그 나라 사람들은 일등 국민이라는 ~을 갖고 산다.

11. 분말 (   )
가루.
¶ 생과일 쥬스는 ~쥬스보다 싱싱하다.

12. 분유 (   )
가루우유.
¶ 요즘 아이들은 대부분 ~을 먹고 자란다.

13. 분홍 (   )
분홍빛의 준말. 엷게 붉은 빛깔.
¶ ~립스틱을 엄마들은 좋아하는 것 같다.

14. 분필 (   )
소석고(燒石膏)를 반죽하여 막대 모양으로 굳혀 만든 것.
¶ ~가루가 날리지 않도록 칠판을 잘 닦아라!

15. 제분 (   )
가루를 만듦.
¶ 밀알의 고랑이 깊어 도장하는 방법으로는 이를 제거할 수 없으므로 도정보다는 ~이 유리하다.

16. 분노 (   )
분하여 몹시 성을 냄.
¶ 독도를 일본 영토라고 우기는 일본 외상의 망언에 온 국민이 ~하였다.

17. 분통 (   )
몹시 분하여 마음이 쓰리고 아픔.
¶ 참으로 ~한 일이다.

18. 분패 (   )
분하게 짐.
¶ 강팀을 맞아 선전하였으나 1점 차이로 ~하고 말았다.

19. 비판 (   )
비평하여 판단함.
¶ 엄청난 ~을 받았다.

20. 비평 (   )
사물의 좋고 나쁨, 옳고 그름 따위를 평가함.
¶ 날카로운 ~을 받았다.

♣ 다음 낱말 풀이에 알맞은 한자(漢字)를 쓰시오.   ➡ 정답은 243쪽

1. 비경   (   )
사람의 발길이 잘 닿지 않는, 신비롭고 아름다운 곳.
¶ 해금강의 ~을 끼고 있는 바다.

2. 비밀   (   )
숨기어 남에게 공개하거나 알리지 않는 일.
¶ 너와 나의 ~이니 꼭 지켜주길 바래.

3. 비법   (   )
비밀의 방법.
¶ 제자들에게 ~을 전수하다.

4. 극비   (   )
더없이 중요한 비밀.
¶ ~에 속하는 정보를 얻어냈다.

5. 신비   (   )
불가사의하고 영묘한 비밀.
¶ 우주의 ~를 누가 알겠느냐?

6. 비각   (   )
안에 비를 세워 놓은 집.
¶ ~안에는 신도비가 잘 모셔져 있었다.

7. 비석   (   )
빗돌.
¶ 산 속에는 이름모를 ~하나가 쓰러져 있었다.

8. 묘비   (   )
무덤 앞에 세우는 비석.
¶ ~앞에는 이름모를 들꽃이 피어있었다.

9. 시비   (   )
시를 새긴 비.
¶ 금강가에 시인 신동엽의 ~가 있다.

10. 기념비   (   )
어떤 일을 기념하기 위하여 세운 비.
¶ 전쟁기념관에는 한국전쟁에 참전함을 기리는 ~가 세워져 있다.

11. 사립   (   )
개인이나 민간 단체가 설립하여 유지하는 일
¶ 나는 ~초등학교를 졸업했다.

12. 사심   (   )
제 욕심을 채우려는 마음.
¶ ~을 버리다.

13. 사생활   (   )
개인의 사사로운 생활.
¶ 남의 ~에 간섭하는 것은 옳지 않다.

14. 공평무사   (   )
공평하고 사사로움이 없음.
¶ ~한 심판을 기대해 본다.

15. 사격   (   )
총이나 대포·활 등을 쏨.
¶ ~의 명수인 그의 솜씨를 한 번 보아야 할텐데….

16. 사살   (   )
쏘아 죽임.
¶ 그의 아버지는 한국전쟁 때 적군에 의해 ~되었다.

17. 사수   (   )
총포나 활 따위를 쏘는 사람. 사격수
¶ 그는 우리 부대의 특등~이다.

18. 반사   (   )
①빛이나 전파 따위가 어떤 물체의 표면에 부딪혀 되돌아오는 현상. ②자극에 대하여 기계적으로 일어나는 신체의 생리적인 반응.
¶ 거울이 빛을 ~ 하여 눈이 부시다.

19. 발사   (   )
총포나 로켓 따위를 쏨.
¶ 오늘은 우리나라에서 만든 우주선이 ~되는 날이다.

20. 원사   (   )
직물의 원료가 되는 실.
¶ 편직용 ~는 위생적이며 경제적이고 내구성이 있어야 한다.

♣ 다음 낱말 풀이에 알맞은 한자(漢字)를 쓰시오.   ▶ 정답은 243쪽

1. 철사 (   )
   쇠로 만든 가는 줄. 철선.
   ¶ ~를 자르기 위해서는 펜치가 필요하다.

2. 일사불란 (   )
   질서나 체계 따위가 정연하여 조금도 흐트러진 데나 어지러운 데가 없음.
   ¶ 그들은 ~하게 움직여 그 대회장을 빠져나갔다.

3. 사임 (   )
   맡고 있던 일자리를 스스로 내놓고 물러남.
   ¶ 건강이 좋지 않아 위원직을 ~했다.

4. 사전 (   )
   낱말을 모아 일정한 순서로 배열하여, 발음·뜻·용법·어원 등을 해설한 책.
   ¶ 영어~을 편찬하다.

5. 사퇴 (   )
   ①그만두고 물러서는 것. ②사절하여 물리치는 것.
   ¶ 검찰청장은 동생의 비리로 장관직을 ~했다.

6. 사표 (   )
   사직한다는 뜻을 적어서 내는 문서.
   ¶ 오늘 ~를 냈다.

7. 축사 (   )
   축하하는 뜻을 나타내는 말을 하거나 글을 씀.
   ¶ ~를 낭독이 있겠습니다.

8. 산재 (   )
   이곳저곳에 흩어져 있음.
   ¶ 크고 작은 섬이 ~한 다도해.

9. 산문 (   )
   글자의 수나 운율 따위에 구애됨이 없이, 자유롭게 쓴 보통의 문장.
   ¶ ~ 형식으로 쓰인 서사시이다.

10. 이산 (   )
    헤어져 흩어짐.
    ¶ 한국 전쟁으로 ~가족이 되었다.

11. 분산 (   )
    갈라져 흩어짐.
    ¶ 군중을 ~시키다.

12. 해산 (   )
    헤어짐.
    ¶ 시위군중이 밤이 되자 자진 ~하였다.

13. 인상 (   )
    어떤 대상을 보거나 듣거나 하였을 때, 그 대상이 사람의 마음에 주는 느낌.
    ¶ 상대방에게 좋은 ~을 주다.

14. 기상 (   )
    비·눈·바람·구름·기온·기압 등 대기(大氣) 속에서 일어나는 현상.
    ¶ ~예보가 잘 맞지 않는다.

15. 상형문자 (   )
    물체의 모양을 본떠서 만든 글자.
    ¶ 한자와 이집트 문자에서 ~의 흔적을 볼 수 있다.

16. 천태만상 (   )
    천차만별의 상태, 곧 모든 사물이 제각기 다른 모습을 하고 있음을 이르는 말.
    ¶ 만물상 주전골에 들어서면 ~의 기암괴석군이 눈에 들어온다.

17. 상해 (   )
    남의 몸에 상처를 내어 해를 입힘.
    ¶ 전치 5주의 ~를 입히다.

18. 상심 (   )
    마음 아파함.
    ¶ 아들의 실패에 몹시 ~하다.

19. 상처 (   )
    ①몸의 다친 자리 ②피해를 입은 흔적.
    ¶ ~가 아물기 시작했다.

♣ 다음 낱말 풀이에 알맞은 한자(漢字)를 쓰시오.   ▶ 정답은 243쪽

1. 부상   (   )
   몸에 상처를 입음.
   ¶ ~을 당하다.

2. 중상   (   )
   몹시 다침.
   ¶ 교통사고로 ~을 입다.

3. 선전   (   )
   사물의 존재·효능 따위를 많은 사람에게 이해시켜 공감을 얻을 목적으로 잘 설명하여 널리 알리는 일.
   ¶ 새 상품을 텔레비전을 통해 대대적으로 ~했다.

4. 선언서   (   )
   선언하는 내용을 적은 글. 선언문.
   ¶ 탑골공원에서 독립~가 낭독되었다.

5. 선교사   (   )
   종교의 가르침을 펴는 사람, 특히 기독교의 선교를 위하여 외국에 파견된 사람.
   ¶ 미국에서 많은 ~를 우리나라에 파견하였다.

6. 선전포고   (   )
   상대국에 대하여 전쟁 개시 의사를 선언하는 일.
   ¶ 제2차 세계대전 때 미국은 일본에 ~를 하였다.

7. 설전   (   )
   말다툼.
   ¶ 그들은 아침부터 ~을 벌였다.

8. 설음   (   )
   혀끝이 윗잇몸에 닿아 소리나는 자음. ㄴ·ㄷ·ㄸ·ㅌ 따위의 혓소리.
   ¶ 혓소리를 한자어로 ~이라 한다.

9. 독설   (   )
   남을 사납고 날카롭게 매도(罵倒)하는 말.
   ¶ ~을 퍼붓다.

10. 구설수   (   )
    구설을 들을 운수.
    ¶ ~에 오르다.

11. 속국   (   )
    다른 나라의 지배 하에 있는 나라.
    ¶ 우리나라는 35년이란 세월을 일본의 ~으로 지냈다.

12. 속성   (   )
    사물의 본질을 이루는 고유한 특징이나 성질.
    ¶ 이기심은 인간의 본질적인 ~ 중의 하나이다.

13. 귀속   (   )
    재산이나 권리, 또는 영토 같은 것이 어떤 사람이나 단체·국가 등에 속하여 그의 소유가 됨.
    ¶ 국고에 ~되다.

14. 소속   (   )
    어떤 기관이나 조직에 딸림.
    ¶ 너의 ~을 밝혀라.

15. 금속   (   )
    열이나 전기를 잘 전도하고, 퍼지고 늘어나는 성질이 풍부하며, 특수한 광택을 가진 물질.
    ¶ 공업에서 사용되고 있는 ~ 재료에는 순철이나 강, 주철 등과 같은 철강 재료와 구리나 알루미늄, 니켈과 같은 비철 ~ 재료가 있다.

16. 손실   (   )
    축나거나 잃어버리거나 하여 손해를 봄, 또는 그 손해.
    ¶ 그의 퇴사는 그 회사에게는 큰 ~이다.

17. 손해   (   )
    본디보다 밑지거나 해가 됨.
    ¶ 배워서 ~될 것 없다.

18. 손익   (   )
    손실과 이익.
    ¶ ~을 따지다.

19. 파손   (   )
    깨어져 못 쓰게 됨, 또는 깨뜨려 못 쓰게 함.
    ¶ 기물(器物) ~은 처벌될 수 있다.

♣ 다음 낱말 풀이에 알맞은 한자(漢字)를 쓰시오.　　➡ 정답은 243쪽

1. 결손　(　　　　　　　)

　①어느 부분이 축이 나서 불완전한 상태. ②금전상의 손실.
　¶ 그 기계에 ~이 있다.

2. 송화　(　　　　　　　)

　소나무의 꽃.
　¶ 벌써부터 ~가 날리기 시작한다.

3. 송판　(　　　　　　　)

　소나무 널빤지.
　¶ 한사람이 ~을 들고 있고 한사람이 돌려차기로 격파를 시도 했습니다.

4. 송죽　(　　　　　　　)

　소나무와 대나무.
　¶ 솔과 대를 짧게 ~이라 한다.

5. 노송　(　　　　　　　)

　늙은 소나무.
　¶ 200여년전 정조대왕이 아버지 사도세자의 능으로 가는 길목인 지지대고개 근처에 ~단지를 조성하였다.

6. 청송　(　　　　　　　)

　푸른 솔.
　¶ 흑송과 ~ 모두가 잎 가장자리에 거치(鋸齒)를 남긴다.

7. 송축　(　　　　　　　)

　경사스러운 일을 기리어 축하함.
　¶ 선생님의 정년 퇴임을 진심으로 ~합니다.

8. 칭송　(　　　　　　　)

　공덕을 칭찬하여 기림.
　¶ 며느리에 대한 ~이 자자하다.

9. 찬송가　(　　　　　　　)

　개신교에서, 하나님의 사랑과 은혜를 기리어 부르는 노래.
　¶ 초기의 ~ 배우기는 서양음악 배우기였다.

10. 송덕비　(　　　　　　　)

　공덕을 기리기 위하여 세운 비석.
　¶ 군수님에 대한 ~가 마을 입구에 세워졌다.

11. 수재　(　　　　　　　)

　머리가 좋고 재주가 뛰어난 사람.
　¶ 모두들 그를 ~라 불렀다.

12. 수작　(　　　　　　　)

　뛰어난 작품.
　¶ 경기도 소리극 장대장 타령도 그가 가지고 있는 재주를 복합하여 만들어 낸 ~이라 할 수 있다.

13. 수려　(　　　　　　　)

　빼어나게 아름다움.
　¶ 이목구비가 ~한 젊은이가 지나간다.

14. 우수　(　　　　　　　)

　여럿 가운데 뛰어남.
　¶ 그녀는 ~사원으로 뽑혔다.

15. 숙부　(　　　　　　　)

　아버지의 동생. 작은아버지.
　¶ ~님이 우리집을 방문하셨다.

16. 숙모　(　　　　　　　)

　숙부의 아내. 작은어머니.
　¶ 부모님의 교통사고로 나는 ~댁에서 자랐다.

17. 당숙　(　　　　　　　)

　아버지의 사촌 형제인 종숙(從叔)을 친근하게 일컫는 말.
　¶ 우리 ~님은 인자하신 분이다.

18. 외숙　(　　　　　　　)

　어머니의 남자 형제. 외삼촌.
　¶ ~께서 오랜만에 어머니를 만나러 우리 집에 오셨다.

19. 숙연　(　　　　　　　)

　고요하고 엄숙함.
　¶ ~히 머리 숙여 고인의 명복을 빌었다.

205

♣ 다음 낱말 풀이에 알맞은 한자(漢字)를 쓰시오. ➡ 정답은 243쪽

1. 숙청   (   )
   엄하게 다스려 잘못이나 그릇된 일을 치워 없애는 것.
   ¶ 반대파를 ~하기 시작했다.

2. 자숙   (   )
   스스로 행동이나 태도를 삼감.
   ¶ 환경단체는 공해 배출 업소의 ~을 촉구했다.

3. 엄숙   (   )
   장엄하고 정숙함.
   ¶ ~한 분위기에서 결혼식이 진행되었다.

4. 정숙   (   )
   조용하고 엄숙함.
   ¶ ~한 면학분위기를 조성해야 한다.

5. 숭고   (   )
   존엄하고 거룩함.
   ¶ ~한 희생 정신을 본받다.

6. 숭배   (   )
   우러러 공경하는 것.
   ¶ 그는 어려서부터 안창호 선생을 ~하는 마음을 갖고 있었다.

7. 숭례문   (   )
   조선 시대의 한양(漢陽) 도성의 남쪽 정문. 남대문.
   ¶ 우리나라 국보 제 1호는 ~이다.

8. 씨족   (   )
   원시 사회에서 공동의 조상을 가진 혈족 단체.
   ¶ 아직도 ~사회를 이루며 사는 사람들이 남아 있다.

9. 성씨   (   )
   성(姓)의 높임말.
   ¶ ~가 어떻게 되십니까?

10. 형씨   (   )
    청년 또는 그 이상의 나이를 먹은 남자가 잘 모르는 동년배의 남자를 부르거나 지칭하는 말.
    ¶ ~! 초면에 실례가 많습니다.

11. 무명씨   (   )
    이름을 알지 못하거나 드러내지 않는 사람을 높여 이르는 말.
    ¶ 이 시조는 ~가 지은 시조이다.

12. 액수   (   )
    돈의 머릿수.
    ¶ 상당한 ~의 장학금을 받았다.

13. 액자   (   )
    현판에 쓴 큰 글씨.
    ¶ '도산서원'이란 ~는 한석봉 선생 글씨다.

14. 감액   (   )
    액수를 줄임.
    ¶ 그동안 빠진 날은 ~하고 수고비를 받았다.

15. 전액   (   )
    액수의 전체.
    ¶ 일한 것의 ~을 지불하시오.

16. 정액   (   )
    일정한 금액.
    ¶ ~소득이 있으니 살기가 그리 어렵지는 않다.

17. 양상   (   )
    모습. 모양. 상태.
    ¶ 분쟁은 새로운 ~을 띠게 되었다.

18. 양식   (   )
    ①일정한 모양과 방식. ②자연히 그렇게 정해진 공통의 형식이나 방식.
    ¶ 하회마을에 가면 전통적 생활 ~을 엿볼 수 있다.

19. 다양   (   )
    종류가 여러 가지로 많음.
    ¶ ~한 기교가 돋보이는 작품이다.

♣ 다음 낱말 풀이에 알맞은 한자(漢字)를 쓰시오.   ▶ 정답은 243쪽

1. 각양각색 (　　　　　)
서로 다른 각가지 모양.
¶ 그 전시회에서 ~의 민속 의상을 볼 수 있었다.

2. 엄격 (　　　　　)
매우 엄함.
¶ 검사가 ~하여 통과하기가 어렵다.

3. 엄금 (　　　　　)
엄하게 금지함.
¶ 그 길의 통행을 ~하다.

4. 엄정 (　　　　　)
엄격하고 공정함.
¶ ~한 재판을 기대하다.

5. 엄동설한 (　　　　　)
엄동의 심한 추위.
¶ ~에 어디를 가겠다는거냐? 날이 풀리면 그 때 가거라.

6. 여건 (　　　　　)
어떤 일을 하는 출발점으로서의 주어진 조건.
¶ 어려운 ~속에 큰 일을 해내다니. 놀랍구나!

7. 여부 (　　　　　)
그러함과 그러하지 아니함.
¶ 성사(成事) ~를 알려 다오.

8. 참여 (　　　　　)
참가하여 관계함.
¶ 법률 개정 작업에 ~하다.

9. 여민동락 (　　　　　)
임금이 백성과 함께 즐김.
¶ 민본사상의 구체적 모습은 ~이 그 시발점이라고 맹자는 말하고 있다.

10. 교역 (　　　　　)
물건을 서로 사고 파는 일.
¶ 요즘 중국과의 ~이 활발해졌다.

11. 무역 (　　　　　)
국제간에 상품을 매매하는 경제적 활동.
¶ ~의 불균형을 해소하다.

12. 난이도 (　　　　　)
어렵고 쉬운 정도.
¶ ~는 지난해와 비슷한 수준이라고 말했다.

13. 역지사지 (　　　　　)
처지를 바꾸어 생각함.
¶ ~로 생각해 본다면 네가 그럴 수 있겠니?

14. 구역 (　　　　　)
갈라놓은 지역
¶ 출입 금지 ~이다.

15. 성역 (　　　　　)
①신성한 지역 ② 문제 삼지 않기로 한, 또는 문제 삼아서는 안 되는 사항.
¶ ~없는 수사를 촉구하다.

16. 지역 (　　　　　)
일정한 땅의 구역이나 땅의 경계, 또는 그 안의 땅.
¶ 이 ~을 넘어와서는 안 된다.

17. 해역 (　　　　　)
바다 위의 일정한 구역.
¶ 나라 간의 ~을 침범해서는 안된다.

18. 광역시 (　　　　　)
지방 자치 단체의 한 가지. 이전의 직할시가 시역(市域)을 확장하면서 광역시로 됨.
¶ 인천도 ~이다.

19. 연기 (　　　　　)
정해 놓은 기한을 물림.
¶ 우천으로 축구 경기가 ~되었다.

20. 연명 (　　　　　)
목숨을 겨우 이어 살아감.
¶ 우리는 산나물을 캐어 하루하루 ~해 나갔다.

♣ 다음 낱말 풀이에 알맞은 한자(漢字)를 쓰시오.   ➡ 정답은 243쪽

1. 연착　(　　　　　)
예정된 날짜나 시각보다 늦게 도착함.
¶ 부산행 열차가 30분이나 ~하였다.

2. 연장선　(　　　　　)
어떤 일이나 현상·행위 따위가 계속하여 이어지는 것.
¶ 그의 주장은 개혁주의적 운동 노선의 ~ 위에 있다.

3. 연료　(　　　　　)
열·빛·동력을 얻기 위하여 연소시키는 재료.
¶ 비행기에 ~를 공급하다.

4. 연등회　(　　　　　)
정월 보름에 불을 켜고 부처에게 복을 빌며 노는 놀이. 신라 때에 비롯되어, 고려 태조 때부터는 매년 국가적인 행사로 열었음
¶ 고려시대에 ~는 국가적인 행사로 치러지기도 했다.

5. 가연성　(　　　　　)
불에 타는 성질.
¶ ~물질은 조심히 다루어야 한다.

6. 연필　(　　　　　)
필기 용구의 한 가지.
¶ 옛날 학생들은 대부분 ~를 사용해 필기를 하였다.

7. 흑연　(　　　　　)
순수한 탄소로만 이루어진 광물의 한 가지.
¶ 다이아몬드와 ~은 모두 탄소이다.

8. 연분　(　　　　　)
①서로 관계를 가지게 되는 인연. ②하늘이 베푼 인연.
¶ ~이 닿아서 결혼을 하게 되었다.

9. 인연　(　　　　　)
사물들 사이에 서로 맺어지는 관계.
¶ 경제계 인사들과는 별로 ~이 없다.

10. 혈연　(　　　　　)
같은 핏줄로 이어진 인연.
¶ 너와 나는 ~관계이다.

11. 연목구어　(　　　　　)
나무에 올라 물고기를 구한다는 뜻으로 불가능한 일을 무리하게 하려 함을 비유하는 말.
¶ 종래의 방법(무력)으로 천하통일을 이루려 하는 것은 마치 ~와 같다.

12. 영입　(　　　　　)
맞아들임.
¶ 사장을 외부에서 ~하다.

13. 영접　(　　　　　)
손을 맞아 접대함.
¶ 외교 사절단을 ~하다.

14. 환영　(　　　　　)
기쁘게 맞음.
¶ 영국여왕의 방문을 열렬히 ~했다.

15. 송구영신　(　　　　　)
묵은해를 보내고 새해를 맞이함.
¶ 새로운 해를 준비하면서 ~해야 하겠습니다.

16. 영화　(　　　　　)
어떤 줄거리나 내용을 담아서 찍은 긴 필름을 영사막에 계속적으로 비추어 나타나게 한, 일련의 움직이는 영상.
¶ 옛날에는 무성 ~를 찍었다.

17. 반영　(　　　　　)
①빛이 반사하여 비치는 것. ②드러내어 표현하는 것.
¶ 소설은 그 시대의 사회상을 ~한다.

18. 방영　(　　　　　)
텔레비전으로 방송을 하는 것.
¶ 매주 일요일 아침에는 동물의 생태가 ~되고 있다.

19. 상영　(　　　　　)
영화를 영사(映寫)하여 관객에게 보임.
¶ 현재 우리나라에서는 북한 영화의 ~을 금지하다.

♣ 다음 낱말 풀이에 알맞은 한자(漢字)를 쓰시오.   ▶ 정답은 244쪽

1. 영사기 (　　　　　　)
영화 필름의 화상(畫像)을 영사막에 확대해서 비추어 보이는 기계.
¶ ~의 고장으로 영화상영이 중단되었다.

2. 영업 (　　　　　　)
이익을 얻을 목적으로 사업을 경영하는 일.
¶ ~을 허가받았다.

3. 영리 (　　　　　　)
영예와 이익.
¶ 회사는 ~를 추구하는 곳이다.

4. 경영 (　　　　　　)
①관리하고 운영하는 것. ②다스려 보살피는 것.
¶ 회사 ~이 부실하여 문을 닫게 되었다.

5. 국영 (　　　　　　)
나라에서 경영하는 일.
¶ ~기업의 민영화 작업에 청신호가 울리고 있다.

6. 야영 (　　　　　　)
천막 따위를 치고 야외에서 잠.
¶ ~을 하기 위해 빠른 손놀림으로 텐트를 쳤다.

7. 예감 (　　　　　　)
무슨 일이 일어날 것 같다는 것을 사전에 느끼는 일.
¶ 갑자기 불길한 ~이 느껴졌다.

8. 예비 (　　　　　　)
미리 준비함.
¶ 자연 재해를 대비해 ~식량을 창고에 보관했다.

9. 예약 (　　　　　　)
미리 약속함.
¶ 여행갈 곳의 호텔에 객실을 ~하다.

10. 예방 (　　　　　　)
미리 막음.
¶ 사고를 ~할 수 있었다.

11. 예측 (　　　　　　)
앞으로의 일을 미리 짐작함.
¶ 경기 결과를 ~하기가 어렵다.

12. 우편 (　　　　　　)
서신(書信) 및 기타의 물품을 일정한 조직에 의하여 전국·전 세계에 송달하는 업무.
¶ ~으로 그 소식을 전하다.

13. 우송 (　　　　　　)
우편으로 보냄.
¶ 빠른 시간 안에 ~할 예정입니다. 기다려주세요.

14. 우표 (　　　　　　)
우편물에 붙여 수수료를 낸 증표로 삼는 정부 발행의 종이 딱지.
¶ 그는 취미로 ~를 모았다.

15. 우편번호 (　　　　　　)
우편물을 분류하는 작업의 능률 향상을 위해 지역별로 정해 놓은 고유 번호.
¶ ~를 정확히 쓴다면 우체국에서도 분리하기가 좋을 텐데….

16. 대우 (　　　　　　)
①예의를 갖추어 대하는 것. ②고용자가 피고용자에게 베푸는 조건.
¶ 그 직장은 ~가 좋은 편이다.

17. 불우 (　　　　　　)
포부나 재능은 있어도 좋은 때를 만나지 못하여 불행함.
¶ ~한 일생을 보내다.

18. 예우 (　　　　　　)
예로써 대접함.
¶ 국빈(國賓)으로 ~하였다.

19. 경우 (　　　　　　)
부닥친 형편이나 사정.
¶ 시험에 떨어질 ~에는 입대하겠다.

♣ 다음 낱말 풀이에 알맞은 한자(漢字)를 쓰시오.   ➡ 정답은 244쪽

1. 우대　(　　　　　)

특별히 잘 대우함.
¶ 교육계 출신을 ~하다.

2. 우수　(　　　　　)

훌륭하여 뛰어남.
¶ 그는 ~한 성적으로 졸업했다.

3. 우승　(　　　　　)

최고의 성적으로 이김.
¶ 마라톤에서 ~하다.

4. 우량아　(　　　　　)

건강·발육 상태가 양호한 유아(乳兒).
¶ 그가 어렸을 때 ~대회에서 1등을 했다니 믿을 수가 없군….

5. 원망　(　　　　　)

억울하게 여겨 탓하거나 분하게 여겨 미워함.
¶ 그 일이 있은 후 친구를 ~하기 시작했다.

6. 원한　(　　　　　)

원통하고 한스러운 생각.
¶ ~이 뼈에 사무치다.

7. 원성　(　　　　　)

원망의 소리.
¶ ~이 끊이지 않았다.

8. 숙원　(　　　　　)

오래 묵은 원한.
¶ 이제는 양집안이 ~을 풀어야하지 않을까?

9. 원류　(　　　　　)

①물이 흐르는 근원. ②성리학이 유교 사상의 ~가 되다.
¶ 성리학이 유교 사상의 ~가 되다.

10. 근원　(　　　　　)

①물줄기가 나오기 시작하는 곳. ②사물이 비롯되는 본바탕.
¶ 낙동강의 ~은 태백산이다.

11. 기원　(　　　　　)

사물의 생긴 근원.
¶ 인류의 ~은 과연 무엇일까?

12. 어원　(　　　　　)

어떤 말이 생겨난 근원.
¶ 그 민족이 사용하는 ~을 연구를 하고 있다.

13. 자원　(　　　　　)

인간의 생활 및 경제 생산에 이용되는 물적 자료 및 노동력·기술의 총칭.
¶ 대채 ~을 개발하여야 한다.

14. 원군　(　　　　　)

도와주는 군대.
¶ 당나라 ~이 오기로 했는데 아직 도착을 안했다니, 이를 어쩌나….

15. 원조　(　　　　　)

도와줌.
¶ 아프리카에 식량을 ~하다.

16. 구원　(　　　　　)

구하여 돕는 것.
¶ 그에게 ~의 손길을 뻗쳤다.

17. 성원　(　　　　　)

사기나 기운을 복돋아 줌.
¶ 도전자에게 아낌없는 ~을 보내다.

18. 지원　(　　　　　)

뒷받침하거나 편들어서 도움
¶ 수해 ~대책을 세워야 한다.

19. 위험　(　　　　　)

실패하거나 목숨을 위태롭게 할 만함.
¶ 음주 운전은 매우 ~하다.

210

♣ 다음 낱말 풀이에 알맞은 한자(漢字)를 쓰시오.   ▶ 정답은 244쪽

1. 위급 (　　　　　)
매우 위태롭고 급함.
¶ 사태가 매우 ~하다.

2. 위중 (　　　　　)
병세가 무겁고 위태로움.
¶ 그는 부친이 ~하다는 소식을 듣고 고향으로 내려갔다.

3. 위기일발 (　　　　　)
눈앞에 닥친 위기의 순간을 이르는 말.
¶ ~의 순간에 물에 빠진 아이를 구하다.

4. 위원 (　　　　　)
특정한 사항의 처리나 심의를 위임받은 자로서 임명되거나 선출된 사람.
¶ 그는 국무~이 되었다.

5. 위임 (　　　　　)
어떤 일을 지워 맡기는 것.
¶ 이 농장의 관리를 너에게 ~한다.

6. 특위 (　　　　　)
국회 등에서, 상임 위원회의 소관에 딸리지 않거나 또는 특히 필요하다고 인정되는 안건을 심사하기 위하여 선임된 위원
¶ 4.3사태 ~를 구성하기에 앞서 여야를 떠나 정치권 모두가 이 점에 대해 깊은 반성과 다짐이 있기를 촉구한다.

7. 위력 (　　　　　)
위풍 있는 강대한 힘.
¶ 핵무기의 ~을 발휘하다.

8. 위세 (　　　　　)
위엄이 있는 기세.
¶ ~가 당당하다.

9. 국위 (　　　　　)
나라의 위력.
¶ 체육 진흥으로 ~를 선양하다.

10. 위풍당당 (　　　　　)
풍채가 의젓하고 떳떳함.
¶ 장병들의 ~한 행진을 보아라.

11. 포위 (　　　　　)
둘레를 에워쌈.
¶ 경찰은 강도를 겹겹으로 ~하였다.

12. 주위 (　　　　　)
①어떤 곳의 바깥 둘레. ②사물·인물 등을 둘러싸는 환경.
¶ 집 ~에 꽃을 심다.

13. 위로 (　　　　　)
따뜻한 말이나 행동으로 괴로움을 덜어 주거나 슬픔을 달래 주는 것.
¶ 갑자기 상을 당하시다니 뭐라고 ~의 말씀을 드려야 할지 모르겠습니다.

14. 위문 (　　　　　)
불행한 사람이나 수고하는 사람들을 방문하고 위로함.
¶ ~공연이 시작되었다.

15. 위안 (　　　　　)
위로하여 안심시킴.
¶ 너의 말이 ~이 되었다.

16. 자위 (　　　　　)
스스로 자신을 위로함.
¶ 실패를 교훈으로 여기며 ~하다.

17. 유아 (　　　　　)
젖을 먹는 어린아이.
¶ ~들은 어른의 손길을 필요로 한다.

18. 두유 (　　　　　)
불린 콩을 간 다음 물을 더하여 끓인 것을 걸러 낸 젖 같은 액체.
¶ ~에는 우유와는 달리 칼슘, 비타민 등의 함량이 적으므로 이를 보충하여 당분을 첨가하여 음용해야 한다.

♣ 다음 낱말 풀이에 알맞은 한자(漢字)를 쓰시오.   ➡ 정답은 244쪽

1. 모유 (   )
어머니의 젖.
¶ 아기에게 ~를 먹이다.

2. 우유 (   )
암소의 젖.
¶ 요즘 아가들은 모유보다 ~를 먹고 자란다.

3. 유람 (   )
구경하며 돌아다님.
¶ 명승지를 ~하고 돌아왔다.

4. 유세 (   )
각처로 돌아다니며 자기의 의견이나 소속 정당의 주장 따위를 설명하고 선전함.
¶ 국회의원 선거에 출마한 후보자들이 선거구를 돌며 ~를 하고 있다.

5. 유성 (   )
태양의 둘레를 공전하는 별을 통틀어 이르는 말.
¶ 떠돌이 별을 ~이라 한다.

6. 교유 (   )
서로 사귀어 놀거나 왕래함.
¶ 좋은 친구와 ~하자.

7. 유목 (   )
거처를 정하지 않고 물과 목초(牧草)를 따라 소·양·말 등의 가축을 몰고 다니며 하는 목축.
¶ 그 민족은 오래전부터 ~생활을 하며 살았다.

8. 유언 (   )
죽음에 이르러서 부탁하여 남기는 말.
¶ 그것은 아버지의 ~이니 꼭 지켜야 한다.

9. 유산 (   )
①죽은 사람이 남겨 놓은 재산. ②후대에 남긴 가치 있는 사물.
¶ 부친으로부터 막대한 ~을 물려받다.

10. 유물 (   )
선대의 인류가 후세에 삶의 흔적으로서 남긴 물건.
¶ 석기 시대의 ~을 발굴하다.

11. 유전자 (   )
자손에게 물려줄 형질(形質)을 지배하는 기본 인자.
¶ ~검사를 해보면 그가 잃어버렸던 내 아들인지 확인할 수 있다고 한다.

12. 유학 (   )
공자의 사상을 근본으로 하는 유교의 학문.
¶ 그의 집안은 조상대대로 내려오는 ~자의 집안이다.

13. 유림 (   )
유도(儒道)를 닦는 학자들, 또는 그들의 사회.
¶ ~들의 반대로 그 곳에 교회를 세울 수가 없다.

14. 유생 (   )
유도(儒道)를 닦는 선비.
¶ 유학을 강의하던 ~들의 학업처 건물이다.

15. 유불선 (   )
유교·불교·선교를 아울러 이르는 말.
¶ 한민족의 고유한 사상은 ~삼교를 포함하는 사상이다.

16. 은거 (   )
세상을 피하여 숨어 삶.
¶ 그는 속리산에서 ~하며 남은 생을 보냈다.

17. 은밀 (   )
숨겨서 형적이 드러나지 아니함.
¶ 그곳을 ~하게 다녀갔다.

18. 은신 (   )
몸을 숨김.
¶ 친구 집에 ~하고 있다.

19. 은어 (   )
특수한 집단이나 계층 또는 사회에서, 남이 모르게 자기네끼리만 쓰는 말.
¶ ~사용하니 무슨 말인지 모르겠다.

212

♣ **다음 낱말 풀이에 알맞은 한자(漢字)를 쓰시오.** ➡ 정답은 244쪽

1. 은퇴 (　　　　　　)

   직임(職任)에서 물러나거나 사회 활동에서 손을 떼고 한가히 지내는 것.
   ¶ 정계(政界)에서 ~하여 야인으로 돌아가다.

2. 의거 (　　　　　　)

   ①어떤 사실에 근거하는 것. ②남의 힘을 빌려 의지하는 것.
   ¶ 법령에 ~하여 처벌하다.

3. 의존 (　　　　　　)

   남에게 의지하여 있음.
   ¶ 원자재를 외국에 ~하다.

4. 귀의 (　　　　　　)

   돌아가 몸을 의지함.
   ¶ 그는 속세를 떠나 불교에 ~했다.

5. 의타심 (　　　　　　)

   남에게 의지하는 마음.
   ¶ 너는 너무 ~이 강한 것 같다.

6. 의례 (　　　　　　)

   형식을 갖춘 예의.
   ¶ 식순에 의해 국민 ~을 하겠습니다.

7. 의식 (　　　　　　)

   의례(儀禮)를 갖추어 베푸는 행사.
   ¶ 성대한 ~을 거행하다.

8. 의심 (　　　　　　)

   확실히 알지 못하거나 믿지 못하여 이상하게 생각함.
   ¶ 그 남자는 남의 말 ~하기를 잘한다.

9. 의문 (　　　　　　)

   의심스러운 생각을 함.
   ¶ 드디어 ~이 풀리기 시작했다.

10. 질의응답 (　　　　　　)

    한편에서 의심나는 점을 질문하면 다른 한편에서 이에 대하여 답하는 일.
    ¶ 강연회 끝난 후 ~시간을 따로 갖겠습니다.

11. 이변 (　　　　　　)

    ①괴이한 변고. ②예상하지 못한 사태.
    ¶ 체육 경기에서 ~이 속출하다.

12. 이성 (　　　　　　)

    ①성(性)이 다른 것. ②성질이 다름.
    ¶ 건전한 ~ 교제는 괜찮다고 생각한다.

13. 이구동성 (　　　　　　)

    여러 사람의 말이 한결같이 같음.
    ¶ 그 질문에 모두들 ~으로 답했다.

14. 대동소이 (　　　　　　)

    거의 같고 조금 다름. 비슷비슷함.
    ¶ 표현은 달라도 내용은 서로 ~하다

15. 인술 (　　　　　　)

    ①어진 덕을 베푸는 방법. ②사람을 살리는 어진 기술이라는 뜻으로, 의술(醫術)을 이르는 말.
    ¶ 허준은 가난한 백성에게 ~을 베풀었다.

16. 인자무적 (　　　　　　)

    어진 사람에게는 적이 없음.
    ¶ ~은 '어진 사람에게는 적이 없다는 말'로, 『논어』에 나온다.

17. 인의예지신 (　　　　　　)

    사람으로서 갖추어야 할 다섯 가지 도리, 곧 어짊과 의로움과 예의와 지혜와 믿음.
    ¶ 우리는 옛부터 ~으로 요약되는 유교의 덕목들을 배우고 이를 실천하는 것을 사람된 도리로 알아왔다.

18. 자매 (　　　　　　)

    여자끼리의 동기. 손위 누이와 손아래 누이. 여형제.
    ¶ 그들은 ~지간이다.

19. 자형 (　　　　　　)

    손위 누이의 남편. 매형.
    ¶ 내 친구가 ~이 되었다.

♣ 다음 낱말 풀이에 알맞은 한자(漢字)를 쓰시오.   ➡ 정답은 244쪽

1. 형제자매 (   )
형제와 자매.
¶ 그 집안의 ~는 우애가 좋다.

2. 자세 (   )
몸을 가누는 모양.
¶ ~가 몹시 흐트러졌다. 바로 앉아라.

3. 자태 (   )
①사람의 몸가짐과 맵시. ②사물의 모습이나 모양.
¶ 한복을 입은 ~가 무척 아름답구나.

4. 자격 (   )
①어떤 신분이나 지위를 가지는 데에 필요한 조건 또는 능력. ②어떤 성원으로서의 지위나 권리.
¶ 너는 그를 나무랄 ~이 없다.

5. 자질 (   )
타고난 성품이나 소질.
¶ 지도자로서의 ~이 엿보이다.

6. 자료 (   )
무엇을 하기 위한 재료. 특히 연구나 조사 등의 바탕이 되는 재료.
¶ 그 시기의 신문에서 ~를 모으다.

7. 자금 (   )
이익을 낳는 바탕이 되는 돈.
¶ 사업~은 부모님이 대주시기로 했다.

8. 물자 (   )
경제나 생활의 바탕이 되는 갖가지 물건이나 자재.
¶ ~절약을 해야 한다.

9. 잔존 (   )
없어지지 않고 남아 있는 것.
¶ ~세력이 남아 있다.

10. 잔액 (   )
나머지 금액.
¶ 통장에 ~이 얼마 남았습니까?

11. 잔금 (   )
쓰고 남은 돈. 갚다가 덜 갚은 돈.
¶ ~을 치르고 등기를 이전하다.

12. 잔무 (   )
다 처리하지 못하고 남은 사무.
¶ ~가 있어서 아직도 퇴근을 하지 못했다.

13. 잔설 (   )
녹다가 남은 눈, 또는 이른 봄까지 녹지 아니한 눈.
¶ ~ 조심하세요. 넘어지면 크게 다칠수 있어요.

14. 잡곡 (   )
멥쌀과 찹쌀 이외의 곡식을 통틀어 이르는 말.
¶ ~밥은 건강에 좋다.

15. 잡지 (   )
호(號)를 거듭하여 정기적으로 간행되는 출판물.
¶ 문예~를 발행하다.

16. 잡념 (   )
여러 가지 쓸데없는 생각.
¶ ~없이 공부에만 열중하기 바란다.

17. 잡담 (   )
쓸데없이 지껄이는 말.
¶ ~으로 아까운 시간을 보내지 말아라.

18. 잡화 (   )
잡다한 상품.
¶ 그 물건은 ~코너에 가면 구할 수 있다.

19. 장관 (   )
굉장하여 볼 만한 경관.
¶ 그런 ~은 두 번 다시 보기 힘들다.

20. 장원 (   )
왕조 때, 과거에서 갑과(甲科)에 수석으로 급제함.
¶ 형에 뒤를 이어 동생도 ~급제를 하였다.

♣ **다음 낱말 풀이에 알맞은 한자(漢字)를 쓰시오.**   ➡ 정답은 244쪽

1. 장년　(　　　　　　　　)

   혈기 왕성하여 한창 활동할 나이, 또는 그런 나이의 사람.
   ¶ 어제의 소년이 어느덧 ~이 되었다.

2. 장렬　(　　　　　　　　)

   씩씩하고 열렬함.
   ¶ 그 전투에서 ~하게 전사하였다.

3. 건장　(　　　　　　　　)

   몸이 크고 굳셈.
   ¶ ~한 사나이들이 갑자기 들어와 집안을 뒤지기 시작했다.

4. 원장　(　　　　　　　　)

   부기에서 가장 근본이 되는 장부.
   ¶ ~과 대조하여 틀린 곳을 찾았다.

5. 통장　(　　　　　　　　)

   금융 기관에서, 예금·융자금 따위의 출납을 기록하여 주는 장부.
   ¶ 예금~은 잘 보관해야 한다.

6. 일기장　(　　　　　　　　)

   일기를 적는 책.
   ¶ 다른 사람의 ~을 보는 것은 좋지 않은 습관이다.

7. 포장마차　(　　　　　　　　)

   ①비바람·먼지·햇볕 등을 막기 위하여 포장을 둘러친 마차. ②손수레 따위에 포장을 씌워 만든 이동식 간이 주점.
   ¶ 최근 경기불황에 따른 생계대책으로 노점상 및 ~가 급증하고 있습니다.

8. 주장　(　　　　　　　　)

   자기의 주의나 의견을 굳이 내세우는 것.
   ¶ 자신의 ~을 전혀 굽히려 하지 않았다.

9. 출장　(　　　　　　　　)

   용무로 어떤 곳에 가거나 임시로 파견됨
   ¶ ~명령을 받고 지금 대구로 가는 중이다.

10. 장본인　(　　　　　　　　)

    못된 일을 저지르거나 물의를 일으킨 바로 그 사람.
    ¶ 이 사람이 불을 지른 ~ 이다.

11. 표면장력　(　　　　　　　　)

    액체가 스스로 수축하여 표면적을 가장 작게 가지려고 하는 힘
    ¶ 소금쟁이 등의 곤충들이 가라앉지 않는 한가지 이유가 바로 ~에 의해 받쳐지기 때문이다.

12. 권장　(　　　　　　　　)

    권하고 장려(獎勵)함.
    ¶ 독서를 ~하다.

13. 장학생　(　　　　　　　　)

    장학금을 받는 학생.
    ¶ 이번학기에 ~으로 선발되었다.

14. 단장　(　　　　　　　　)

    창자가 끊어질 듯한 슬픔이나 괴로움을 이르는 말.
    ¶ ~의 아픔을 딛고 일어서다.

15. 구절양장　(　　　　　　　　)

    양의 창자처럼, 산길 따위가 꼬불꼬불하고 험함.
    ¶ 영동 고속도로를 따라 ~ 대관령을 넘으면 동해 바다 안쪽에 있다.

16. 십이지장　(　　　　　　　　)

    소장 가운데 위의 유문(幽門)에 이어지는 부분.
    ¶ 의사선생님이 하시는 말이 위에서 ~으로 내려가는 곳이 막혀서 그런다고 합니다.

17. 장비　(　　　　　　　　)

    일정한 장치와 설비를 갖추어 차리는 것.
    ¶ 이 군함은 20인치 포 10문을 ~하고 있다.

18. 가장　(　　　　　　　　)

    거짓으로 꾸밈.
    ¶ 손님으로 ~하고 가다.

♣ 다음 낱말 풀이에 알맞은 한자(漢字)를 쓰시오.   ➡ 정답은 244쪽

1. 무장 (   )

   전쟁이나 전투를 위한 장비를 갖춤.
   ¶ ~군인이 행진을 하고 있다.

2. 포장 (   )

   물건을 싸서 꾸림.
   ¶ 이 물건 예쁘게 ~하여 주세요.

3. 장신구 (   )

   몸치장을 하는 데 쓰는 제구.
   ¶ ~가 너무 화려한 것 같다.

4. 저력 (   )

   평소에는 잘 드러나지 않다가, 여차할 때 발휘되는 강한 힘.
   ¶ 경기 후반에 ~을 발휘하다.

5. 저변 (   )

   ①밑변의 구용어. ②사회적·경제적으로 기저(基底)를 이루는 계층.
   ¶ 스포츠 인구의 ~을 확대하다.

6. 저의 (   )

   속에 품고 있는 뜻.
   ¶ 그 사람에게 접근하려는 ~가 무엇일까?

7. 해저 (   )

   바다의 밑바닥.
   ¶ 신안유물 발굴을 위한 ~ 탐사가 시작된다.

8. 도적 (   )

   남의 재물을 몰래 훔치거나 위협하여 빼앗는 사람.
   ¶ 민생은 도탄에 빠지고 도처에 ~이 날뛴다.

9. 마적 (   )

   지난날, 말을 타고 다니며 노략질하던 도둑의 무리.
   ¶ ~떼를 만나서 모두 빼앗겼다.

10. 산적 (   )

    산속에 숨어 살면서 남의 재물을 빼앗는 도둑.
    ¶ 백성들은 살기가 힘들어지자 ~이 되어서 산속에 숨어 살았다.

11. 의적 (   )

    부정으로 치부한 사람의 재물을 훔치다가 가난한 사람들에게 나누어 주는, 의협심이 많은 도둑.
    ¶ 사람들은 임꺽정을 ~이라 불렀다.

12. 해적 (   )

    항해하는 배나 해안 지방을 습격하여 약탈하는 도둑.
    ¶ 지중해 한가운데서 ~떼를 만났다.

13. 적당 (   )

    정도나 이치에 꼭 알맞고 마땅함.
    ¶ 이 사업을 맡아 하기에 ~한 인물이다.

14. 적용 (   )

    알맞게 응용함.
    ¶ 새로운 기술이 ~되면 생산이 늘어날 것이다.

15. 적성 (   )

    알맞은 성질.
    ¶ 직업이 ~에 맞다.

16. 적자생존 (   )

    생존경쟁의 결과, 환경에 적응하는 생물만이 살아남고, 그렇지 못한 것은 멸망하는 현상.
    ¶ ~의 이치를 너무 빨리 깨우쳤기 때문에 사회에 나가서 자기가 잘되기 위해서는 남을 밟고 올라가는 것을 아무 양심의 가책도 없이 하게 된다.

17. 적금 (   )

    돈을 모아 둠.
    ¶ 3년 만기 ~을 타다.

18. 적선 (   )

    착한 일을 많이 함.
    ¶ 불쌍한 나에게 ~ 좀 하십시오.

♣ 다음 낱말 풀이에 알맞은 한자(漢字)를 쓰시오.   ➡ 정답은 244쪽

1. 적설   (   )

   쌓인 눈.
   ¶ 올들어 최대의 ~량을 보이고 있다.

2. 면적   (   )

   한정된 평면이나 구면(球面)의 크기. 넓이.
   ¶ 이 건물의 ~이 어느 정도 인지 궁금하군요.

3. 적극적   (   )

   바짝 다잡아 하는 것.
   ¶ ~ 홍보로 많은 물건을 팔 수 있었다.

4. 공적   (   )

   쌓은 공로. 공로의 실적.
   ¶ 충무공의 ~을 기리다.

5. 성적   (   )

   ①하여 온 일이나 사업 등의 결과. ②학생들의 학업이나 시험의 결과
   ¶ 금년도 상반기의 판매 ~이 좋지 않다.

6. 업적   (   )

   이룩해 놓은 성과.
   ¶ 영화계에 큰 ~을 남기다.

7. 국적   (   )

   국가의 구성원으로서의 자격·신분.
   ¶ 가수 조용필은 한국 ~을 자랑스러워했다.

8. 본적   (   )

   호적이 있는 곳.
   ¶ ~이 있는 곳에서만 확인이 가능하다고 한다.

9. 서적   (   )

   책.
   ¶ 신간~이 판매되기 시작했다.

10. 호적   (   )

    한집안의 호주를 중심으로 그 가족들의 본적지·성명·생년월일 등 신분에 관한 것을 적은 공문서.
    ¶ 손자가 태어나자 ~에 올렸다.

10. 전공   (   )

    전문적으로 연구함.
    ¶ 그의 ~은 물리학이었다.

11. 전문   (   )

    어떤 한 가지 일을 오로지 연구하거나, 한 가지 일에 마음을 쏟아 함.
    ¶ 이 집은 냉면을 ~으로 하는 집이다.

12. 전용   (   )

    오로지 사용하는 것.
    ¶ 버스 ~ 차선이 잘 지켜지지 않고 있다.

13. 전임   (   )

    오로지 맡기거나 맡거나 함.
    ¶ 이번 학기에 ~강사가 되었다.

14. 전유물   (   )

    독차지한 물건.
    ¶ 그것은 특정인의 ~이 아니다.

15. 전이   (   )

    위치 등을 다른 곳으로 옮기는 것.
    ¶ 암세포가 다른 장기(臟器)에까지 ~되었다.

16. 전학   (   )

    다른 학교로 옮겨가서 배움.
    ¶ 아버지의 근무지를 따라 ~가다.

17. 자전거   (   )

    자전거의 잘못된 표기.
    ¶ ~를 타는 사람이 주차된 차를 피해 도로쪽으로 나오는 경우 등 여러 위급 상황이 발생될 수 있다.

18. 기승전결   (   )

    한시(漢詩) 구성법의 하나. 첫구에서 시의(詩意)를 일으키고[기], 둘째 구에서 받아[승], 셋째 구에서 변화를 주고[전], 넷째 구에서 전체를 마무리함[결].
    ¶ 그 시는 ~이 잘 갖추어졌다.

217

♣ 다음 낱말 풀이에 알맞은 한자(漢字)를 쓰시오.   ▶ 정답은 244쪽

1. 금전   (   )
   금으로 만든 돈. 돈.
   ¶ ~을 거래하다.

2. 급전   (   )
   급한 데 쓸 돈, 또는 급히 쓸 돈.
   ¶ ~을 둘러대다.

3. 동전   (   )
   구리나 구리의 합금으로 만든 주화(鑄貨)를 두루 이르는 말.
   ¶ 그의 취미는 세계 각국의 ~을 모으는 것이다.

4. 본전   (   )
   밑천으로 들인 돈.
   ¶ 사업의 실패로 ~도 못 건졌다.

5. 푼전   (   )
   푼돈의 잘못. 많지 않은 몇 푼의 돈.
   ¶ ~을 어디에 쓰겠니?

6. 절반   (   )
   하나를 반으로 가름, 또는 그렇게 가른 반.
   ¶ 반 학생의 ~이 안경을 쓰고 있다.

7. 골절   (   )
   뼈가 부러짐.
   ¶ 얼음판에 미끄러져 ~되었다.

8. 백절불굴   (   )
   백 번 꺾여도 굴하지 않는다는 뜻에서 어떠한 어려움에도 굽히지 않음.
   ¶ ~의 정신으로 전투에 임한다면 꼭 승리를 할 것이다.

9. 점령   (   )
   일정한 땅이나 대상을 차지하여 자기 것으로 함.
   ¶ 이 땅은 적에 의해 ~되었다.

10. 점거   (   )
    차지하여 자리를 잡음.
    ¶ 불법으로 ~하기 시작했다.

11. 독점   (   )
    독차지.
    ¶ 그곳의 상권을 ~하고 있었다.

12. 점성술   (   )
    별의 밝기나 위치나 움직임 등으로 인간의 운세, 사회의 동향을 점치는 기술.
    ¶ 오늘날 우리가 사용하고 있는 ~은 약 5,000년 전 고대 바빌로니아에서 생겼다.

13. 점검   (   )
    낱낱이 검사함, 또는 그 검사.
    ¶ 가스 안전(安全) ~을 꼭 받아야 한다.

14. 점선   (   )
    줄지어 찍은 점으로써 이루어진 선.
    ¶ ~구간을 통행하는 것도 위반이라는 대법원 판결이 나왔다.

15. 점수   (   )
    성적을 나타내는 숫자.
    ¶ 이번 학력고사에 좋은 ~를 얻다.

16. 점화   (   )
    불을 붙임, 또는 불을 켬.
    ¶ 성화를 ~하다.

17. 관점   (   )
    사물을 관찰할 때의 그 사람이 보는 각도나 입장.
    ¶ 한 가지 사물을 서로 다른 ~에서 보다.

18. 백정   (   )
    도살업을 하는 사람을 얕잡아 이르는 말. 백장.
    ¶ 옛날의 ~은 천민에 속했다. 그것은 잘못된 직업관 때문이다.

♣ 다음 낱말 풀이에 알맞은 한자(漢字)를 쓰시오. ➡ 정답은 244쪽

1. 병정   (   )

   병역에 복무하는 장정.
   ¶ 생일 선물로 장난감 ~을 받은 한 소년이 선물 상자를 열어 보고 좋아서 손뼉을 쳤다.

2. 장정   (   )

   성년(成年)에 이른 혈기가 왕성한 남자.
   ¶ ~이 그렇게 힘이 없다니….

3. 목불식정   (   )

   丁자도 알아보지 못한다는 뜻으로 글자를 전혀 모름.
   ¶ 그저 ~을 면하였을 따름이죠.

4. 정리   (   )

   가지런하게 바로잡음.
   ¶ 서류~를 잘 했군.

5. 정비   (   )

   가다듬어 바로 갖춤.
   ¶ 대열을 ~하다.

6. 정연   (   )

   어지럽거나 흐트러지지 않고 가지런함.
   ¶ 질서가 ~하다.

7. 구획정리   (   )

   도시 계획 등에서 토지의 구획이나 도로 등을 변경·정리하는 일.
   ¶ 그 도시는 ~ 매우 잘되어 있다.

8. 정숙   (   )

   조용하고 엄숙함.
   ¶ 실내에서는 ~해 주십시오.

9. 정맥   (   )

   모세 혈관을 통하여 심장으로 되돌아가는 혈액이 흐르는 혈관.
   ¶ ~에는 판막이 있기 때문에 혈액이 역류하지 않게 된다.

10. 동정   (   )

    전개되거나 변화되어 가는 낌새나 상태.
    ¶ 적의 ~을 살피다.

11. 정중동   (   )

    고요한 가운데 움직임.
    ¶ 우리춤은 ~의 신비롭고 환상적인 분위기를 자아내어 무아지경으로 이르게 하는 매력을 갖고 있다.

12. 제왕   (   )

    황제(皇帝)와 국왕(國王)을 통틀어 이르는 말.
    ¶ 아무나 ~이 될 수는 없다.

13. 천제   (   )

    하늘을 다스리는 신. 하느님.
    ¶ 환웅은 ~인 환인의 서자였다.

14. 제국주의   (   )

    군사적·경제적으로 남의 나라나 후진 민족을 정복하여 자기 나라의 영토와 권력을 넓히려는 주의.
    ¶ 아직도 어떤 민족은 ~을 버리지 못하고 있다.

15. 조립   (   )

    여러 부분품들을 하나의 구조물로 맞추어 짜는 것.
    ¶ 이곳에 자동차 ~공장이 들어서게 된다.

16. 조성   (   )

    도와서 이루게 함.
    ¶ 연구 ~기금을 마련해야 한다.

17. 조합   (   )

    여럿을 모아 한덩어리가 되게 하는 것.
    ¶ ~원에게 아파트를 분양 하다.

18. 조장   (   )

    조(組)로 편성한 조직체의 통솔자(책임자).
    ¶ 나는 4조의 ~이 되었다.

♣ 다음 낱말 풀이에 알맞은 한자(漢字)를 쓰시오.　　▶ 정답은 244쪽

1. 조직　(　　　　　)

①짜서 이루는 것. ②일정한 지위와 역할을 지닌 사람이나 물건이 모여서 질서 있는 하나의 집합체를 이룸
¶ 산악회를 ~하다.

2. 조건　(　　　　　)

어떠한 일을 진행되게 하거나 성립되게 하기 위하여 갖추어야만 할 요소.
¶ ~이 맞지 않아서 그 일을 할 수 없다.

3. 조목　(　　　　　)

정해 놓은 법률이나 규정 따위의, 낱낱의 조항이나 항목.
¶ ~대로 적용하다.

4. 조약　(　　　　　)

문서에 의한 국가 간의 합의.
¶ 수교 통상 ~이 잘 지켜지고 있다.

5. 금과옥조　(　　　　　)

금이나 옥처럼 귀중히 여겨 지키고 받들어야 할 규범이나 교훈.
¶ 나는 모든 일에 최선을 다하라는 스승의 가르침을 ~로 삼고 있다.

6. 조수　(　　　　　)

아침에 밀려들었다가 나가는 바닷물.
¶ 인천항의 변천사는 한마디로 ~ 간만의 차에 대한 도전의 과정이라고 해도 과언은 아닐 듯 싶다.

7. 조류　(　　　　　)

①밀물과 썰물 때문에 일어나는 바닷물의 흐름. ②시세의 동향.
¶ 시대의 ~에 민감하다.

8. 만조　(　　　　　)

밀물로 해면이 가장 높아진 상태.
¶ 수심이 얕은 항구에 큰 배가 출입하려면 ~ 때를 이용하여야 한다.

9. 사조　(　　　　　)

어떤 시대나 계층의 사람들 사이에 나타나는 일반적 사상의 경향.
¶ 서양 문학은 크게는 그리스 로마 정신과 기독교 정신이라는 양대 ~의 교체 속에서 전개되어 왔다.

10. 적조　(　　　　　)

플랑크톤의 이상 번식에 의하여 바닷물이 붉게 물들어 보이는 현상.
¶ 남해안은 ~현상이 심하다.

11. 존재　(　　　　　)

①실제로 있음. ②실재하는 대상.
¶ 인간은 사회적 ~이다.

12. 존속　(　　　　　)

계속 존재함.
¶ ~기간이 곧 끝나간다.

13. 공존　(　　　　　)

함께 살아감.
¶ 평화 ~을 모색하다.

14. 보존　(　　　　　)

잘 지니어 상하거나 없어지거나 하지 않도록 함.
¶ 환경을 ~하다.

15. 실존　(　　　　　)

실제로 존재하는 일.
¶ 그 이야기는 ~인물을 토대로 하였다.

16. 종래　(　　　　　)

지금까지 내려온 그대로의 것.
¶ 그들은 ~의 주장을 되풀이했다.

17. 주종　(　　　　　)

①주인과 종자(從者). ②주되는 사물과 그에 딸린 사물.
¶ 남자들은 모이기만 하면 군대 이야기가 화제의 ~을 이룬다.

♣ **다음 낱말 풀이에 알맞은 한자(漢字)를 쓰시오.**   ➡ 정답은 244쪽

1. 백의종군 (　　　　　)
   벼슬 없이 군대를 따라 싸움터로 나아감.
   ¶ 이순신 장군은 원균 일파의 무고로 삭탈관직 되었다가 권율 장군의 휘하에서 ~하였다.

2. 유유상종 (　　　　　)
   같은 무리끼리 서로 내왕하며 사귐.
   ¶ 끼리끼리 모여 서로 따르는 것을 ~이라 한다.

3. 용종 (　　　　　)
   구부정하여 못생긴 모습.
   ¶ 고구려 장수 온달은 ~한 모습이었다.

4. 종애 (　　　　　)
   따뜻한 사랑을 한쪽으로 모음.
   ¶ 아빠는 막내딸만 ~하셨다.

5. 종유동 (　　　　　)
   석회암 지대가 지하수의 용해 작용을 받아서 생긴 동굴.
   ¶ 강원도에는 ~이 있다.

6. 종유석 (　　　　　)
   돌고드름.
   ¶ 도굴꾼들이 ~을 많이 훼손시켰다.

7. 좌석 (　　　　　)
   ①앉는 자리. ②여러 사람이 모인 자리
   ¶ 이 극장은 ~ 수가 1500석이다.

8. 좌중 (　　　　　)
   여러 사람이 모여 있는 자리.
   ¶ 그가 나타나자 곧 ~에 웃음꽃이 피다.

9. 권좌 (　　　　　)
   권력, 특히 통치권을 가진 자리.
   ¶ 그는 꿈에도 그리던 ~에 앉았다.

10. 좌담회 (　　　　　)
    좌담을 하는 모임.
    ¶ 자연보호에 대한 ~가 곧 열린다.

11. 주홍 (　　　　　)
    주황과 빨강의 중간 색깔. 빨강에 가까운 색임.
    ¶ 그 치마는 ~빛이다.

12. 주황 (　　　　　)
    빨강과 노랑의 중간색.
    ¶ 그는 ~색의 옷을 즐겨 입었다.

13. 인주 (　　　　　)
    도장을 찍을 때 묻혀 쓰는 붉은 빛깔의 재료.
    ¶ 도장을 찍어야 하므로 ~를 준비해 주십시오.

14. 주자학 (　　　　　)
    중국 남송의 주희(朱熹)가 대성한 유학설.
    ¶ 우리나라에서 ~에 대한 연구를 하였다.

15. 주역 (　　　　　)
    음양(陰陽)의 원리로 천지 만물의 변화하는 현상을 설명하고 해석한 유교의 경전.
    ¶ ~에서 음양(陰陽)이라고 하는 것이 있는데 양은 정신이고 음은 물질이다.

16. 주변 (　　　　　)
    둘레의 언저리.
    ¶ 수상한 사람이 집~을 맴돈다.

17. 주지 (　　　　　)
    두루 앎. 널리 앎
    ¶ 이 사실을 ~시켜야 한다.

18. 주류 (　　　　　)
    술의 종류에 드는 것을 통틀어 이르는 말.
    ¶ ~가 다양하다.

19. 주량 (　　　　　)
    술의 분량.
    ¶ 그는 ~을 따지지 않았다.

♣ 다음 낱말 풀이에 알맞은 한자(漢字)를 쓰시오.　　▶ 정답은 244쪽

1. 약주 (　　　　　)
①맑은술. ②약재를 넣어 빚은 술. ③술을 점잖게 이르는 말.
¶ 제가 ~ 한잔 대접하겠습니다.

2. 주색잡기 (　　　　　)
술과 여자와 여러 가지 노름.
¶ ~에 빠져서 패가망신하다.

3. 증거 (　　　　　)
어떤 사실을 증명할 수 있는 근거.
¶ ~를 보전하다.

4. 증권 (　　　　　)
①증거가 되는 문권(文券). ②재산상의 권리·의무에 관한 사항을 기재한 문권.
¶ ~거래소에서는 하루 동안에 주가가 움직일 수 있는 범위를 제한하고 있다.

5. 증서 (　　　　　)
어떤 사실을 증명하는 문서.
¶ 장학~를 받았다.

6. 증언 (　　　　　)
①사실을 증명하는 것. ②증인으로서 사실을 말함.
¶ 그녀의 무죄를 ~하다.

7. 증인 (　　　　　)
어떤 사실을 증명하는 사람. 증거인.
¶ ~을 세우고 돈을 빌려 쓰다.

8. 지면 (　　　　　)
잡지의 내용이 실린 종이의 면.
¶ 다음호부터 ~을 늘려 발행한다.

9. 본지 (　　　　　)
이 잡지. 우리 잡지.
¶ ~에 투고한 작품은 일체 반환하지 않음.

10. 일지 (　　　　　)
그날 그날의 직무상의 기록을 적은 책.
¶ 근무~를 기록해야 한다.

11. 잡지 (　　　　　)
호(號)를 거듭하여 정기적으로 간행되는 출판물.
¶ 여성~를 발행하다.

12. 지략 (　　　　　)
슬기로운 계략.
¶ 한신은 ~이 뛰어난 장수이다.

13. 기지 (　　　　　)
그때그때의 상황에 따라서 재빨리 발휘되는 재치.
¶ 난처한 처지를 친구의 ~로 모면하다.

14. 지덕체 (　　　　　)
지육(智育)과 덕육(德育)과 체육(體育)을 아울러 이르는 말.
¶ 태권도는 ~를 겸비한 예의로 시작되는 무도입니다.

15. 지자일실 (　　　　　)
슬기로운 사람에게도 간혹 실수가 있음.
¶ 지혜로운 사람에게도 실수가 있음을 ~이라 한다.

16. 지론 (　　　　　)
늘 주장하는 의견이나 이론(理論).
¶ 절대 권력이 절대 부패한다는 것이 그의 ~이다.

17. 지분 (　　　　　)
공유 재산(公有財産)이나 권리 따위에서, 공유자(共有者) 각자가 가지는 몫, 또는 행사하는 비율.
¶ 상속받을 수 있는 ~이 얼마나 됩니까?

18. 소지 (　　　　　)
무엇을 가지고 있음.
¶ 면허증을 ~하다.

♣ 다음 낱말 풀이에 알맞은 한자(漢字)를 쓰시오.   ▶ 정답은 245쪽

1. 지속적 (　　　　　)
   오래 계속되는 것.
   ¶ 환경에 대한 ~ 관심이 요망된다.

2. 직물 (　　　　　)
   씨와 날을 직기(織機)에 걸어 짠 물건의 총칭.
   ¶ 면화 섬유 품질이 개량되면 미국은 ~ 시장에서 첨단을 달릴 수 있다.

3. 모직 (　　　　　)
   모사(毛絲)로 짠 피륙.
   ¶ 겨울철에는 ~ 종류의 옷을 많이 입는다.

4. 조직적 (　　　　　)
   일이나 행동 따위에 체계가 짜여 있는 것.
   ¶ ~인 활동을 활발히 하다.

5. 진귀 (　　　　　)
   보배롭고 귀중함.
   ¶ 그에게 ~한 선물을 받았다.

6. 진도견 (　　　　　)
   진돗개.
   ¶ ~은 우리나라를 대표하는 개이다.

7. 산해진미 (　　　　　)
   산과 바다의 산물을 다 갖추어 썩 잘 차린 진귀한 음식.
   ¶ 사윗감이 온다는 소식을 듣고 ~를 차렸다.

8. 진영 (　　　　　)
   ①군사가 둔(屯)을 치고 있는 일정한 구역. ②서로 대립하는 세력의 어느 한쪽.
   ¶ 자유~으로 가고 싶다.

9. 진지 (　　　　　)
   전투 부대의 공격이나 방어를 위한 준비로 구축해 놓은 지역
   ¶ ~를 사수하라!

10. 출진 (　　　　　)
    싸움터를 향해 나감.
    ¶ 장군은 동이 트기 전에 배 85척을 이끌고 ~ 하였습니다.

11. 배수진 (　　　　　)
    물을 등지고 치는 진.
    ¶ 더 이상 물러날 수 없는 곳에서 결사적으로 싸우는 것을 ~을 치고 싸운다고 말한다.

12. 진심 (　　　　　)
    마음을 다 씀.
    ¶ 나의 ~을 알아 줬으면 좋으련만….

13. 소진 (　　　　　)
    줄거나 쇠해지거나 다 쓰이거나 하여 없어지는 일.
    ¶ 그날 이후로 기력이 ~되었다.

14. 진인사대천명 (　　　　　)
    사람은 일을 다하고 하늘의 뜻을 기다려야 함.
    ¶ 내 삶의 신조는 ~입니다.

15. 차이 (　　　　　)
    서로 차가 짐. 서로 다름.
    ¶ 견주어 보니 큰 ~가 나다.

16. 차별 (　　　　　)
    차가 있게 구별함.
    ¶ 부당하게 사람을 ~하다.

17. 차등 (　　　　　)
    차이가 나는 등급.
    ¶ 능력에 따라 임금에 ~을 두다

18. 시차 (　　　　　)
    ①진태양시(眞太陽時)와 평균 태양시의 차이. ②시간에 차가 나게 하는 일.
    ¶ ~를 두다.

223

♣ 다음 낱말 풀이에 알맞은 한자(漢字)를 쓰시오. ➡ 정답은 245쪽

1. 오차　(　　　　　)
참값과 근삿값 또는 측정값과의 차.
¶ 계산에 ~가 났다.

2. 찬가　(　　　　　)
훌륭함을 기리는 뜻을 나타내는 노래.
¶ 조국 ~를 힘차게 불렀다.

3. 찬미　(　　　　　)
아름다운 덕을 기림.
¶ 인생을 ~하다.

4. 찬송가　(　　　　　　)
개신교에서, 하나님의 사랑과 은혜를 기리어 부르는 노래.
¶ 교회 안에서 ~가 울려 퍼지기 시작했다.

5. 자화자찬　(　　　　　　)
자기가 그린 그림을 자기 스스로 칭찬한다는 뜻으로 자기가 한 일을 자기 스스로 자랑함.
¶ 그의 ~는 듣고 있기가 민망하다.

6. 채광　(　　　　　)
광석을 캐내는 것.
¶ 그의 아버지는 ~사업을 하고 계신다.

7. 채취　(　　　　　)
①필요한 것을 거두어서 취하는 것. ②풀·나무 따위를 캐거나 베어 내는 것.
¶ 원시 사회에서는 여자가 나무 열매 따위를 ~했고 남자가 사냥을 나갔다

8. 채용　(　　　　　)
사람을 뽑아 씀.
¶ 신입 사원을 ~하다.

9. 채집　(　　　　　)
무엇을 캐거나 찾아서 모음.
¶ 그는 식물~하는 것을 좋아했다.

10. 특채　(　　　　　)
공개적 시험을 거치지 않고, 추천이나 소개, 스카우트 등을 통해 특별히 하는 채용.
¶ 그는 ~를 통해 회사에 취직했다.

11. 책방　(　　　　　)
책을 팔거나 사는 가게.
¶ ~이 문을 닫아서 그 책을 사지 못했다.

12. 책상　(　　　　　)
책을 읽거나 글씨를 쓰는 데 쓰는 상.
¶ 철수는 좋은 옷보다 ~ 하나를 갖고 싶었다.

13. 책명　(　　　　　)
책의 이름.
¶ ~을 알려주시면 제가 돌아오는 길에 서점에 들러 사올께요.

14. 별책　(　　　　　)
따로 엮은 책.
¶ ~으로 된 부록이 많은 도움이 되었다.

15. 온천　(　　　　　　)
지열(地熱)로 말미암아 땅속에서 평균 기온 이상의 온도로 데워진 물이 자연적으로 솟아나는 샘.
¶ 겨울의 노천 ~은 경치가 참 멋있다고 하던데….

16. 황천　(　　　　　)
저승.
¶ ~갈 날도 얼마남지 않았는데, 좋은 일 하면서 살아야겠다.

17. 원천　(　　　　　)
①물이 솟아나는 근원. ②사물의 근원.
¶ 국력(國力)의 ~은 국민의 단합에 있다.

18. 청사　(　　　　　)
관청의 건물을 두루 이르는 말
¶ 과천에 가면 정부종합~가 있다.

224

♣ 다음 낱말 풀이에 알맞은 한자(漢字)를 쓰시오.   ➡ 정답은 245쪽

1. 청장 (　　　　　　　)
   청(廳)으로 된, 중앙 행정 기관의 기관장
   ¶ 이번에 우리 삼촌은 조달~이 되셨다.

2. 구청 (　　　　　　　)
   구의 행정 사무를 맡아보는 관청.
   ¶ 서대문~에서 그 일을 담당하고 있다.

3. 군청 (　　　　　　　)
   군(郡)의 행정 사무를 맡아보는 관청.
   ¶ 군은 협소한 ~사 주차장을 효율적으로 관리하기 위해 군민의 의견을 듣기로 했다.

4. 시청 (　　　　　　　)
   시의 행정 사무를 맡아보는 곳, 또는 그 청사.
   ¶ 서울~앞 광장은 말 그대로 자동차 천국이다.

5. 청중 (　　　　　　　)
   강연이나 설교 등을 들으려고 모인 사람.
   ¶ 이렇게 많은 ~이 모일 줄은 몰랐다.

6. 난청 (　　　　　　　)
   ①청력이 저하된 상태. ②라디오 따위의 방송이 잘 들리지 않음.
   ¶ 우리 동네도 높은 건물이 들어서면서 ~지역이 되었다.

7. 청취자 (　　　　　　　)
   라디오를 듣는 사람.
   ¶ 이번 코너는 ~가 직접 참여하는 퀴즈입니다.

8. 시청각 (　　　　　　　)
   시각과 청각을 아울러 이르는 말.
   ¶ ~자료를 살펴보는 시간을 갖겠습니다.

9. 초래 (　　　　　　　)
   어떤 결과를 가져옴.
   ¶ 불행을 ~하다.

10. 초대 (　　　　　　　)
    남을 청하여 대접함.
    ¶ 영희 생일에 ~를 받았다.

11. 초청 (　　　　　　　)
    청하여 부름.
    ¶ 손님을 ~하다.

12. 자초 (　　　　　　　)
    어떤 결과를 자기 스스로 불러들임
    ¶ 화(禍)를 ~하다.

13. 추진 (　　　　　　　)
    ①앞으로 밀고 감. ②일이 잘 되도록 힘씀.
    ¶ 신규 사업을 적극적으로 ~하다.

14. 추측 (　　　　　　　)
    미루어 생각함.
    ¶ 그의 뜻을 ~하기가 어렵다.

15. 추리 (　　　　　　　)
    아직 밝혀지지 않은 일을 미루어 헤아림.
    ¶ 사건을 ~하다.

16. 추측 (　　　　　　　)
    미루어 생각함.
    ¶ 그 남자의 속마음을 ~하기가 어렵다.

17. 유추 (　　　　　　　)
    같은 종류의 것 또는 유사한 점에 의하여 다른 사물을 미루어 추측하는 일.
    ¶ 대상에 대해 설명하는 방식으로, 둘 이상의 사항 사이의 공통점은 ~의 필수적인 요건이다.

18. 축소 (　　　　　　　)
    줄여서 작게 함.
    ¶ 예산 관계로 사업 규모가 많이 ~되었다.

♣ 다음 낱말 풀이에 알맞은 한자(漢字)를 쓰시오. ▶ 정답은 245쪽

1. 축약 (　　　　　)
규모를 줄여 간략하게 하는 것.
¶ 회사 사정으로 사업 규모를 ~해야 한다..

2. 군축 (　　　　　)
군비 규모를 줄이는 일.
¶ ~회담이 모래 국방부 회의실에서 열린다.

3. 압축 (　　　　　)
①압력을 주어 부피를 작게 함. ②문장 따위를 줄이어 짧게 함
¶ 글의 내용을 100자 이내로 ~하여라.

4. 취미 (　　　　　)
어떤 사람이 여가 시간에 즐거움을 맛보기 위해 자주 하는 흥미로운 일.
¶ 서예에 ~를 붙이다.

5. 취향 (　　　　　)
하고 싶은 마음이 쏠리는 방향.
¶ 고객의 ~에 맞게 상품을 진열하다.

6. 정취 (　　　　　)
정감을 불러일으키는 흥취.
¶ 갖가지 관목과 돌이 조화를 이루어 단아한 ~를 자아내는 정원.

7. 흥취 (　　　　　)
즐거운 멋과 취미.
¶ 그 광경을 보자 ~가 절로 났다.

8. 취업 (　　　　　)
직장에 나아가 일함.
¶ ~ 전선에 뛰어들다.

9. 취직 (　　　　　)
직업을 얻음.
¶ ~시험에 합격하자 온 가족이 기뻐하였다.

10. 취학 (　　　　　)
학교에 입학하여 공부함.
¶ 올해 영희도 ~통지서가 나오겠구나!

11. 성취 (　　　　　)
목적한 바를 이룸.
¶ 계획했던 일을 ~하다

12. 진취성 (　　　　　)
일을 차차 이루어 나가려는 성질이 있는 것.
¶ 종애는 ~이 많다.

13. 층수 (　　　　　)
층의 수효.
¶ ~가 어떻게 됩니까?

14. 층계 (　　　　　)
층층으로 된 데를 오르내릴 수 있도록 여러 턱으로 만들어 놓은 설비. 계단.
¶ ~에서 발을 헛디디어 많이 다쳤다.

15. 고층 (　　　　　)
건물의 높은 층.
¶ 요즘은 ~아파트를 많이 짓고 있다.

16. 지층 (　　　　　)
자갈·모래·진흙·생물체 따위가 물 밑이나 지표에 퇴적하여 이룬 층.
¶ 화석 생물 중에는 어느 특정 시대에만 살았던 생물이 있는데 그 화석을 통 해 ~이 형성된 시기와 순서를 알 수 있다.

17. 침구 (　　　　　)
잠자는 데 쓰는 기구. 이부자리나 베개 따위.
¶ ~를 고르는 첫 번째 요령은 가벼움이다.

18. 침실 (　　　　　)
잠을 잘 수 있게 마련된 방.
¶ 졸리면 ~에 들어가 자도록 하여라.

♣ 다음 낱말 풀이에 알맞은 한자(漢字)를 쓰시오.　　➡ 정답은 245쪽

1. 침식　(　　　　　　　)
잠자는 일과 먹는 일.
¶ ~을 잊고 병구완하다.

2. 취침　(　　　　　　　)
잠자리에 듦.
¶ 텔레비전은 그만 보아라. 벌써 ~시간이다.

3. 침술　(　　　　　　　)
침을 놓아 병을 치료하는 의술.
¶ ~에 용한 의원이 계신다.

4. 검침　(　　　　　　　)
전기·수도·가스 따위의 사용량을 검사함.
¶ 가스 ~을 하다.

5. 시침　(　　　　　　　)
시계에서, 시간을 가리키는 짧은 바늘.
¶ 너무나 고요하여 ~이 움직이는 소리가 들렸다.

6. 지침　(　　　　　　　)
①지시 장치에 붙어 있는 바늘. ②생활이나 행동의 방법·방향 따위를 가리키는 길잡이.
¶ 행동 ~을 알려줄테니, 그대로 하여라.

7. 침엽수　(　　　　　　　)
잎이 바늘같이 생긴 나무를 통틀어 이르는 말.
¶ ~는 대부분 추위에 강하여 겨울에도 푸르다.

8. 칭찬　(　　　　　　　)
잘 한다고 추어주거나 좋은 점을 들어 기림.
¶ ~이 자자하다.

9. 칭송　(　　　　　　　)
공덕을 칭찬하여 기림, 또는 그러한 말.
¶ 우리고을 원님에 대한 ~이 옆 마을까지 자자하다.

10. 칭호　(　　　　　　　)
사회적으로 일컫는 이름.
¶ 명예로운 ~를 얻었다.

11. 가칭　(　　　　　　　)
임시 또는 거짓으로 일컫는 말.
¶ ~ 범태평양 연합이라 하였다.

12. 명칭　(　　　　　　　)
이름.
¶ 그것의 ~을 무엇이라 해야 할지 모르겠군….

13. 탄압　(　　　　　　　)
어떤 행위나 사회적 활동을 권력이나 무력 따위로 억눌러 꼼짝 못하게 함.
¶ 언론을 ~하여 시민들의 항의를 거세게 받았다.

14. 탄력　(　　　　　　　)
탄성체가 외부로부터 가해진 힘에 저항하여 본디의 상태로 돌아가려고 하는 힘.
¶ 그 회사 타이어는 ~이 강한 타이어이다.

15. 탄성　(　　　　　　　)
물체에 외부로부터 힘을 가하면 변형하고, 그 힘을 제거하면 원래의 모양으로 되돌아가려고 하는 성질.
¶ ~력 용수철을 당겼다 놓으면 늘어났다 다시 원상태로 돌아간다.

16. 방탄　(　　　　　　　)
탄알을 막음.
¶ 만일에 대비하여 ~복을 입도록 하시오.

17. 탄약고　(　　　　　　　)
탄약이나 폭발물 따위를 저장하여 두는 창고.
¶ ~의 폭발로 많은 피해자가 나왔다.

18. 탄복　(　　　　　　　)
깊이 감탄하여 마음으로 따름.
¶ 그녀의 해박한 지식에 ~하다.

19. 탄식　(　　　　　　　)
한탄하며 한숨을 쉼, 또는 그 한숨
¶ 하늘을 우러러 ~식하다.

♣ **다음 낱말 풀이에 알맞은 한자(漢字)를 쓰시오.**　　▶ 정답은 245쪽

1. 감탄　(　　　　　　　)

   마음에 깊이 느끼어 탄복함.
   ¶ 놀라운 솜씨에 ~하지 않는 사람이 없다.

2. 한탄　(　　　　　　　)

   원통해 하거나 뉘우치면서 탄식하는 것.
   ¶ 아무리 ~한들 죽은 사람이 살아 돌아오겠소?

3. 탄원서　(　　　　　　　)

   탄원하는 글이나 문서.
   ¶ ~를 청와대에 제출했다.

4. 탈곡　(　　　　　　　)

   벼·보리의 이삭에서 낟알을 떨어 내는 일.
   ¶ 벼를 ~하다.

5. 탈당　(　　　　　　　)

   소속하고 있던 정당에서 탈퇴함.
   ¶ 그는 여당에서 ~하고 야당으로 갔다.

6. 탈락　(　　　　　　　)

   일정한 범위에 들지 못하고 떨어지거나 뽑히지 못하게 되는 것.
   ¶ 이번 외국지사 발령자 명단에서 ~하였다.

7. 탈출　(　　　　　　　)

   빠져나감.
   ¶ 포로 수용소를 ~하다.

8. 해탈　(　　　　　　　)

   ①굴레에서 벗어나는 것. ②속세의 속박·번뇌를 벗어나 근심이 없는 편안한 심경에 이르는 것
   ¶ 그가 드디어 ~의 경지에 이르다.

9. 탐구　(　　　　　　　)

   더듬어 깊이 연구함.
   ¶ 그는 열심히 자연의 법칙을 ~하였다.

10. 탐방　(　　　　　　　)

    어떤 사람이나 장소를 탐문하여 찾아봄.
    ¶ 이번 호에는 동물원 ~기사를 쓰기로 하였다.

11. 탐사　(　　　　　　　)

    더듬어 살펴 조사함.
    ¶ 유적지 ~를 위해 학생들이 모였다.

12. 탐색　(　　　　　　　)

    ①이리저리 더듬어 찾음. ②실종한 범죄자의 행방이나 죄상을 샅샅이 찾는 것
    ¶ 적의 동향을 ~하다.

13. 탐험　(　　　　　　　)

    위험을 무릅쓰고 미지의 세계를 찾아다니며 살핌.
    ¶ 그녀는 아프리카 ~에 나섰다.

14. 택일　(　　　　　　　)

    좋은 날을 가려서 고르는 것.
    ¶ ~을 하려고 하는데 언제가 좋을까요?

15. 선택　(　　　　　　　)

    둘 이상의 것에서 마음에 드는 것을 골라 뽑음.
    ¶ 달리 ~할 여지가 없다.

16. 채택　(　　　　　　　)

    골라서 씀.
    ¶ 교재로 ~하다.

17. 양자택일　(　　　　　　　)

    둘 가운데서 하나를 가려 잡음.
    ¶ 굴종이냐, 자유냐? ~하라.

18. 토의　(　　　　　　　)

    각자의 의견을 내놓고 검토하고 의논함.
    ¶ 오랜 시간 ~한 끝에 결론에 도달했다.

♣ 다음 낱말 풀이에 알맞은 한자(漢字)를 쓰시오.   ➡ 정답은 245쪽

1. 토론   (   )
   어떤 문제를 두고, 여러 사람이 의견을 말하여 옳고 그름을 따져 논의함.
   ¶ 교통 문제를 놓고 전문가들이 ~하였다.

2. 토죄   (   )
   지은 죄를 낱낱이 들추어 다부지게 나무람.
   ¶ 외국인에게 부동산을 판 사람이 있으면 그에게 다른 죄목으로서 ~하고 가중처벌을 하였다.

3. 토벌   (   )
   반란자 등 적이 되어 맞서는 무리를 병력으로 공격하여 없앰.
   ¶ 공비(共匪)를 ~ 작전을 폈다.

4. 성토   (   )
   여러 사람이 모여서 어떤 잘못을 비판하고 규탄함.
   ¶ 부정 사실을 들어 강력히 ~하다.

5. 통분   (   )
   원통하고 분함.
   ¶ 누가 나의 ~을 알겠느냐?

6. 통쾌   (   )
   ①썩 유쾌함. ②마음이 매우 시원함.
   ¶ ~하게 보복하다

7. 통탄   (   )
   몹시 탄식함, 또는 그 탄식.
   ¶ 자신의 억울한 누명을 ~하다.

8. 고통   (   )
   괴롭고 아픔.
   ¶ 정신적 ~을 이루 말할 수 없다.

9. 치통   (   )
   이의 아픔.
   ¶ ~이 심해서 진통제를 먹었다.

10. 투서   (   )
    드러나지 않은 어떤 사실의 내막이나 남의 비행(非行) 따위를 적어서 몰래 관계 기관 등에 보내는 것.
    ¶ ~가 들어오다.

11. 투수   (   )
    야구에서, 내야의 중앙에 위치하여 포수를 향해 공을 던지는 사람.
    ¶ 너는 훌륭한 ~가 될 수 있다.

12. 투약   (   )
    서에 알맞은 약을 지어 주거나 사용함.
    ¶ 환자에게 약간의 항생제를 ~하다.

13. 투자   (   )
    사업 등에 자금을 댐.
    ¶ 그 부동산은 ~할만한 땅이다.

14. 투표   (   )
    선거 또는 가부(可否)를 결정할 때 투표용지에 의사를 표시하여 일정한 곳에 내는 일.
    ¶ ~로 결정하다.

15. 투기   (   )
    곡예·운동 등의 재주를 서로 맞붙어 다투는 것.
    ¶ 권투도 일종의 ~종목이다.

16. 투견   (   )
    개싸움을 붙임.
    ¶ ~대회가 지방 곳곳에서 열리고 있다.

17. 투쟁   (   )
    이기거나 극복하기 위하여 어떤 대상과 싸우는 것.
    ¶ 법정 ~으로 잘잘못을 가리다.

18. 사투   (   )
    죽을 힘을 다하여 싸움.
    ¶ 적과 ~를 벌이다.

♣ 다음 낱말 풀이에 알맞은 한자(漢字)를 쓰시오.　　➡ 정답은 245쪽

1. 전투　(　　　　　　)
전쟁에서 이기기 위해 온갖 병기를 써서 직접 맞붙어 싸움, 또는 그런 무력 행동.
¶ 뺏고 뺏기는, 치열한 ~가 벌어지다.

2. 파생　(　　　　　　)
하나의 본체에서 다른 사물이 갈려 나와 생김.
¶ 한 사건에서 몇 가지 일이 ~되다.

3. 학파　(　　　　　　)
학문상의 유파.
¶ 새로운 ~를 형성하다.

4. 파병　(　　　　　　)
군대를 파견함.
¶ 세계평화를 위해 우리나라도 ~을 결정했다.

5. 파출소　(　　　　　　)
파견된 사람이 나가서 사무를 보는 곳.
¶ ~를 동네 사랑방화하고 작은 민원이라도 친절하고 시원하게 처리 하겠습니다.

6. 판단　(　　　　　　)
어떤 기준이나 근거에 따라 어떠하다고 생각하거나, 어떠한 것이라고 단정하는 것.
¶ 정확한 ~을 내리다.

7. 판결　(　　　　　　)
일의 시비·선악을 판단하여 결정하는 것.
¶ 그에게 유죄 ~을 내리다.

8. 판사　(　　　　　　)
대법원장과 대법관이 아닌 법관. 고등 법원·지방 법원·가정 법원에 둠.
¶ ~님이 어떤 판결을 내리실지 몹시 궁금하다.

9. 판정　(　　　　　　)
판단하여 결정하는 것.
¶ 심판 공정한 ~을 내리다.

10. 비판　(　　　　　　)
①비평하여 판단함. ②좋고 나쁨, 옳고 그름을 따져 말함.
¶ 엄정하게 ~하다.

11. 단편　(　　　　　　)
길이가 짧은 작품.
¶ ~을 모아 놓은 소설책이다.

12. 장편　(　　　　　　)
소설·만화·영화 등이 길이가 긴 상태.
¶ 만화를 ~으로 제작하다.

13. 옥편　(　　　　　　)
한자를 모아 부수와 획수에 따라 배열하고, 그 음·뜻 등을 적은 책.
¶ 모르는 한자는 ~을 찾아보도록 하여라.

14. 천편일률　(　　　　　　)
사물이 모두 판에 박은 듯함을 이르는 말.
¶ ~적인 사고방식을 고쳐야 하지 않겠니?

15. 평론　(　　　　　　)
사물의 질이나 가치 따위를 비평(批評)하여 논함.
¶ 그는 음악~가이다.

16. 평가　(　　　　　　)
그 가치나 수준 따위를 따져 평하는 것.
¶ 도스토예프스키의 '죄와 벌'은 러시아 문학의 최대 걸작으로 ~되고 있다.

17. 평점　(　　　　　　)
①학력(學力)을 평가하여 매기는 점수. ②물건의 가치를 평하여 매긴 점수.
¶ 좋은 ~을 받았다.

18. 평결　(　　　　　　)
여럿이 평의하여 결정함.
¶ 법원은 그에게 무죄라고 ~하였다.

♣ 다음 낱말 풀이에 알맞은 한자(漢字)를 쓰시오.   ▶ 정답은 245쪽

1. 호평 (   )
좋게 평판함.
¶ 연주회 결과 ~을 받았다.

2. 폐교 (   )
학교를 폐지함.
¶ 학생수가 점점 줄어들어 마침내 ~하였다.

3. 폐업 (   )
문을 닫고 영업을 쉼.
¶ 그 음식점은 ~하게 되었다.

4. 폐점 (   )
장사를 그만둠.
¶ 가게에 손님이 없어 끝내 ~하였다.

5. 개폐 (   )
열거나 닫거나 하는 일.
¶ 이 문은 자동으로 ~된다.

6. 밀폐 (   )
틈 없이 꼭 막거나 닫음.
¶ ~된 공간에서 오랜 시간 있기는 힘들다.

7. 포자 (   )
식물이 무성 생식을 하기 위해 형성하는 생식 세포.
¶ 육상 식물을 크게 둘로 나누면 종자가 맺히는 종자식물과 포자로 번식하는 ~식물로 나눌 수 있다.

8. 동포 (   )
한 겨레. 같은 민족.
¶ 해외~ 위문공연을 가게 되었다.

9. 세포 (   )
생물체의 구조상·기능상의 기본 단위.
¶ ~분열에는 체세포 분열과 감수 분열이 있으며, 보통 세포 분열이라고 하는 경우 체세포 분열을 말한다.

10. 폭발 (   )
불이 일어나며 갑작스럽게 터짐.
¶ 여객기 ~ 사고로 전원 사망했다.

11. 폭탄 (   )
금속 용기에 폭약을 채워 던져 인명을 살상하거나 구조물을 파괴하는 병기(兵器).
¶ 적지에 ~을 투하하다.

12. 폭음 (   )
폭발물이 터지는 소리.
¶ 갑자기 ~소리가 나더니 유리창이 깨졌다.

13. 폭죽 (   )
가는 대통에 불을 지르거나, 화약을 재어 터뜨려서 소리가 나게 하는 물건.
¶ 월드컵의 개막을 축하하는 ~이 하늘을 수 놓았다.

14. 표어 (   )
주의·주장·강령(綱領) 등을 간결하게 나타낸 짧은 어구(語句).
¶ 반공~를 내걸었다.

15. 표본 (   )
①동물·식물·광물 따위 실물의 견본. ②본보기가 되거나 표준으로 삼을 만한 물건.
¶ 곤충~을 만드는데 이용하는 바늘을 곤충바늘이라 한다.

16. 표시 (   )
표를 하여 나타내 보임.
¶ 출입을 금지하는 ~를 하다.

17. 표준 (   )
①사물의 정도를 정하는 기준이나 목표. ②일반적인 것.
¶ 이만하면 한국 남성의 ~은 될 게다.

18. 표지판 (   )
어떤 사실이나 정보를 알리기 위해 문자·도형·기호 등으로 나타내어 공개된 장소에 세우거나 내건 판.
¶ 도로 안내 ~를 잘 보면서 운전을 해야 한다.

♣ 다음 낱말 풀이에 알맞은 한자(漢字)를 쓰시오.   ➡ 정답은 245쪽

1. 피곤 (   )
지쳐서 고단함.
¶ 그는 ~에 지쳐 이내 곯아떨어졌다.

2. 피로 (   )
몸이나 정신이 지쳐 고단함.
¶ 밤 세워 일했더니 너무 ~하구나! 좀 쉬어야겠다.

3. 피신 (   )
몸을 숨겨 피함.
¶ 위험을 피하여 ~하다.

4. 피난 (   )
재난을 피함.
¶ 화산이 폭발하려해 ~을 떠나다.

5. 회피 (   )
①몸을 피하고 만나지 않는 것. ②책임을 지지 않고 꾀를 부리는 것.
¶ 사람 만나기를 ~하다.

6. 대피 (   )
위험이나 피해를 입지 않도록 일시적으로 피함.
¶ 갑작스러운 화재로 한밤중에 ~하는 소동을 빚었다.

7. 한탄 (   )
원통해 하거나 뉘우치면서 탄식하는 것.
¶ 아무리 ~한들 죽은 사람이 살아 돌아오겠소?

8. 여한 (   )
풀지 못하고 남은 원한.
¶ 소원을 이루었으니 이제 ~이 없다.

9. 원한 (   )
원통하고 한스러운 생각.
¶ ~이 뼈에 사무치다.

10. 통한 (   )
가슴 아프게 몹시 한탄함.
¶ 남북 이산가족들이 보낸 ~의 오십 년 세월.

11. 한가 (   )
하는 일이 적거나 바쁘지 않아 겨를이 많음.
¶ 모처럼 ~한 틈이 생겨 여행을 떠나다

12. 한산 (   )
한가하고 쓸쓸함.
¶ 휴가철이 되자 거리가 ~하다.

13. 등한 (   )
무엇에 관심이 없거나 소홀함.
¶ 그녀는 가사에 ~하다.

14. 농한기 (   )
농사일이 그리 바쁘지 않은 시기.
¶ ~를 이용해 온천에 다녀왔다.

15. 항거 (   )
순종하지 않고 맞서 버팀.
¶ 불법적인 탄압에 ~하다.

16. 항명 (   )
명령이나 제지에 따르지 아니하고 항거함.
¶ 그 시절에는 지금 아이들처럼 자신이 싫으면 끝까지 ~을 하는 그런 분위기가 결코 용납되지 않는 시대였다.

17. 항쟁 (   )
맞서 다투는 일, 또는 그 다툼.
¶ 불의에 대한 끊임없는 ~을 하였다.

18. 대항 (   )
맞서서 겨루거나 싸우는 것.
¶ 힘과 기량에 있어 그에게 ~할 선수가 없다.

♣ **다음 낱말 풀이에 알맞은 한자(漢字)를 쓰시오.**　　▶ 정답은 245쪽

1. 반항　(　　　　　　　)
순순히 따르지 아니하고 맞서거나 대듦.
¶ 어른에게 ~하다.

2. 핵심　(　　　　　　　)
중심이 되는 가장 요긴한 부분. 알맹이.
¶ 문제의 ~을 찌르다.

3. 핵무기　(　　　　　　　)
핵반응에 의하여 핵에너지를 폭발적으로 방출하게 만든 무기의 총칭.
¶ ~의 폭발은 무서운 결과를 초래할 것이다.

4. 핵과류　(　　　　　　　)
씨가 단단한 핵으로 싸여 있는 열매.
¶ 복숭아는 ~에 속한다.

5. 핵실험　(　　　　　　　)
핵분열이나 핵융합 따위에 관한 폭발 실험.
¶ 세계평화를 원한다면 ~ 금지 협정에 가입하세요.

6. 헌법　(　　　　　　　)
국가의 통치 체제에 관한 근본 원칙을 정한 기본법.
¶ 그 일은 ~에 위배된다.

7. 헌병　(　　　　　　　)
외군의 병과(兵科)의 한 가지. 엠피(MP).
¶ 탈영을 하려다가 ~대에 끌려갔다.

8. 헌장　(　　　　　　　)
①헌법의 전장(典章). ②국내·국제적으로 어떤 사실에 대하여 약속을 이행하기 위한 규범.
¶ 국민교육 ~을 읽어봐라.

9. 개헌　(　　　　　　　)
헌법을 고침.
¶ 3차 ~을 반대하는 시위가 일어났다.

10. 입헌　(　　　　　　　)
헌법을 제정함.
¶ 중세에 유럽에는 ~군주제를 시행하는 나라가 많았다.

11. 험난　(　　　　　　　)
①다니기에 위험하고 어려움. ②위태롭고 고생스러움.
¶ ~한 인생살이를 생각하며 눈물을 흘리다.

12. 험담　(　　　　　　　)
남을 헐뜯어서 말함.
¶ ~으로 시간을 낭비하지 마라.

13. 험악　(　　　　　　　)
①지세(地勢)·기후·도로 등이 나쁘고 험함. ②사물의 형세가 매우 나쁨.
¶ ~한 분위기가 감돌다.

14. 보험　(　　　　　　　)
손해를 물어 주겠다는 보증.
¶ 화재~에 들다.

15. 위험　(　　　　　　　)
실패하거나 목숨을 위태롭게 할 만함.
¶ 음주 운전은 매우 ~하다.

16. 혁대　(　　　　　　　)
가죽 띠.
¶ ~를 단정하게 매어라.

17. 혁명　(　　　　　　　)
비합법적 수단으로 정치 권력을 잡는 일.
¶ 군사~을 일으키다.

18. 혁신　(　　　　　　　)
묵은 풍속·관습·조직·방법 등을 바꾸어 아주 새롭게 하는 것.
¶ 기술~을 위해 밤낮으로 연구에 열중하다.

19. 개혁　(　　　　　　　)
새롭게 고침.
¶ 낡은 제도를 ~하다.

♣ 다음 낱말 풀이에 알맞은 한자(漢字)를 쓰시오.　　➡ 정답은 245쪽

1. 변혁　(　　　　　　　　)
　근본적으로 바꾸어 아주 달라지게 함.
　¶ 중국사회는 지금 ~의 물결이 일고 있다.

2. 현달　(　　　　　　　　)
　벼슬·명성·덕망이 높아서 이름이 세상에 드러나는 것.
　¶ 그의 여섯 아들이 모두 ~하여 가세(家勢)를 크게 일으켰다.

3. 현충일　(　　　　　　　　)
　목숨을 바쳐 나라를 지킨 이의 충성을 기념하는 날. 6월 6일.
　¶ ~에는 조기를 달아야 한다.

4. 현고학생부군신위(　　　　　　　)
　돌아가신 아버지의 신주를 나타내는 말.
　¶ 아버지 제사 때는 지방(紙榜)을 ~라고 쓴다.

5. 형벌　(　　　　　　　　)
　국가가 죄를 범한 자에게 제재를 가함.
　¶ ~이 너무 중하다.

6. 형사　(　　　　　　　　)
　형법의 적용을 받는 일.
　¶ ~재판을 해야 한다.

7. 형법　(　　　　　　　　)
　범죄와 형벌의 내용을 규정한 법률.
　¶ 한국~은 행위~의 범위를 크게 벗어나지 않는다.

8. 감형　(　　　　　　　　)
　형벌을 감하여 가볍게 함.
　¶ ~을 받아 예정일부터 일찍 나왔다.

9. 처형　(　　　　　　　　)
　①형벌을 주는 것. ②사형에 처하는 것.
　¶ 죄수를 ~하다.

10. 호감　(　　　　　　　　)
　어떤 사람에 대해 좋은 사람이라고 여기는 감정.
　¶ 그는 ~이 가는 사람이다.

11. 호의　(　　　　　　　　)
　친절한 마음씨.
　¶ 남의 ~를 무시하다.

12. 호평　(　　　　　　　　)
　좋게 평판함.
　¶ 그는 그 대회에서 ~를 받았다.

13. 호황　(　　　　　　　　)
　경기(景氣)가 좋음.
　¶ 경제가 ~ 국면으로 접어들었다.

14. 호오　(　　　　　　　　)
　좋아하는 일과 싫어하는 일.
　¶ 경기, 호남 사람들은 동풍을 싫어하고 서풍이 불기를 바란다. 이렇게 ~을 서로 달리하는 까닭은 그 바람이 산을 넘어 불어오는 까닭이다.

15. 혹시　(　　　　　　　　)
　만일에.
　¶ ~, 실패하더라도 낙심하지 마라.

16. 혹자　(　　　　　　　　)
　어떤 사람.
　¶ ~는 말하기를….

17. 간혹　(　　　　　　　　)
　이따금.
　¶ 그런 일이 ~ 있다.

18. 혼기　(　　　　　　　　)
　혼인하기에 적당한 나이, 또는 그 시기
　¶ ~가 꽉 찬 나이다.

19. 혼례　(　　　　　　　　)
　혼인의 의례.
　¶ ~를 치르다.

♣ 다음 낱말 풀이에 알맞은 한자(漢字)를 쓰시오.   ▶ 정답은 245쪽

1. 결혼 (　　　　　)
남녀가 정식으로 부부 관계를 맺음.
¶ ~한지 벌써 10년이라니….

2. 청혼 (　　　　　)
혼인하기를 청함.
¶ ~이 들어왔다.

3. 이혼 (　　　　　)
혼인 중인 부부가 서로의 합의나 재판상의 청구에 따라 부부 관계를 끊는 일.
¶ 부모님의 ~으로 할머니와 살고 있다.

4. 혼합 (　　　　　)
뒤섞어서 한데 합함.
¶ ~을 사용하지 않아 참 맑구나!

5. 혼란 (　　　　　)
뒤섞여서 어지러움.
¶ ~한 상황을 어떻게 해결해야 할지 모르겠다.

6. 혼잡 (　　　　　)
섞여서 분잡함. 붐빔.
¶ ~한 도로를 보니 머리가 다 아프다.

7. 혼용 (　　　　　)
섞어서 씀.
¶ 국한문 ~체이다.

8. 혼전 (　　　　　)
①두 편이 뒤섞여서 싸움. ②승패나 순위를 가를 수 없는 치열한 싸움.
¶ ~을 거듭한 끝에 간신히 이기다.

9. 홍백 (　　　　　)
홍색과 백색
¶ 청홍(靑紅)이나 ~은 서로 반대의 뜻이 있다.

10. 주홍 (　　　　　)
주황과 빨강의 중간 색깔.
¶ ~색의 한복이 잘 어울리는구나!

11. 홍일점 (　　　　　)
여럿 가운데 오직 하나 이채를 띠는 것.
¶ 우리 모임의 ~이 바로 너였구나!

12. 만산홍엽 (　　　　　)
온 산 가득히 붉은 낙엽.
¶ ~을 바라보니 흥타령이 절로난다.

13. 화혼 (　　　　　)
남의 결혼을 아름답게 이르는 말.
¶ ~을 축하하다.

14. 영화 (　　　　　)
권력과 부귀를 마음껏 누리는 일
¶ ~를 누리다.

15. 화려강산 (　　　　　)
눈 부시게 아름다운 강과 산.
¶ 무궁화 삼천리 ~ 대한사람 대한으로 길이보전하세.

16. 환경 (　　　　　)
생활체를 둘러싸고 직접 간접으로 영향을 주는 자연, 또는 사회의 조건이나 형편.
¶ 교육 ~이 좋지 않다.

17. 화환 (　　　　　)
조화나 생화를 모아 고리 모양으로 만든 것.
¶ 축하~을 보냈다.

18. 환영 (　　　　　)
기쁘게 맞음.
¶ 열렬한 ~을 받았다.

♣ 다음 낱말 풀이에 알맞은 한자(漢字)를 쓰시오.   ▶ 정답은 245쪽

1. 환대　(　　　　　　　)
   기쁘게 맞아 정성껏 대접함.
   ¶ 극진한 ~를 받았다.

2. 환담　(　　　　　　　)
   정답고 즐겁게 이야기하는 것.
   ¶ 그 자매들은 밤 세워 ~을 나누었다.

3. 환성　(　　　　　　　)
   기뻐서 크게 지르는 소리.
   ¶ ~소리에 체육관이 떠나갈 듯 하다.

4. 환심　(　　　　　　　)
   기뻐하고 즐거워하는 마음.
   ¶ 그는 직장에서 상사의 ~을 사려고 온갖 짓을 다한다.

5. 상황　(　　　　　　　)
   어떤 일의 그때의 모습이나 형편.
   ¶ 피해가 심각한 ~이다.

6. 현황　(　　　　　　　)
   현재의 상황.
   ¶ 공사 진척 ~을 살펴보았다.

7. 근황　(　　　　　　　)
   요즈음의 형편.
   ¶ 친척들의 ~을 묻다.

8. 불황　(　　　　　　　)
   경제 활동 전체가 침체되는 상태.
   ¶ 경기가 ~의 늪에 빠지다.

9. 회색　(　　　　　　　)
   잿빛.
   ¶ 도시가 온통 ~이다.

10. 백회　(　　　　　　　)
    탄산칼슘의 열분해에 의하여 생기는 하얀 고체 또는 가루.
    ¶ 숯은 가마에서 참나무를 태운 후 어떻게 꺼내느냐에 따라 검탄과 ~으로 나뉜다.

11. 석회　(　　　　　　　)
    생석회와 소석회를 통틀어 이르는 말.
    ¶ ~은 인류의 에너지 혁명의 불을 붙여준 중요한 연료가 되었던 셈이다.

12. 후덕　(　　　　　　　)
    어질고 두터움, 또는 그러한 덕행.
    ¶ 그분은 ~한 성격의 소유자이다.

13. 후대　(　　　　　　　)
    후하게 대접함, 또는 그러한 대접.
    ¶ ~에 감사하다.

14. 후사　(　　　　　　　)
    후하게 사례함, 또는 그 사례.
    ¶ 우리 강아지 밍키를 찾아주신다면 ~하겠습니다.

15. 후의　(　　　　　　　)
    남을 위해 베푸는 두터운 마음씨.
    ¶ ~에 감사드립니다.

16. 후생　(　　　　　　　)
    생활이 넉넉해지도록 돕는 일.
    ¶ 그 회사는 이익금의 일부로 ~복지 사업을 하고 있다.

17. 후보　(　　　　　　　)
    어떤 직위에 오르거나 신분을 얻으려고 자격을 갖추어 나섬.
    ¶ 대통령 ~에 출마했다.

18. 기후　(　　　　　　　)
    어느 지역의 평균적인 기상 상태.
    ¶ 여름에는 고온다습한 ~를 가지고 있다.

♣ **다음 낱말 풀이에 알맞은 한자(漢字)를 쓰시오.**   ▶ 정답은 245쪽

1. 측후소 (   )

   기상대의 이전 이름.
   ¶ 기상대와 ~에서 관측한 일기자료와 기상 레이더, 기상 위성, 다른 나라들 간의 일기에 관한 정보 교환을 통해 얻은 자료를 수집하여 일기도를 작성한다.

2. 악천후 (   )

   몹시 나쁜 날씨.
   ¶ ~로 경기가 연기되다.

3. 발휘 (   )

   충분히 부리어 드러냄. 떨치어 나타냄.
   ¶ 자신의 재능을 ~하다.

4. 휘발유 (   )

   자동차·항공기 등의 내연 기관의 연료로 쓰이는, 석유의 휘발 성분인 무색 액체. 가솔린
   ¶ 1년 동안 수십억원어치의 가짜 ~를 전국에 유통시켜 왔습니다.

5. 지휘자 (   )

   ①지휘하는 사람. ②합창이나 합주의 지휘를 하는 사람.
   ¶ 그는 ~가 되고 싶어 한다.

6. 희비 (   )

   기쁨과 슬픔.
   ¶ ~가 엇갈리는 순간이다.

7. 희극 (   )

   ①익살과 풍자로 관객을 웃기면서 인생의 진실을 명랑하고 경쾌한 측면에서 표현하는 연극. 코미디. ②웃음거리가 되게 일어나는 일.
   ¶ 그는 ~배우가 되어 무대에 섰다.

8. 희소식 (   )

   기쁜 소식.
   ¶ ~을 듣고 얼굴이 밝아졌다.

【정답】 - 한자어 독음 쓰기

▶ 166쪽

1.병가 2.휴가 3.여가선용 4.각고 5.각인
6.음각 7.판각 8.감각 9.미각 10.발각
11.자각 12.지각 13.간성 14.간만 15.간과
16.간병 17.간호 18.주마간산 19.간단 20.간결
21.간편 22.간이 23.서간문 24.감초 25.감미료
26.감언이설 27.감행 28.감불생심 29.갑부 30.회갑
31.철갑선 32.갑오경장 33.강신 34.항복 35.강설량
36.강우량 37.갱생 38.갱신 39.갱지 40.변경
41.갱년기 42.거대 43.거인 44.거물 45.거부
46.거금 47.거절 48.거역 49.거부권 50.거실
51.거처 52.별거 53.거주지 54.거점 55.근거
56.논거 57.걸작 58.걸물 59.걸출 60.영걸
61.검소 62.검약 63.검박 64.단군왕검 65.격변
66.격분 67.격론 68.격렬

▶ 167쪽

1.과격 2.격퇴 3.격파 4.목격 5.반격
6.진격 7.견공 8.군견 9.명견 10.애견
11.충견 12.견고 13.견실 14.견지 15.중견수
16.경청 17.경향 18.좌경 19.우경화 20.경탄
21.경이 22.경천동지 23.안경 24.파경 25.색안경
26.명경지수 27.계율 28.십계 29.훈계 30.일벌백계
31.계통 32.계열 33.계파 34.모계 35.체계
36.계절 37.사계 38.하계 39.동계 40.계단
41.계급 42.계층 43.음계 44.품계 45.계란
46.계림 47.양계장 48.계구우후 49.계속 50.계주
51.계승 52.계모 53.후계자 54.고독 55.고도
56.고아 57.고립 58.국고 59.금고 60.차고
61.화약고 62.곡식 63.곡물 64.양곡 65.곤경
66.오곡백과 67.곤궁 68.곤란

▶ 168쪽

1.빈곤 2.골격 3.골절 4.골육상쟁 5.공자
6.언중유골 7.기공 8.십구공탄 9.관리 10.보관
11.혈관 12.관악기 13.광물 14.금광 15.광공업
16.철광석 17.구도 18.구상 19.구성 20.구조
21.구축 22.군자 23.군주 24.군신유의 25.단군
26.군도 27.군중 28.군무 29.군웅 30.굴곡
31.굴복 32.굴지 33.궁리 34.백절불굴 35.궁지
36.무궁화 37.여권 38.복권 39.식권 40.증권
41.권말 42.석권 43.압권 44.상하권 45.권고
46.권농 47.권면 48.권학 49.귀가 50.귀경
51.귀국 52.귀향 53.복귀 54.균등 55.균일
56.평균 57.균전제 58.극단 59.극장 60.극적
61.비극 62.연극 63.근골 64.근력 65.근육
66.철근 67.근검 68.근속

▶ 169쪽

1.근무 2.근로 3.기율 4.군기 5.단기
6.서기 7.금세기 8.기묘 9.기이 10.기상천외
11.기특 12.기여 13.기숙사 14.기생충 15.기종
16.기관 17.기능 18.기밀 19.기회 20.납기
21.납득 22.납품 23.납세 24.미납 25.단락
26.단계 27.수단 28.초단 29.유단 30.도당
31.도보 32.도로 33.신도 34.폭도 35.도망
36.도주 37.도피 38.도난 39.도적 40.도청
41.강도 42.대도 43.산란 44.난생동물 45.난세포
46.이란투석 47.난리 48.난잡 49.국란 50.민란
51.반란 52.관람 53.유람 54.박람회 55.전람회
56.약도 57.약자 58.공략 59.대략 60.생략
61.양곡 62.양식 63.군량미 64.고려 65.사려
66.천려일실 67.염려 68.열사

▶ 170쪽

1.강렬 2.격렬 3.선열 4.열녀문 5.용궁
6.용왕 7.용마 8.청룡 9.등용문 10.유씨
11.유기 12.세류 13.노류 14.윤월 15.연륜
16.윤회사상 17.오륜기 18.이륙 19.이별 20.이합집산
21.이탈 22.매부 23.매형 24.형제자매 25.남매
26.면학 27.근면 28.계명 29.비명 30.백가쟁명
31.자명종 32.모범 33.모사 34.모양 35.규모
36.묘기 37.묘안 38.묘수 39.묘약 40.기묘
41.묘비 42.묘소 43.묘지 44.묘역 45.성묘
46.가무 47.군무 48.난무 49.박자 50.박수
51.가발 52.금발 53.두발 54.이발 55.백발
56.방해 57.무방 58.범인 59.범죄 60.범행
61.방범 62.주범 63.범위 64.규범 65.모범
66.사범 67.시범 68.변론

▶ 171쪽

1.달변 2.답변 3.웅변 4.변호사 5.보통
6.복병 7.복선 8.삼복 9.복선 10.복도
11.복사 12.복잡 13.복제 14.부결 15.부인
16.가부 17.부정문 18.부담 19.부상 20.승부
21.자부심 22.분말 23.분유 24.분홍 25.분필
26.제분 27.분노 28.분통 29.분패 30.비판
31.비평 32.비경 33.비밀 34.비법 35.극비
36.신비 37.비각 38.비석 39.묘비 40.시비
41.기념비 42.사립 43.사심 44.공평무사 45.사생활
46.사격 47.사살 48.사수 49.반사 50.발사
51.원사 52.일사불란 53.철사 54.사임 55.사전
56.사퇴 57.사표 58.축사 59.산재 60.산문
61.이산 62.분산 63.해산 64.상형문자 65.기상
66.천태만상 67.인상 68.상해

▶ 172쪽

1.상심 2.상처 3.부상 4.중상 5.선전
6.선언서 7.선교사 8.선전포고 9.설전 10.설음
11.독설 12.구설수 13.속국 14.속성 15.귀속
16.소속 17.금속 18.손실 19.손해 20.손익
21.파손 22.결손 23.송화 24.송판 25.송죽
26.노송 27.청송 28.송축 29.칭송 30.찬송가
31.송덕비 32.수재 33.수작 34.수려 35.우수
36.숙부 37.숙모 38.당숙 39.외숙 40.숙연
41.숙청 42.자숙 43.엄숙 44.정숙 45.숭고
46.숭배 47.숭례문 48.씨족 49.성씨 50.형씨
51.무명씨 52.액수 53.액자 54.감액 55.전액
56.정액 57.양상 58.양식 59.다양 60.각양각색
61.엄격 62.엄금 63.엄정 64.엄동설한 65.여건
66.여부 67.참여 68.여민동락

▶ 173쪽

1.교역 2.무역 3.난이도 4.역지사지 5.구역
6.성역 7.지역 8.해역 9.광역시 10.연기
11.연명 12.연착 13.연장선 14.연료 15.연등회
16.가연성 17.연필 18.흑연 19.연분 20.인연
21.혈연 22.연목구어 23.영입 24.영접 25.환영
26.송구영신 27.영화 28.반영 29.방영 30.상영
31.영사기 32.영업 33.영리 34.경영 35.국영
36.야영 37.예감 38.예비 39.예약 40.예방
41.예측 42.우편 43.우송 44.우편번호 45.우표
46.대우 47.불우 48.경우 49.예우 50.우대
51.우등 52.우승 53.우량아 54.원망 55.원한
56.원성 57.숙원 58.원류 59.근원 60.기원
61.어원 62.자원 63.원군 64.원조 65.구원
66.성원 67.지원 68.위험

▶ **174쪽**

1.위급 2.위기일발 3.위중 4.위원 5.위임
6.특위 7.국위 8.위풍당당 9.포위 10.주위
11.위로 12.위문 13.위안 14.자위 15.유아
16.두유 17.모유 18.우유 19.위력 20.위세
21.유람 22.유세 23.유성 24.교유 25.유목
26.유언 27.유산 28.유물 29.유전자 30.유학
31.유림 32.유생 33.유불선 34.은거 35.은밀
36.은신 37.은어 38.은퇴 39.의거 40.의존
41.귀의 42.의타심 43.의례 44.의식 45.의심
46.질의응답 47.의문 48.대동소이 49.이성 50.이구동성
51.이변 52.인자무적 53.인술 54.인의예지신 55.자매
56.형제자매 57.자형 58.자세 59.자태 60.자격
61.자질 62.자료 63.자금 64.물자 65.잔존
66.잔액 67.잔금 68.잔무

▶ **175쪽**

1.잔설 2.잡곡 3.잡지 4.잡념 5.잡담
6.잡화 7.장관 8.장원 9.장년 10.장렬
11.건장 12.원장 13.통장 14.포장마차 15.일기장
16.주장 17.출장 18.표면장력 19.장본인 20.권장
21.장학생 22.구절양장 23.단장 24.십이지장 25.장비
26.가장 27.무장 28.포장 29.장신구 30.저력
31.저변 32.저의 33.해저 34.도적 35.마적
36.산적 37.의적 38.해적 39.적당 40.적용
41.적성 42.적자생존 43.적금 44.적선 45.적설
46.면적 47.적극적 48.공적 49.성적 50.업적
51.국적 52.본적 53.서적 54.호적 55.전공
56.전문 57.전용 58.전임 59.전유물 60.전이
61.전학 62.기승전결 63.자전거 64.금전 65.급전
66.동전 67.본전 68.푼전

▶ **176쪽**

1.절반 2.백절불굴 3.골절 4.점령 5.점거
6.독점 7.점성술 8.점검 9.점선 10.점수
11.점화 12.관점 13.백정 14.병정 15.장정
16.목불식정 17.정리 18.정비 19.정연 20.구획정리
21.정숙 22.정맥 23.동정 24.정중동 25.제왕
26.제국주의 27.천제 28.조립 29.조성 30.조합
31.조장 32.조직 33.조건 34.조목 35.조약
36.금과옥조 37.조수 38.조류 39.만조 40.사조
41.적조 42.존재 43.존속 44.공존 45.보존
46.실존 47.종래 48.백의종군 49.주종 50.유유상종
51.용종 52.청종 53.종유동 54.종유석 55.좌석
56.좌중 57.권좌 58.좌담회 59.주홍 60.주황
61.인주 62.주자학 63.주역 64.주변 65.주지
66.주류 67.주량 68.주색잡기

▶ **177쪽**

1.약주 2.증거 3.증권 4.증서 5.증언
6.증인 7.지면 8.본지 9.일지 10.잡지
11.지략 12.기지 13.지덕체 14.지자일실 15.지론
16.지분 17.소지 18.지속적 19.직물 20.모직
21.조직적 22.진귀 23.진도견 24.산해진미 25.진영
26.진지 27.출진 28.배수진 29.진심 30.소진
31.차이 32.차별 33.차등 34.시차 35.오차
36.찬가 37.찬미 38.자화자찬 39.찬송가 40.채광
41.채취 42.채용 43.채집 44.특채 45.책방
46.책상 47.책명 48.별책 49.온천 50.황천
51.원천 52.청사 53.청장 54.구청 55.군청
56.시청 57.청중 58.난청 59.청취자 60.시청각
61.초래 62.초대 63.초청 64.자초 65.추진
66.추론 67.추리 68.추측

▶ 178쪽

1.유추 2.축소 3.축약 4.군축 5.압축
6.취미 7.취향 8.정취 9.흥취 10.취업
11.취직 12.취학 13.성취 14.진취성 15.층수
16.층계 17.고층 18.지층 19.침구 20.침실
21.침식 22.취침 23.침술 24.검침 25.시침
26.지침 27.침엽수 28.칭찬 29.칭송 30.칭호
31.가칭 32.명칭 33.탄압 34.탄력 35.탄성
36.방탄 37.탄약고 38.탄복 39.탄식 40.감탄
41.한탄 42.탄원서 43.탈곡 44.탈당 45.탈락
46.탈출 47.해탈 48.탐구 49.탐방 50.탐사
51.탐지 52.탐험 53.택일 54.선택 55.채택
56.양자택일 57.토의 58.토론 59.토죄 60.토벌
61.성토 62.통분 63.통쾌 64.통탄 65.고통
66.치통 67.투서 68.투수

▶ 179쪽

1.투약 2.투자 3.투표 4.투기 5.투견
6.투쟁 7.사투 8.전투 9.파생 10.학파
11.파병 12.파출소 13.판단 14.판결 15.판사
16.판정 17.비판 18.단편 19.장편 20.천편일률
21.옥편 22.평론 23.평가 24.평점 25.평결
26.호평 27.폐교 28.폐업 29.폐점 30.개폐
31.밀폐 32.포자 33.동포 34.세포 35.폭발
36.폭탄 37.폭음 38.폭죽 39.표어 40.표본
41.표시 42.표준 43.표지판 44.피곤 45.피로
46.피신 47.피난 48.회피 49.대피 50.한탄
51.여한 52.원한 53.통한 54.한가 55.한산
56.등한 57.농한기 58.항거 59.항명 60.항쟁
61.대항 62.반항 63.핵심 64.핵무기 65.핵과류
66.핵실험 67.헌법 68.헌병

▶ 180쪽

1.헌장 2.개헌 3.입헌 4.험난 5.험담
6.험악 7.보험 8.위험 9.혁대 10.혁명
11.혁신 12.개혁 13.변혁 14.현달 15.현충일
16.형벌 17.형사 18.형법 19.감형 20.처형
21.공방 22.공수 23.강공 24.선공 25.속공
26.혹시 27.혹자 28.간혹 29.혼기 30.혼례
31.결혼 32.청혼 33.이혼 34.혼합 35.혼란
36.혼잡 37.혼용 38.혼전 39.홍백 40.주홍
41.홍일점 42.만산홍엽 43.화혼 44.화려강산 45.영화
46.환경 47.화환 48.환영 49.환대 50.환담
51.환성 52.환심 53.상황 54.현황 55.근황
56.불황 57.회색 58.백회 59.석회 60.후덕
61.후대 62.후사 63.후의 64.후생 65.후화
66.기후 67.측후소 68.악천후

▶ 181쪽

1.발휘 2.휘발유 3.지휘자 4.희비 5.희극
6.희소식

【정답】 - 한자어 쓰기

▶ 182쪽
1.病暇 2.休暇 3.餘暇善用 4.刻苦 5.刻印
6.陰刻 7.板刻 8.感覺 9.味覺 10.發覺
11.自覺 12.知覺 13.干城 14.干滿 15.看過
16.看病 17.看護 18.走馬看山 19.簡單

▶ 183쪽
1.簡潔 2.簡便 3.簡易 4.書簡文 5.甘草
6.甘味料 7.甘言利說 8.敢行 9.敢不生心 10.甲富
11.回甲 12.鐵甲船 13.甲午更張 14.降神 15.降伏
16.降雪量 17.降雨量 18.更生

▶ 184쪽
1.更新 2.更紙 3.變更 4.更年期 5.巨大
6.巨人 7.巨物 8.巨富 9.巨金 10.拒絕
11.拒逆 12.拒否權 13.居室 14.居處 15.別居
16.居住地 17.據點 18.根據

▶ 185쪽
1.論據 2.傑作 3.傑物 4.傑出 5.英傑
6.儉素 7.儉約 8.儉朴 9.檀君王儉 10.激變
11.激憤 12.激論 13.激烈 14.過激 15.擊退
16.擊破 17.目擊 18.反擊 19.進擊

▶ 186쪽
1.犬公 2.軍犬 3.名犬 4.愛犬 5.忠犬
6.堅固 7.堅實 8.堅持 9.中堅手 10.傾聽
11.傾向 12.左傾 13.右傾化 14.驚歎 15.驚異
16.驚天動地 17.眼鏡 18.破鏡

▶ 187쪽
1.色眼鏡 2.明鏡止水 3.戒律 4.十戒 5.訓戒
6.一罰百戒 7.系統 8.系列 9.系派 10.母系
11.體系 12.季節 13.四季 14.夏季 15.冬季
16.階段 17.階級 18.階層

▶ 188쪽
1.音階 2.品階 3.鷄卵 4.鷄林 5.養鷄場
6.鷄口牛後 7.繼續 8.繼走 9.繼承 10.繼母

▶ 189쪽
11.後繼者 12.孤獨 13.孤島 14.孤兒 15.孤立
16.國庫 17.金庫 18.車庫

1.火藥庫 2.穀食 3.穀物 4.穀倉 5.五穀百果
6.困境 7.困窮 8.困難 9.貧困 10.骨格
11.骨折 12.骨肉相爭 13.言中有骨 14.孔子 15.氣孔
16.十九孔炭 17.管理

▶ 190쪽
1.保管 2.血管 3.管樂器 4.鑛物 5.金鑛
6.鑛工業 7.鐵鑛石 8.構圖 9.構想 10.構成
11.構造 12.構築 13.君子 14.君主 15.檀君
16.君臣有義 17.群島

▶ 191쪽
1.群衆 2.群舞 3.群雄 4.屈曲 5.屈伏
6.屈指 7.百折不屈 8.窮理 9.窮地 10.無窮花
11.旅券 12.福券 13.食券 14.證券 15.卷末
16.席卷 17.壓卷 18.上下卷

▶ 192쪽
1.勸告 2.勸農 3.勸勉 4.勸學 5.歸家
6.歸京 7.歸國 8.歸鄕 9.復歸 10.均等
11.均一 12.平均 13.均田制 14.劇團 15.劇場
16.劇的 17.悲劇 18.演劇

▶ 193쪽
1.筋骨 2.筋力 3.筋肉 4.鐵筋 5.勤儉
6.勤續 7.勤務 8.勤勞 9.紀律 10.軍紀
11.檀紀 12.西紀 13.今世紀 14.奇妙 15.奇異
16.奇特 17.奇想天外 18.寄與 19.寄宿舍

▶ 194쪽
1.寄生蟲 2.機種 3.機關 4.機能 5.機密
6.機會 7.納期 8.納得 9.納品 10.納稅
11.未納 12.段落 13.段階 14.手段 15.初段
16.有段 17.徒黨 18.徒步 19.徒勞

195쪽
1.信徒 2.暴徒 3.逃亡 4.逃走 5.逃避
6.盜難 7.盜賊 8.盜聽 9.强盜 10.大盜
11.産卵 12.卵細胞 13.卵生動物 14.以卵投石 15.亂離
16.亂雜 17.國亂 18.民亂 19.反亂

196쪽
1.觀覽 2.遊覽 3.博覽會 4.展覽會 5.略圖
6.略字 7.攻略 8.大略 9.省略 10.糧穀
11.糧食 12.軍糧米 13.考慮 14.思慮 15.念慮
16.千慮一失 17.烈士 18.强烈 19.激烈

197쪽
1.先烈 2.烈女門 3.龍宮 4.龍王 5.龍馬
6.靑龍 7.登龍門 8.柳氏 9.柳器 10.細柳
11.路柳 12.輪月 13.年輪 14.五輪旗 15.輪回思想
16.離陸 17.離別 18.離脫 19.離合集散

198쪽
1.妹夫 2.妹兄 3.兄弟姉妹 4.男妹 5.勉學
6.勤勉 7.鷄鳴 8.悲鳴 9.自鳴鐘 10.百家爭鳴
11.模範 12.模寫 13.模樣 14.規模 15.妙技
16.妙案 17.妙手 18.妙藥 19.奇妙 20.墓碑

199쪽
1.墓所 2.墓地 3.墓域 4.省墓 5.歌舞
6.群舞 7.亂舞 8.拍子 9.拍手 10.假髮
11.金髮 12.頭髮 13.理髮 14.白髮 15.妨害
16.無妨 17.犯人 18.犯罪 19.犯行

200쪽
1.防犯 2.主犯 3.範圍 4.規範 5.模範
6.師範 7.示範 8.辯論 9.達辯 10.答辯
11.雄辯 12.辯護士 13.普通 14.伏兵 15.伏線
16.三伏 17.複線 18.複道 19.複寫

201쪽
1.複雜 2.複製 3.否決 4.否認 5.可否
6.否定文 7.負擔 8.負傷 9.勝負 10.自負心
11.粉末 12.粉乳 13.粉紅 14.粉筆 15.製粉
16.憤怒 17.憤痛 18.憤敗 19.批判 20.批評

202쪽
1.秘境 2.秘密 3.秘法 4.極秘 5.神秘
6.碑刻 7.碑石 8.墓碑 9.詩碑 10.記念碑
11.私立 12.私心 13.私生活 14.公平無私 15.射擊
16.射殺 17.射手 18.反射 19.發射 20.原絲

203쪽
1.鐵絲 2.一絲不亂 3.辭任 4.辭典 5.辭退
6.辭表 7.祝辭 8.散在 9.散文 10.離散
11.分散 12.解散 13.印象 14.氣象 15.象形文字
16.千態萬象 17.傷害 18.傷心 19.傷處

204쪽
1.負傷 2.重傷 3.宣傳 4.宣言書 5.宣敎師
6.宣戰布告 7.舌戰 8.舌音 9.毒舌 10.口舌數
11.屬國 12.屬性 13.歸屬 14.所屬 15.金屬
16.損失 17.損害 18.損益 19.破損

205쪽
1.缺損 2.松花 3.松板 4.松竹 5.老松
6.靑松 7.頌祝 8.稱頌 9.讚頌歌 10.頌德碑
11.秀才 12.秀作 13.秀麗 14.優秀 15.叔父
15.叔母 16.堂叔 17.外叔 18.肅然

206쪽
1.肅淸 2.自肅 3.嚴肅 4.靜肅 5.崇高
6.崇拜 7.崇禮門 8.氏族 9.姓氏 10.兄氏
11.無名氏 12.額數 13.額字 14.減額 15.全額
16.定額 17.樣相 18.樣式 19.多樣

207쪽
1.各樣各色 2.嚴格 3.嚴禁 4.嚴正 5.嚴冬雪寒
6.與件 7.與否 8.參與 9.與民同樂 10.交易
11.貿易 12.難易度 13.易地思之 14.區域 15.聖域
16.地域 17.海域 18.廣域市 19.延期 20.延命

208쪽
1.延着 2.延長線 3.燃料 4.燃燈會 5.可燃性
6.鉛筆 7.黑鉛 8.緣分 9.因緣 10.血緣
11.緣木求魚 12.迎入 13.迎接 14.歡迎 15.送舊迎新
16.映畵 17.反映 18.放映 19.上映

➡ 209쪽
1.映寫機　2.營業　3.營利　4.經營　5.國營
6.野營　7.豫感　8.豫備　9.豫約　10.豫防
11.豫測　12.郵便　13.郵送　14.郵票　15.郵便番號
16.待遇　17.不遇　18.禮遇　19.境遇

➡ 210쪽
1.優待　2.優秀　3.優勝　4.優良兒　5.怨望
6.怨恨　7.怨聲　8.宿怨　9.源流　10.根源
11.起源　12.語源　13.資源　14.援軍　15.援助
16.救援　17.聲援　18.支援　19.危險

➡ 211쪽
1.危急　2.危重　3.危機一髮　4.委員　5.委任
6.特委　7.國威　8.威風堂堂　9.包圍　10.周圍
11.慰勞　12.慰問　13.慰安　14.自慰　15.乳兒
16.豆乳

➡ 212쪽
1.母乳　2.牛乳　3.遊覽　4.威勢　5.威力
6.遊說　7.遊星　8.交遊　9.遊牧　10.遺言
11.遺産　12.遺物　13.遺傳子　14.儒學　15.儒林
16.儒生　17.儒佛仙　18.隱居　19.隱密　20.隱身
21.隱語

➡ 213쪽
1.隱退　2.依據　3.依存　4.歸依　5.依他心
6.儀禮　7.儀式　8.疑心　9.疑問　10.質疑應答
11.異變　12.異性　13.異口同聲　14.大同小異　15.仁術
16.仁者無敵　17.仁義禮智信　18.姉妹　19.姉兄

➡ 214쪽
1.兄弟姉妹　2.姿勢　3.姿態　4.資格　5.資質
6.資料　7.資金　8.物資　9.殘存　10.殘額
11.殘金　12.殘務　13.殘雪　14.雜穀　15.雜誌
16.雜念　17.雜談　18.雜貨　19.壯觀　20.壯元

➡ 215쪽
1.壯年　2.壯烈　3.健壯　4.元帳　5.通帳
6.日記帳　7.布帳馬車　8.主張　9.出張　10.張本人
11.表面張力　12.勸獎　13.獎學生　14.斷腸　15.九折羊腸
16.十二指腸　17.裝備　18.假裝

➡ 216쪽
1.武裝　2.包裝　3.裝身具　4.底力　5.底邊
6.底意　7.海底　8.盜賊　9.馬賊　10.山賊
11.義賊　12.海賊　13.適當　14.適用　15.適性
16.適者生存　17.積金　18.積善

➡ 217쪽
1.積雪　2.面積　3.積極的　4.功績　5.成績
6.業績　7.國籍　8.本籍　9.書籍　10.戶籍
11.專攻　12.專門　13.專用　14.專任　15.專有物
16.轉移　17.轉學　18.自轉車　19.起承轉結

➡ 218쪽
1.金錢　2.急錢　3.銅錢　4.本錢　5.分錢
6.折半　7.骨折　8.百折不屈　9.占領　10.占據
11.獨占　12.占星術　13.點檢　14.點線　15.點數
16.點火　17.觀點　18.白丁

➡ 219쪽
1.兵丁　2.壯丁　3.目不識丁　4.整理　5.整備
6.整然　7.區劃整理　8.靜肅　9.靜脈　10.動靜
11.靜中動　12.帝王　13.天帝　14.帝國主義　15.組立
16.組成　17.組合　18.組長

➡ 220쪽
1.組織　2.條件　3.條目　4.條約　5.金科玉條
6.潮水　7.潮流　8.滿潮　9.思潮　10.赤潮
11.存在　12.存續　13.共存　14.保存　15.實存
16.從來　17.主從

➡ 221쪽
1.白衣從軍　2.類類相從　3.龍鍾　4.鍾愛　5.鍾乳洞
6.鍾乳石　7.座席　8.座中　9.權座　10.座談會
11.朱紅　12.朱黃　13.印朱　14.朱子學　15.周易
16.周邊　17.周知　18.酒類　19.酒量

➡ 222쪽
1.藥酒　2.酒色雜技　3.證據　4.證券　5.證書
6.證言　7.證人　8.誌面　9.本誌　10.日誌
11.雜誌　12.智略　13.機智　14.智德體　15.智者一失
16.持論　17.持分　18.所持

223쪽
1.持續的 2.織物 3.毛織 4.組織的 5.珍貴
6.珍島犬 7.山海珍味 8.陣營 9.陣地 10.出陣
11.背水陣 12.盡心 13.消盡 14.差異 15.差別
16.差等 17.時差

224쪽
1.誤差 2.讚歌 3.讚美 4.讚頌歌 5.自畵自讚
6.採鑛 7.採取 8.採用 9.採集 10.特採
11.冊房 12.冊床 13.冊名 14.別冊 15.溫泉
16.黃泉 17.源泉 18.廳舍

225쪽
1.廳長 2.區廳 3.郡廳 4.市廳 5.聽衆
6.難聽 7.聽取者 8.視聽覺 9.招來 10.招待
11.招請 12.自招 13.推進 14.推論 15.推理
16.推測 17.類推 18.縮小

226쪽
1.縮約 2.軍縮 3.壓縮 4.趣味 5.趣向
6.情趣 7.興趣 8.就業 9.就職 10.就學
11.成就 12.進就性 13.層數 14.層階 15.高層
16.地層 17.寢具 18.寢室

227쪽
1.寢食 2.就寢 3.針術 4.檢針 5.時針
6.指針 7.針葉樹 8.稱讚 9.稱頌 10.稱號
11.假稱 12.名稱 13.彈壓 14.彈力 15.彈性
16.防彈 17.彈藥庫 18.歎服 19.歎息

228쪽
1.感歎 2.恨歎 3.歎願書 4.脫穀 5.脫黨
6.脫落 7.脫出 8.解脫 9.探究 10.探訪
11.探査 12.探索 13.探險 14.擇日 15.選擇
16.採擇 17.兩者擇一 18.討議

229쪽
1.討論 2.討罪 3.討伐 4.聲討 5.痛憤
6.痛快 7.痛歎 8.苦痛 9.齒痛 10.投書
11.投手 12.投藥 13.投資 14.投票 15.鬪技
16.鬪犬 17.鬪爭 18.死鬪

230쪽
1.戰鬪 2.派生 3.學派 4.派兵 5.派出所
6.判斷 7.判決 8.判事 9.判定 10.批判
11.短篇 12.長篇 13.玉篇 14.千篇一律 15.評論
16.評價 17.評點 18.評決

231쪽
1.好評 2.閉校 3.閉業 4.閉店 5.開閉
6.密閉 7.胞子 8.同胞 9.細胞 10.爆發
11.爆彈 12.爆音 13.爆竹 14.標語 15.標本
16.標示 17.標準 18.標識板

232쪽
1.疲困 2.疲勞 3.避身 4.避難 5.回避
6.待避 7.恨歎 8.餘恨 9.怨恨 10.痛恨
11.閑暇 12.閑散 13.等閑 14.農閑期 15.抗拒
16.抗命 17.抗爭 18.對抗

233쪽
1.反抗 2.核心 3.核武器 4.核果類 5.核實驗
6.憲法 7.憲兵 8.憲章 9.改憲 10.立憲
11.險難 12.險談 13.險惡 14.保險 15.危險
16.革帶 17.革命 18.革新 19.改革

234쪽
1.變革 2.顯達 3.顯忠日 4.顯考學生府君神位 5.刑罰
6.刑事 7.刑法 8.減刑 9.處刑 10.好感
11.好意 12.好評 13.好況 14.好惡 15.或是
16.或者 17.間或 18.婚期 19.婚禮

235쪽
1.結婚 2.請婚 3.離婚 4.混合 5.混亂
6.混雜 7.混用 8.混戰 9.紅白 10.朱紅
11.紅一點 12.滿山紅葉 13.華婚 14.榮華 15.華麗江山
16.環境 17.花環 18.歡迎

236쪽
1.歡待 2.歡談 3.歡聲 4.歡心 5.狀況
6.現況 7.近況 8.不況 9.灰色 10.白灰
11.石灰 12.厚德 13.厚待 14.厚謝 15.厚意
16.厚生 17.候補 18.氣候

237쪽
1.測候所 2.惡天候 3.發揮 4.揮發油 5.指揮者
6.喜悲 7.喜劇 8.喜消息

♣ 다음 반의어(反義語 = 뜻이 서로 반대되거나 상대인 한자)를 써 보시오.

• 가부(可:否) : 옳고 그름의 여부.	可 否 옳을 가 / 아닐 부		
• 간만(干滿) : 밀물과 썰물.	干 滿 마를 간 / 찰 만		
• 감고(甘苦) : 단맛과 쓴맛.	甘 苦 달 감 / 쓸 고		
• 개폐(開閉) : 열고 닫음.	開 閉 열 개 / 닫을 폐		
• 공사(公私) : 공공의 일과 사사로운 일.	公 私 공변될 공 / 사사 사		
• 군신(君臣) : 임금과 신하.	君 臣 임금 군 / 신하 신		
• 기복(起伏) : 일어났다 엎드렸다 함.	起 伏 일어날 기 / 엎드릴 복		
• 기침(起寢) : 기상과 취침.	起 寢 일어날 기 / 잘 침		

♣ 다음 반의어(反義語 = 뜻이 서로 반대되거나 상대인 한자)를 써 보시오.

• 난이(難易) : 어려움과 쉬움.	難 易 어려울 난 / 쉬울 이			
• 단복(單複) : 단수와 복수.	單 複 홑 단 / 겹 복			
• 동정(動:靜) : 움직임과 고요함.	動 靜 움직일 동 / 고요할 정			
• 이합(離:合) : 헤어짐과 모임.	離 合 떠날 리 / 합할 합			
• 손익(損:益) : 손해와 이익.	損 益 덜 손 / 더할 익			
• 송영(送:迎) : 떠나는 사람을 보내고 오는 사람을 맞음.	送 迎 보낼 송 / 맞을 영			
• 승부(勝負) : 이김과 짐.	勝 負 이길 승 / 질 부			
• 안위(安危) : 안전함과 위태함.	安 危 편안 안 / 위태할 위			

♣ 다음 반의어(反義語 = 뜻이 서로 반대되거나 상대인 한자)를 써 보시오.

• 여야(與:野) : 여당과 야당.	與 野 참여할 여 / 문밖 야			
• 은원(恩怨) : 은혜와 원한.	恩 怨 은혜 은 / 원망할 원			
• 이동(異:同) : 다른 것과 같은 것.	異 同 다를 이 / 같을 동			
• 자매(姉妹) : 손위 누이와 손아래 누이.	姉 妹 손위누이 자 / 손아래누이 매			
• 존망(存亡) : 존재와 멸망.	存 亡 있을 존 / 없을 망			
• 주종(主從) : 주인과 부하.	主 從 주인 주 / 종 종			
• 집산(集散) : 모음과 흩음.	集 散 모을 집 / 흩을 산			
• 출납(出納) : 내어 줌과 받아 들임.	出 納 날 출 / 들일 납			

♣ 다음 반의어(反義語 = 뜻이 서로 반대되거나 상대인 한자)를 써 보시오.

• 희노(喜怒) : 기쁨과 노여움.	喜 怒 기쁠 희 / 성낼 노		
• 희비(喜悲) : 기쁨과 슬픔.	喜 悲 기쁠 희 / 슬플 비		
• 골육(骨肉) : 뼈와 살.	骨 肉 뼈 골 / 고기 육		
• 간지(干支) : 천간(天干)과 지지(地支).	干 支 천간 간 / 지지 지		
• 남매(男妹) : 오누이.	男 妹 사내 남 / 누이 매		
• 탈착(脫着) : 옷 등을 입음과 벗음.	脫 着 벗을 탈 / 붙을 착		
• 호오(好:惡) : 좋음과 싫음.	好 惡 좋을 호 / 미워할 오		

♣ 다음 반의한자어(反義漢字語)를 써 보시오.

• 간편(簡:便) : 간단하고 편리함.	簡 便 간략할 간 / 편할 편			
• 복잡(複雜) : 사물의 갈피가 뒤섞여 어수선함.	複 雜 겹칠 복 / 섞일 잡			
• 개혁(改:革) : 새롭게 뜯어 고침.	改 革 고칠 개 / 바꿀 혁			
• 보수(保:守) : 보전하여 지킴.	保 守 지킬 보 / 지킬 수			
• 격감(激減) : 갑자기 줆.	激 減 격할 격 / 덜 감			
• 급증(急增) : 갑자기 늘어나거나 늘림.	急 增 급할 급 / 더할 증			
• 계속(繼:續) : 끊이지 아니하고 이어짐.	繼 續 이을 계 / 이을 속			
• 중단(中斷) : 중도에서 끊어지거나 끊음.	中 斷 가운데 중 / 끊을 단			

♣ 다음 반의한자어(反義漢字語)를 써 보시오.

• 계승(繼:承) : 조상이나 선임자의 뒤를 이어 받음.	繼承 이을 계 · 이을 승		
• 단절(斷絶) : 관계를 끊음.	斷絶 끊을 단 · 끊을 절		
• 군자(君子) : 학식이 높고 행실이 어진 사람.	君子 임금 군 · 아들 자		
• 소인(小:人) : 도량이 좁고 간사한 사람.	小人 작을 소 · 사람 인		
• 군주(君主) : 임금.	君主 임금 군 · 임금 주		
• 신하(臣下) : 임금을 섬기어 벼슬하는 사람.	臣下 신하 신 · 아래 하		
• 굴절(屈折) : 휘어서 꺾임.	屈折 굽힐 굴 · 꺾을 절		
• 직진(直進) : 곧게 나아감.	直進 곧을 직 · 나아갈 진		

♣ 다음 반의한자어(反義漢字語)를 써 보시오.

• 근원(根源) : 물줄기가 나오기 시작하는 곳.	根 源 뿌리 근 / 근원 원			
• 지류(支流) : 강의 원줄기로 흘러 들어가거나 갈리어 나오는 물줄기.	支 流 가를 지 / 흐를 류			
• 질문(質問) : 모르거나 의심나는 점을 물음.	質 問 바탕 질 / 물을 문			
• 답변(答辯) : 물음에 대하여 밝히어 대답함.	答 辯 대답 답 / 말씀 변			
• 결합(結合) : 맺어서 합함.	結 合 맺을 결 / 합할 합			
• 분리(分離) : 나누어 따로 떼어 냄.	分 離 나눌 분 / 떠날 리			
• 이익(利:益) : 유익하고 도움이 됨.	利 益 이로울 리 / 더할 익			
• 손해(損:害) : 해를 입음.	損 害 덜 손 / 해할 해			

♣ 다음 반의한자어(反義漢字語)를 써 보시오.

• 위험(危險) : 안전하지 못함.	危險 위태할 위 험할 험		
• 안전(安全) : 평안하여 탈이 없음.	安全 편안 안 온전 전		
• 점등(點:燈) : 등에 불을 켬.	點燈 점 점 등잔 등		
• 소등(消燈) : 등불을 끔.	消燈 사라질 소 등잔 등		
• 질의(質疑) : 의심 나는 점을 물어서 밝힘.	質疑 물을 질 의심할 의		
• 응답(應:答) : 어떤 것에 의하여 답함.	應答 응할 응 대답 답		
• 취침(就:寢) : 잠자리에 듦.	就寢 나아갈 취 잠잘 침		
• 기상(起床) : 잠자리에서 일어남.	起床 일어날 기 평상 상		

♣ 다음 반의한자어(反義漢字語)를 써 보시오.

• 탈퇴(脫退) : 관계를 끊고 물러남.	脫退 벗을 탈 / 물러날 퇴		
• 가입(加入) : 단체에 들어감.	加入 더할 가 / 들 입		
• 해산(解:散) : 모였던 사람들이 흩어짐.	解散 풀 해 / 흩을 산		
• 집합(集合) : 한 곳으로 모임.	集合 모일 집 / 합할 합		
• 허구(虛構) : 사실이 없는 일을 사실처럼 얽어 조작함.	虛構 빌 허 / 얽을 구		
• 실제(實際) : 현실의 경우나 형편.	實際 열매 실 / 사이 제		

♣ 다음 동의어(同義語 = 뜻이 같거나 비슷한 한자)를 써 보시오.

• 거대(巨:大) : 엄청나게 큼.	巨 大 클 거 큰 대		
• 거주(居住) : 일정한 곳에 자리를 잡고 삶.	居 住 살 거 살 주		
• 견고(堅固) : 굳고 튼튼함.	堅 固 굳을 견 굳을 고		
• 계단(階段) : 층계.	階 段 섬돌 계 층계 단		
• 계속(繼:續) : 끊이지 않고 늘 잇대어 나아감.	繼 續 이을 계 이을 속		
• 계층(階層) : 사회를 형성하는 여러 층.	階 層 섬돌 계 층 층		
• 고독(孤獨) : 외로움.	孤 獨 외로울 고 홀로 독		
• 고려(考慮) : 생각하여 헤아림.	考 慮 생각할 고 생각할 려		

255

♣ 다음 동의어(同義語 = 뜻이 같거나 비슷한 한자)를 써 보시오.

• 공격(攻:擊) : 적을 침.	攻 擊 칠 공　칠 격			
• 단계(段階) : 일의 순차적인 과정.	段 階 층계 단　섬돌 계			
• 도당(徒黨) : 떼를 지은 무리.	徒 黨 무리 도　무리 당			
• 도망(逃亡) : 피하거나 쫓기어 달아남.	逃 亡 도망할 도　달아날 망			
• 도피(逃避) : 도망하여 몸을 피함.	逃 避 도망할 도　피할 피			
• 도적(盜賊) : 도둑.	盜 賊 도둑 도　도둑 적			
• 모발(毛髮) : 머리털.	毛 髮 터럭 모　터럭 발			
• 모범(模範) : 본받아 배울 만한 본보기.	模 範 본뜰 모　법 범			

♣ **다음 동의어(同義語 = 뜻이 같거나 비슷한 한자)를 써 보시오.**

• 비평(批:評) : 사물의 선악·시비·미추를 평가하여 논함.	批 評 비평할 비 / 평할 평			
• 빈궁(貧窮) : 가난하고 군색함.	貧 窮 가난할 빈 / 다할 궁			
• 사려(思慮) : 여러 가지 일에 대한 생각과 근심.	思 慮 생각 사 / 생각할 려			
• 사설(辭說) : 잔소리로 늘어놓는 말.	辭 說 말씀 사 / 말씀 설			
• 선택(選:擇) : 골라 가림.	選 擇 가릴 선 / 가릴 택			
• 숭고(崇高) : 숭엄하고 고상함.	崇 高 높을 숭 / 높을 고			
• 승계(承繼) : 뒤를 이어받음.	承 繼 이을 승 / 이을 계			
• 염려(念:慮) : 걱정함.	念 慮 생각 념 / 생각할 려			

♣ **다음 동의어(同義語 = 뜻이 같거나 비슷한 한자)를 써 보시오.**

• 원한(怨:恨) : 원망스럽고 한이 되는 생각.	怨 恨 원망할 원 한 한		
• 자태(姿:態) : 몸가짐과 맵시.	姿 態 모양 자 모습 태		
• 전투(戰:鬪) : 적과 직접 맞서서 병기로 싸움.	戰 鬪 싸움 전 싸움 투		
• 제왕(帝:王) : 황제와 국왕.	帝 王 임금 제 임금 왕		
• 존재(存在) : 실제로 있음.	存 在 있을 존 있을 재		
• 주거(住居) : 어떤 곳에 자리잡고 삶.	住 居 살 주 살 거		
• 주홍(朱紅) : 「주홍빛」의 준말.	朱 紅 붉을 주 붉을 홍		
• 진취(進:就) : 일을 차차 이루어 감.	進 就 나아갈 진 나아갈 취		

♣ 다음 동의어(同義語 = 뜻이 같거나 비슷한 한자)를 써 보시오.

• 진보(珍寶) : 진귀한 보배.	珍 寶 보배 진 / 보배 보		
• 참여(參與) : 참가하여 관계함.	參 與 참여할 참 / 더불 여		
• 청문(聽:聞) : 설교·연설 따위를 들음.	聽 聞 들을 청 / 들을 문		
• 축적(蓄積) : 많이 모으는 일.	蓄 積 모을 축 / 쌓을 적		
• 취의(趣:意) : 근본이 되는 중요로운 뜻.	趣 意 뜻 취 / 뜻 의		
• 층계(層階) : 계단.	層 階 층 층 / 섬돌 계		
• 칭송(稱頌) : 칭찬하여 일컬음.	稱 頌 일컬을 칭 / 칭송할 송		
• 칭찬(稱讚) : 잘 한다고 추어 줌.	稱 讚 일컬을 칭 / 기릴 찬		

♣ **다음 동의어**(同義語 = 뜻이 같거나 비슷한 한자)**를 써 보시오.**

• 타격(打:擊) : 때리어 침.	打 擊 칠 타 칠 격			
• 토벌(討伐) : 군대로써 도둑·반항자의 무리를 침.	討 伐 칠 토 칠 벌			
• 투쟁(鬪爭) : 싸워서 다툼.	鬪 爭 싸움 투 다툴 쟁			
• 현현(顯:現) : 명백하게 나타나거나 나타냄.	顯 現 나타날 현 나타날 현			
• 환희(歡喜) : 즐겁고 기쁨.	歡 喜 기쁠 환 기쁠 희			

♣ 다음 동음이의어(同音異義語 = 소리는 같으나 뜻이 다른 한자어)를 써 보시오.

• 대상(對:象) : 목표가 되는 것.	對 象 대할 대 / 본뜰 상			
• 대상(大:賞) : 큰 상.	大 賞 큰 대 / 상줄 상			
• 보고(寶:庫) : 귀중한 재화를 넣어 두는 창고.	寶 庫 보배 보 / 곳집 고			
• 보고(報:告) : 알려 바침.	報 告 알릴 보 / 고할 고			
• 복선(伏線) : 말이나 행동의 뒤에 감추어진 생각이나 내용.	伏 線 엎드릴 복 / 줄 선			
• 복선(複線) : 겹으로 된 줄.	複 線 겹칠 복 / 줄 선			
• 시각(時刻) : 시간의 한 점.	時 刻 때 시 / 새길 각			
• 시각(視:覺) : 빛이 눈의 망막을 자극하여 일어나는 감각.	視 覺 볼 시 / 깨달을 각			

♣ 다음 동음이의어(同音異義語 = 소리는 같으나 뜻이 다른 한자어)를 써 보시오.

• 실기(失機) : 기회를 놓침.	失 機 잃을 실 기미 기		
• 실기(實技) : 실지의 기술.	實 技 열매 실 재주 기		
• 이성(異:性) : 남녀·암수의 성이 다름.	異 性 다를 이 성품 성		
• 이성(理:性) : 사물의 이치를 생각하는 능력.	理 性 다스릴 리 성품 성		
• 인상(印象) : 깊이 느껴 잊혀지지 않는 일.	印 象 도장 인 본뜰 상		
• 인상(引上) : 물건값 등을 올림.	引 上 끌 인 윗 상		
• 자원(資源) : 기술의 발전에 따라 생산에 이용되는 것.	資 源 재물 자 근원 원		
• 자원(自願) : 제 스스로 원함.	自 願 스스로 자 원할 원		

♣ 다음 한자성어(漢字成語)의 독음(讀音)을 쓰시오. ▶정답은 284쪽

1. 家家戶戶 (   )
   집집마다.

2. 街頭示威 (   )
   거리에서 위력이나 기세를 드러내 보임.

3. 街頭行進 (   )
   거리에서 여러 사람이 대오를 지어 걸어나감.

4. 攻守交代 (   )
   스포츠 경기에서 공격과 수비를 바꿈.

5. 假設劇場 (   )
   임시로 꾸며 놓은 극장.

6. 可視光線 (   )
   육안으로 볼 수 있는 보통 광선.

7. 假裝行列 (   )
   여러 사람이 각색으로 가장하고 다니는 행렬.

8. 家電製品 (   )
   상품이나 제품으로서의 가정용 전기 기기.

9. 家庭敎育 (   )
   가정에서 집안 어른들의 일상 생활을 통해 자녀가 받는 영향과 교화.

10. 家和萬事成 (   )
    집안이 화목하면 모든 일이 다 잘 되어 감.

11. 刻骨難忘 (   )
    은혜가 뼈에 새겨져 잊혀지지 아니함.

12. 刻骨痛恨 (   )
    뼈에 사무쳐 맺힌 원한.

13. 各樣各色 (   )
    여러 가지.

14. 各人各色 (   )
    각 사람이 모두 다름.

15. 間接選擧 (   )
    선거권자가 먼저 선거 위원을 선정하고, 그 선거 위원이 다시 당선자를 선거하는 일.

16. 敢不生心 (   )
    감히 엄두도 못냄. 언감생심(焉敢生心).

17. 感傷主義 (   )
    지적인 면에 치중하지 않고, 감상(感傷)을 문예 작품에 강조하여 나타내려는 주의. 센티멘털리즘.

18. 甘言利說 (   )
    남의 비위에 맞도록 꾸민 달콤한 말과 이로운 조건을 내세워 꾀는 말.

19. 感情論理 (   )
    논리적인 것처럼 보이지만, 실제로는 감정적 요인에 의한 관념이 연결되어, 사고가 진행되고 판단이 내려지는 일.

20. 甲骨文字 (   )
    거북의 등딱지와 짐승의 뼈에 새긴 중국 고대의 상형문자. 은허 문자.

21. 甲午更張 (   )
    조선 고종 31년(1894) 갑오년에 개화당 정권이 정치 제도를 근대적으로 개혁한 일.

22. 江邊道路 (   )
    강변을 따라서 낸 도로.

23. 巨石文化 (   )
    고인돌·선돌 등의 유물로 대표되는 유럽 신석기문화의 총칭.

♣ 다음 한자성어(漢字成語)의 독음(讀音)을 쓰시오. ▶정답은 284쪽

1. 激化一路 (   )
오직 자꾸만 격렬하게 되어 갈 뿐 임.

2. 見利思義 (   )
눈앞에 이익이 보일 때, 의리를 생각함.

3. 犬馬之勞 (   )
임금이나 나라에 충성을 다하려는 노력. 자기의 노력을 겸손하게 일컫는 말.

4. 見聞一致 (   )
보고 들은 바가 꼭 같음.

5. 見物生心 (   )
물건을 보면 가지고 싶은 욕심이 생김.

6. 見危致命 (   )
나라가 위급할 때 제 몸을 나라에 바침.

7. 見敵必殺 (   )
적을 보면 반드시 죽인다는 뜻.

8. 決死反對 (   )
목숨을 내어 걸고 반대함.

9. 結義兄弟 (   )
남남끼리 형제의 의를 맺음.

10. 結草報恩 (   )
죽어 혼령이 되어도 은혜를 잊지 않고 갚음.

11. 傾國之色 (   )
나라 안에 으뜸가는 미인. 임금이 혹하여 나라가 뒤집혀도 모를 만한 미인.

12. 經世濟民 (   )
세상을 다스리고 백성을 구제함.

13. 輕敵必敗 (   )
적을 업신여기면 반드시 패함.

14. 驚天動地 (   )
세상을 몹시 놀라게 함.

15. 敬天愛人 (   )
하늘을 공경하고 사람을 사랑함.

16. 鷄口牛後 (   )
닭의 주둥이가 될지언정 소의 꼬리는 되지 않겠다는 뜻으로, 큰 단체의 꼴찌보다는 작은 단체의 우두머리가 되라는 말.

17. 鷄卵有骨 (   )
달걀에도 뼈가 있다는 뜻으로, 공교롭게 일이 방해됨을 이르는 말.

18. 古代神話 (   )
옛 시대부터 어떤 신격(神格)으로 전승되어 온 설화.

19. 孤立無援 (   )
외톨이가 되어 구원 받을 데가 없음.

20. 故事成語 (   )
옛적부터 내려오는 유서 깊은 일이나, 그것을 표현한 어구로 완성된 말.

21. 高速道路 (   )
자동차가 고속으로 달릴 수 있도록 넓고 평탄하게 만든 자동차 전용 도로. 하이웨이.

22. 高低長短 (   )
높고 낮음과 길고 짧음.

23. 古典文學 (   )
옛날의 문예 작품으로서 지금까지 어떤 가치를 띠고 전하여 오는 문학.

24. 固定觀念 (   )
자연히 마음이 그리로 가서 항상 의식에 고착되어 있는 관념.

25. 固定不變 (   )
고정하여 변함이 없음.

♣ 다음 한자성어(漢字成語)의 독음(讀音)을 쓰시오.　　▶정답은 284쪽

1. 高足弟子 (　　　　　)
   학식과 품행이 뛰어난 제자.

2. 苦盡甘來 (　　　　　)
   고생 끝에 즐거움이 옴.

3. 骨肉相爭 (　　　　　)
   더할 수 없이 친한 관계에 사람끼리 서로 싸움.

4. 公開放送 (　　　　　)
   청취자나 시청자를 초대하여 방송 실황을 공개해 가며 하는 방송.

5. 公共場所 (　　　　　)
   일반 사회의 여러 사람과 관계된 장소.

6. 空理空論 (　　　　　)
   실천이 따르지 않는 헛된 이론.

7. 公立學校 (　　　　　)
   지방 자치 단체가 지방비로 설립 유지하는 학교.

8. 公明正大 (　　　　　)
   공명하고 떳떳함.

9. 空前絶後 (　　　　　)
   비교할 만한 것이 이전에도 없고 이후에도 없음. 전무후무(前無後無).

10. 公正去來 (　　　　　)
    독점 거래나 암거래가 아닌 공정한 거래.

11. 公衆道德 (　　　　　)
    사회의 여러 사람을 위하는 사람으로서 마땅히 지켜야 할 도덕상의 의리.

12. 公衆電話 (　　　　　)
    여러 사람이 수시로 요금을 내고 쓸 수 있도록 한 전화.

13. 公平無私 (　　　　　)
    공평하고 사사로움이 없음.

14. 過失致死 (　　　　　)
    잘못한 행위로 인하여 사람을 죽게 함.

15. 廣開土王 (　　　　　)
    고구려의 19대왕. 생존시 칭호는 영락대왕. 재위시 광대한 영토를 확보 했는데 남(南)으로는 한강선(漢江線), 서(西)로는 요하 이동(以東), 북(北)으로는 송화강과 동북(東北)으로는 시베리아에 이르는 땅을 경영하였다. 대왕의 능은 만주 집안현에 있으며, 그 비석에 생애와 업적이 적혀 있다.

16. 光陰如流 (　　　　　)
    세월의 가는 것이 물의 흐름처럼 빠름.

17. 敎外別傳 (　　　　　)
    석가모니의 깨달음의 도를 마음에서 마음으로 전하는 일. 이심전심(以心傳心)

18. 交友以信 (　　　　　)
    벗을 사귐에 믿음으로써 함. 세속오계(世俗五戒)의 하나.

19. 交通信號 (　　　　　)
    사람의 왕복이나 자동차의 운행상 번잡한 거리에서 신호를 나타내는 표시.

20. 交通安全 (　　　　　)
    교통에 탈 없이 하는 일.

21. 敎學相長 (　　　　　)
    가르치고 배움은 서로 성장하도록 돕는다는 뜻.

22. 句句節節 (　　　　　)
    구절 구절마다.

23. 九死一生 (　　　　　)
    죽을 고비를 여러 차례 겪고 겨우 살아남.

♣ 다음 한자성어(漢字成語)의 독음(讀音)을 쓰시오.　　▶정답은 284쪽

1. 九牛一毛　(　　　　　)
많은 가운데서 가장 적은 것의 비유.

2. 九折羊腸　(　　　　　)
산길 따위가 양의 창자처럼 꼬불꼬불하고 험함.

3. 九重深處　(　　　　　)
문이 겹겹이 달린 깊은 대궐. 구중궁궐(九重宮闕).

4. 舊態依然　(　　　　　)
옛 모양 그대로 다름이 없음.

5. 區劃整理　(　　　　　)
도시 또는 그 근교에 있어서, 토지나 시설 등을 설치·개량하는 일.

6. 君師父一體　(　　　　　)
임금·스승·아버지의 은혜는 같다는 뜻.

7. 君臣有義　(　　　　　)
임금과 신하간의 도리는 의리에 있음.

8. 君子三樂　(　　　　　)
심성(心性)이 어질고 덕행(德行)이 높아 남의 스승이 될 만한 사람의 세가지 즐거움이란 뜻으로 첫째는 부모님이 모두 계시고 형제가 무고한 것, 둘째는 하늘과 사람에게 부끄러워할 것이 없는 것, 셋째는 천하의 영재(英才)를 얻어서 교육하는 것을 말한다.

9. 權門勢家　(　　　　　)
관위가 높고 권세 있는 집안.

10. 權不十年　(　　　　　)
권세는 10년을 못 간다는 말. 화무십일홍(花無十日紅).

11. 極樂往生　(　　　　　)
죽어서 극락정토(極樂淨土)에 가서 태어남. 편안히 죽음.

12. 極惡無道　(　　　　　)
지극히 악하고도 도의심이 없음.

13. 近視眼的　(　　　　　)
사물을 전체적으로 보지 않고 부분적으로만 보는 것.

14. 金科玉條　(　　　　　)
금과 옥같이 귀중히 여기어 신봉(信奉)하는 법칙이나 규정.

15. 今始初聞　(　　　　　)
이제야 비로소 처음으로 들음.

16. 奇奇妙妙　(　　　　　)
매우 기이하고 묘함.

17. 起死回生　(　　　　　)
중병으로 죽을 뻔하다가 살아나 회복함.

18. 奇想天外　(　　　　　)
보통 사람이 생각할 수 없는 엉뚱한 생각.

19. 起承轉結　(　　　　　)
시문(詩文)을 짓는 격식(시의 첫머리를 기(起), 이를 되받는 것을 승(承), 중간에 뜻을 한 번 바꾸는 것을 전(轉), 전편(全篇)을 거두어서 맺음을 결(結)이라 함).

20. 氣盡脈盡　(　　　　　)
기운과 정력이 다함.

21. 機會主義　(　　　　　)
어떤 일에 있어서 종국의 목표를 위해서 철저하지 못하고, 정세에 따라서 편의적으로 행동하는 경향.

22. 落落長松　(　　　　　)
가지가 축축 길게 늘어지고 키가 큰 소나무.

23. 難攻不落　(　　　　　)
공격하기가 어려워 좀처럼 함락되지 않음.

24. 難民保護　(　　　　　)
곤경에 빠진 사람을 돌보아 지켜줌.

♣ 다음 한자성어(漢字成語)의 독음(讀音)을 쓰시오.   ▶정답은 284쪽

1. 卵生動物　(　　　　　　)
　물고기·새와 같이 알에서 새끼가 나오는 동물.

2. 難兄難弟　(　　　　　　)
　누구를 형이라 아우라 하기 어렵다는 뜻으로, 두 사물의 낫고 못함을 분간하기 어려움의 비유.

3. 南男北女　(　　　　　　)
　우리 나라에서, 남쪽 지방은 남자 잘나고, 북쪽 지방은 여자가 아름답다는 말.

4. 男女老少　(　　　　　　)
　남자와 여자와 늙은이와 젊은이. 곧, 모든 사람.

5. 男女有別　(　　　　　　)
　남녀의 사이에는 분별이 있음.

6. 南海大橋　(　　　　　　)
　우리 나라 최초의 현수교(懸垂橋)로, 남해도를 육지인 하동군과 연결시킨 다리.

7. 冷血動物　(　　　　　　)
　외계의 온도에 따라 체온이 변하는 동물. 인정이 없고 냉혹한 사람의 비유.

8. 怒發大發　(　　　　　　)
　몹시 노함.

9. 綠水青山　(　　　　　　)
　푸른 물과 푸른 산.

10. 錄音放送　(　　　　　　)
　라디오 방송에서 녹음한 소리를 재생(再生) 방송함.

11. 論功行賞　(　　　　　　)
　공적의 유무대소를 의논하여 각각 알맞은 상을 주는 일.

12. 農業用水　(　　　　　　)
　농작물의 생육에 필요한 물을 인공적으로 공급하는 용수.

13. 能文能筆　(　　　　　　)
　문장과 글씨에 모두 능란함.

14. 能小能大　(　　　　　　)
　모든 일에 두루 능함.

15. 多多益善　(　　　　　　)
　많을수록 더욱 좋음.

16. 多聞多讀　(　　　　　　)
　많이 듣고, 읽음.

17. 多事多難　(　　　　　　)
　여러 가지로 일이 많은 데다 어려움도 많음.

18. 多才多能　(　　　　　　)
　재주가 많고 능력이 풍부함.

19. 多情多感　(　　　　　　)
　감수성이 예민해 느끼는 바가 많음.

20. 檀君王儉　(　　　　　　)
　한국의 국조(國祖)로 받드는 태초의 임금. 고조선 시대의 정치적·종교적 통치자의 이름.

21. 團體活動　(　　　　　　)
　개인이 아닌 집단적으로 하는 행동.

22. 擔任敎師　(　　　　　　)
　한 반의 학생을 담당하여 지도하고 모든 일을 처리하는 선생.

23. 大驚失色　(　　　　　　)
　크게 놀라 얼굴빛이 변함.

24. 代代孫孫　(　　　　　　)
　대대로 내려오는 자손.

25. 大同小異　(　　　　　　)
　거의 같고 조금 다름.

♣ 다음 한자성어(漢字成語)의 독음(讀音)을 쓰시오. ▶정답은 284쪽

1. 大量生産 (　　　　)
한 공장에서 동질·동형의 상품을 기계력에 의하여 많은 분량으로 만들어 냄.

2. 大明天地 (　　　　)
아주 밝은 세상.

3. 大書特筆 (　　　　)
특히 드러나게 큰 글자로 씀.

4. 大逆無道 (　　　　)
임금과 나라에 큰 죄가 되는 짓으로 인도(人道)에 몹시 어그러짐.

5. 大義名分 (　　　　)
사람이 지켜야 할 절의(節義)와 분수.

6. 大韓民國 (　　　　)
우리나라의 국호(國號).

7. 德治主義 (　　　　)
도덕적으로 눈뜨지 않은 사람을 지도 교화함을 정치의 요체로 하는 중국의 옛 정치 사상.

8. 道學君子 (　　　　)
도덕에 관한 학문을 닦아 덕행이 높은 사람.

9. 獨不將軍 (　　　　)
무엇이나 혼자 처리 하는 사람.

10. 同苦同樂 (　　　　)
같이 고생하고 같이 즐김.

11. 同期同窓 (　　　　)
같은 시기에 같은 학교에서 배움.

12. 同名異人 (　　　　)
이름은 같되 사람은 다름.

13. 同門修學 (　　　　)
한 스승 밑에서 같이 배움.

14. 東西古今 (　　　　)
동양이나 서양에 있어서의 예나 지금.

15. 東西南北 (　　　　)
동쪽·서쪽·남쪽·북쪽. 사방(四方).

16. 同族相殘 (　　　　)
같은 겨레끼리 서로 싸우고 죽임.

17. 同化作用 (　　　　)
생물체가 체외에서 취한 물질에 화학변화를 가한 다음, 자기 몸에 필요한 화학 구조물로 바꾸는 일.

18. 斗酒不辭 (　　　　)
말술도 사양하지 않을 만큼 주량이 매우 큼.

19. 登場人物 (　　　　)
무대나 영화 장면에 또는, 작품에 나타나는 인물.

20. 燈下不明 (　　　　)
등잔 밑이 어둡다는 뜻으로, 가까이 있는 것이 도리어 알아내기 어려움을 이르는 말.

21. 燈火可親 (　　　　)
가을 밤은 등불을 가까이 하여 글 읽기에 심기(心氣)가 좋다는 뜻.

22. 馬耳東風 (　　　　)
남의 말을 귀담아 듣지 않고 곧 흘려 버림을 이르는 말.

23. 萬古不變 (　　　　)
오랜 세월을 두고 변하지 아니함.

24. 萬端情話 (　　　　)
여러 가지 정다운 이야기.

25. 萬里長城 (　　　　)
중국 북쪽에 있는 긴 성. 진시황이 흉노족의 침입을 막기 위하여 크게 증축하였음.

♣ 다음 한자성어(漢字成語)의 독음(讀音)을 쓰시오.   ▶정답은 284쪽

1. 滿面春色　（　　　　　）
   얼굴에 가득히 차 있는 기쁜 빛.

2. 萬病通治　（　　　　　）
   약효가 여러 가지 병을 모두 고칠 수 있음.

3. 萬事如意　（　　　　　）
   모든 일이 뜻과 같이 됨.

4. 滿山紅葉　（　　　　　）
   온 산에 단풍이 든 나뭇잎이 가득함.

5. 滿場一致　（　　　　　）
   회장(會場)에 모인 여러 사람의 뜻이 한결 같음.

6. 亡羊之歎　（　　　　　）
   갈래진 길에서 양을 잃고 탄식한다는 뜻으로, 학문의 길도 여러 갈래라 길을 잡기 어렵다는 말. 다기망양(多岐亡羊).

7. 明鏡止水　（　　　　　）
   맑은 거울과 조용한 물. 맑고 고요한 심경을 이름.

8. 名山大川　（　　　　　）
   이름난 산과 큰 내.

9. 母系社會　（　　　　　）
   어머니 쪽 계통 중심의 사회.

10. 牧民心書　（　　　　　）
    조선 정조때 다산 정약용 선생이 쓴, 임금이나 고을원이 백성을 다스리는 데 있어서 마음에 새겨두어야 할 내용의 책.

11. 目不識丁　（　　　　　）
    낫 놓고 기역자도 모른다는 뜻으로, 글자를 한 자도 모를 정도로 앎이 없음.

12. 無骨好人　（　　　　　）
    뼈없이 좋은 사람. 아주 순하여 남의 비위에 두루 맞는 사람.

13. 無窮無盡　（　　　　　）
    한이 없고 끝이 없음.

14. 無男獨女　（　　　　　）
    아들 없는 집안의 외동.

15. 無念無想　（　　　　　）
    무아(無我)의 경지에 이르러 일체의 상념이 없음.

16. 無不通知　（　　　　　）
    무슨 일이든지 다 통하여 환히 앎.

17. 無事通過　（　　　　　）
    아무일 없이 통하여 지나가거나 옴.

18. 無所不知　（　　　　　）
    모르는 것이 없음.

19. 無所不能　（　　　　　）
    능통하지 않는 것이 없음.

20. 無所不爲　（　　　　　）
    못할 일이 없음.

21. 務實力行　（　　　　　）
    참되고 실속 있도록 힘써 실행함.

22. 無爲徒食　（　　　　　）
    아무 하는 일 없이 먹기만 함.

23. 聞一知十　（　　　　　）
    한 가지를 들으면 열을 미루어 앎.

24. 門前成市　（　　　　　）
    권세가나 부자가 되어 집 앞이 방문객으로 시장을 이루다시피 함.

25. 物各有主　（　　　　　）
    물건에는 제각기 임자가 있음.

26. 物心兩面　（　　　　　）
    물적(物的)·심적(心的)의 양면.

269

♣ 다음 한자성어(漢字成語)의 독음(讀音)을 쓰시오. ▶정답은 284쪽

1. 美風良俗 (   )
   아름답고 좋은 풍속.

2. 民主主義 (   )
   주권이 국민에게 속하며 국민에 의해 국민을 위하여 정치를 행하는 주의.

3. 博覽強記 (   )
   동서고금(東西古今)의 책을 널리 읽고 사물을 잘 기억하는 것.

4. 博學多識 (   )
   학문이 넓고 식견이 많음.

5. 半信半疑 (   )
   반쯤은 믿고 반쯤은 의심함.

6. 拜金主義 (   )
   돈을 최고의 것으로 여기는 주의.

7. 倍達民族 (   )
   우리 민족의 일컬음. 배달겨레.

8. 背水陣 (   )
   물을 등지고 치는 진법의 하나로, 목숨을 걸고 싸우는 경우의 비유.

9. 百家爭鳴 (   )
   많은 학자·문화인 등의 활발한 논쟁.

10. 百科事典 (   )
    학술·기예·가정·사회 등 모든 분야에 걸친 사항을 간명하고도 상식적으로 한 책에 모아 풀이해서 만든 사전.

11. 百年大計 (   )
    먼 뒷날까지에 걸친 큰 계획.

12. 百年河淸 (   )
    중국의 황하가 항상 흐리어 맑을 때가 없다는 말로, 아무리 오래 되어도 사물이 이루어지기 어렵다는 뜻.

13. 百萬大軍 (   )
    썩 많은 수의 큰 군대.

14. 白面書生 (   )
    글만 읽고 세상 일에 경험이 없는 사람.

15. 百聞不如一見 (   )
    백 번 듣는 것이 한번 보는 것만 못하다는 뜻으로, 무엇이든지 실지로 경험해야 확실히 앎.

16. 百發百中 (   )
    총·활 등이 겨눈 곳에 꼭꼭 들어맞음. 하는 일마다 실패 없이 잘됨.

17. 百倍謝禮 (   )
    몹시 고마워 거듭거듭 사례함.

18. 白雪公主 (   )
    독일의 그림 형제가 수록한 설화 속의 주인공.

19. 白衣民族 (   )
    한국 민족의 일컬음.

20. 白衣從軍 (   )
    벼슬이 없는 사람으로 군대를 따라 전장으로 감.

21. 白衣天使 (   )
    간호사의 미칭(美稱).

22. 百戰老將 (   )
    세상의 온갖 풍파를 다 겪은 사람의 비유.

23. 百折不屈 (   )
    수없이 꺾어도 굽히지 않음. 백절불요(百折不撓)

24. 百害無益 (   )
    해는 되어도 이로울 것은 전혀 없음.

25. 別無神通 (   )
    별로 신통할 것이 없음.

♣ 다음 한자성어(漢字成語)의 독음(讀音)을 쓰시오. ▶정답은 284쪽

1. 別有天地　(　　　　)
   속된 세상과는 아주 다른 세상.

2. 兵家常事　(　　　　)
   전쟁에서 이기고 지는 것은 보통 있는 일로, 실패는 흔히 있는 일이니 낙심할 것이 없다는 말.

3. 步武堂堂　(　　　　)
   걸음걸이가 씩씩하고 버젓함.

4. 複雜多端　(　　　　)
   일이 두루 뒤섞여 갈피를 잡기가 어려움.

5. 奉仕活動　(　　　　)
   남을 위해 활동함.

6. 富國強兵　(　　　　)
   부유한 나라와 강한 군대.

7. 富貴功名　(　　　　)
   재산이 많고 지위가 높으며 공을 세워 이름을 떨침.

8. 夫婦有別　(　　　　)
   오륜(五倫)의 하나로, 부부 사이에 서로 침범치 못할 인륜의 구별이 있음.

9. 父子有親　(　　　　)
   오륜의 하나로, 아버지와 아들 사이의 도(道)는 친애에 있음.

10. 父傳子傳　(　　　　)
    대대로 아비가 아들에게 전함. 부전자승(父傳子承).

11. 不知不識間 (　　　　)
    생각지도 알지도 못하는 사이.

12. 北斗七星　(　　　　)
    큰곰자리에서 가장 뚜렷하게 보이는 국자 모양의 일곱 별.

13. 不可思議　(　　　　)
    사람의 생각으로는 미루어 헤아릴 수 없이 이상야릇함.

14. 不可抗力　(　　　　)
    인간의 힘으로는 어찌할 수 없는 힘.

15. 不勞所得　(　　　　)
    근로하지 않고 얻는 소득.

16. 不老長生　(　　　　)
    늙지 않고 오래 삶.

17. 不問可知　(　　　　)
    묻지 않아도 알 수 있음.

18. 不問曲直　(　　　　)
    옳고 그른 것을 묻지 않음.

19. 不問則藥　(　　　　)
    묻지 않는 것이 곧 약이 됨.

20. 不事二君　(　　　　)
    한 사람이 두 임금을 섬기지 아니함.

21. 不要不急　(　　　　)
    필요하지도 급하지도 아니함.

22. 不遠千里　(　　　　)
    천리를 멀다 여기지 않음.

23. 不協和音　(　　　　)
    서로 뜻이 맞지 않아서 일어나는 충돌.

24. 非常事態　(　　　　)
    심상치 않은 사태.

25. 非一非再　(　　　　)
    한두 번이 아님.

26. 氷炭不相容 (　　　　)
    사물이 서로 화합하기 어려움을 일컫는 말.

27. 士農工商　(　　　　)
    선비·농부·공장(工匠)·상인의 네 가지 계급.

♣ 다음 한자성어(漢字成語)의 독음(讀音)을 쓰시오.   ▶정답은 284쪽

1. 事大思想 (   )
   세력이 강한 나라 또는 사람을 붙좇아 의지하려는 사상.

2. 事大主義 (   )
   일정한 주의가 없이 세력이 강한 나라나 사람을 붙좇아 자신의 존립을 유지하려는 주의.

3. 四面春風 (   )
   늘 좋은 얼굴로 남을 대하여 누구에게나 호감을 사는 일.

4. 事事件件 (   )
   모든 일. 온갖 사건.

5. 死生決斷 (   )
   죽고 삶을 돌보지 않고 끝장을 냄.

6. 死生有命 (   )
   죽고 사는 것이 하늘에 달려 있음. 죽고 삶이 타고난 운명에 매였음.

7. 四時長春 (   )
   사철 어느 때나 늘 봄과 같음. 늘 잘 지냄.

8. 四時春風 (   )
   누구에게나 늘 좋은 낯으로 대하며 무사 태평한 사람의 일컬음.

9. 事實無根 (   )
   근거가 없는 일. 전혀 사실과 다른 일.

10. 事有終始 (   )
    일에는 처음과 끝이 있음.

11. 謝恩肅拜 (   )
    임금의 은혜를 사례하여 공손하게 절함.

12. 事親以孝 (   )
    세속오계(世俗五戒)의 하나로, 어버이를 섬김에 효도로써 함.

13. 四通五達 (   )
    길이나 교통망 등이 이리저리 사방으로 통함.

14. 事必歸正 (   )
    만사(萬事)는 반드시 정리(正理)로 돌아감.

15. 四海兄弟 (   )
    온 천하 사람이 다 형제와 같다는 뜻으로, 친밀히 이르는 말.

16. 死後藥方文 (   )
    일이 터지고 난 뒤에야 예방책을 내놓음.

17. 山高水長 (   )
    인자(仁者)나 군자(君子)의 덕이 뛰어남을 높은 산이 솟고 큰 강이 흐르는 데 비유한 말.

18. 山戰水戰 (   )
    세상 일에 대하여 온갖 어려움을 겪고 고비를 넘김.

19. 山海珍味 (   )
    산과 바다의 산물을 다 갖추어 썩 잘 차린 진귀한 음식.

20. 殺生有擇 (   )
    살생을 하는 데는 가림이 있다는 뜻으로, 함부로 살생하지 않음을 이르는 말.

21. 殺身成仁 (   )
    옳은 일을 위해 목숨을 버림.

22. 三府要人 (   )
    행정부·사법부·입법부의 수장(首長)을 말함.

23. 三三五五 (   )
    삼사인 또는 오륙인이 떼를 지어 다니거나 무슨 일을 하는 모양.

24. 三十六計 (   )
    어려운 때에는 도망하여 몸을 보전함이 상책임.

♣ 다음 한자성어(漢字成語)의 독음(讀音)을 쓰시오.   ▶정답은 284쪽

1. 三位一體 (   )
   세 가지의 것이 서로 연관·통합하여 목적하는 것이 하나가 되는 일.

2. 三寒四溫 (   )
   겨울철에 한국·만주·중국 등지에서 추운 날씨가 약 3일 계속되다가 다음에 따뜻한 날씨가 4일 가량 계속되는 주기적 기후 현상.

3. 象形文字 (   )
   물체의 형상을 본떠서 만든 글자.

4. 生年月日 (   )
   출생한 해와 달과 날.

5. 生老病死 (   )
   인생이 겪는 네가지 고통으로, 낳음·늙음·병듦·죽음을 말함.

6. 生面不知 (   )
   서로 만나 본 일이 없어 도무지 모르는 사람.

7. 生死苦樂 (   )
   삶과 죽음과 고통스러움과 즐거움.

8. 先見之明 (   )
   일을 미리 짐작하는 밝은 지혜.

9. 善男善女 (   )
   착한 남자와 여자.

10. 先史時代 (   )
    고고학상 시대 구분의 하나로, 문헌적 사료가 전혀 없는 시대.

11. 宣戰布告 (   )
    상대국과 전쟁 상태에 들어감을 선언·공포함.

12. 仙風道骨 (   )
    신선의 풍채와 도인의 골격.

13. 說往說來 (   )
    서로 변론하여 말로 옥신각신함.

14. 誠心誠意 (   )
    참된 마음과 정성스러운 뜻.

15. 世界大戰 (   )
    20세기 전반기에 있었던 두 차례의 큰 전쟁.

16. 世上萬事 (   )
    세상에서 일어나는 온갖 일.

17. 世俗五戒 (   )
    신라 진평왕 때 지은 화랑의 다섯 가지 계율. 사군이충(事君以忠)·사친이효(事親以孝)·교우이신(交友以信)·임전무퇴(臨戰無退)·살생유택(殺生有擇)의 5가지.

18. 歲月如流 (   )
    세월이 흐르는 물과 같다는 말로, 세월이 빨리 흘러감을 뜻하는 말.

19. 少年少女 (   )
    아직 완전히 성숙하지 않은 아동기 후반의 남녀.

20. 笑門萬福來 (   )
    웃음꽃 피는 집안에 온갖 복이 옴.

21. 所願成就 (   )
    원하는 바를 이룸.

22. 速戰速決 (   )
    지구전을 피하고 결전으로써 속히 판가름하려는 일.

23. 損者三友 (   )
    사귀어서 손해가 되는 세 가지의 벗. 곧, 편벽한 벗·말만 잘하고 성실하지 못한 벗·너무 착하기만 하고 줏대가 없는 벗.

24. 送舊迎新 (   )
    묵은해를 보내고 새해를 맞음.

♣ 다음 한자성어(漢字成語)의 독음(讀音)을 쓰시오. ▶정답은 285쪽

1. 修學旅行 (   )
   학생들이 실제로 보고 들어서 지식을 넓힐 수 있도록 교사의 인솔하에 학교에서 행하는 여행.

2. 宿願事業 (   )
   오래 전부터 소원했던 사업.

3. 崇儒抑佛 (   )
   유교를 숭상하고 불교를 억제함.

4. 市道邑面 (   )
   행정구역을 나눈 이름.

5. 是非曲直 (   )
   옳고 그르고 굽고 곧음.

6. 是是非非 (   )
   공평무사하게 옳은 것은 옳다고 찬성하고 그른 것은 그르다고 반대함.

7. 始終如一 (   )
   처음부터 끝까지 변함 없이 한결같음.

8. 身邊雜記 (   )
   자기 주위에서 일상 일어나는 여러 가지 일들을 적은 수필체의 글.

9. 信賞必罰 (   )
   상벌을 공정·엄중히 하는 일.

10. 身言書判 (   )
    당시대 관리등용의 네 가지로, 신수·말씨·문필·판단력.

11. 新裝開業 (   )
    어느 공간에 새로 장치를 하여 일을 엶.

12. 身土不二 (   )
    사람의 육체와 그 사람이 태어난 고장의 토양은 떼려야 뗄 수 없는 밀접한 관련이 있다는 뜻으로, 우리나라에서 생산된 농작물이 우리 체질에 맞다는 말.

13. 實事求是 (   )
    사실에 토대를 두어 진리를 탐구하는 일.

14. 心機一轉 (   )
    어떤 동기에 의해 지금까지 먹었던 마음을 뒤집듯이 확 바꿈.

15. 深化學習 (   )
    학습을 깊이있게 함.

16. 十九孔炭 (   )
    19개의 구멍이 있는 연탄.

17. 十年知己 (   )
    오래 전부터 사귀어 온 친구.

18. 十二指腸 (   )
    소장(小腸)의 일부로, 소화작용에 필요한 쓸개즙과 이자액이 주입됨.

19. 十中八九 (   )
    열 가운데 여덟이나 아홉이 됨. 거의 다 됨을 가리키는 말.

20. 惡事千里 (   )
    나쁜 일은 곧 세상에 알려짐.

21. 惡戰苦鬪 (   )
    죽을 힘을 다하여 몹시 싸움.

22. 安分知足 (   )
    편안한 마음으로 제 분수를 지키며 만족함을 앎.

23. 安貧樂道 (   )
    구차한 중에도 편안한 마음으로 도(道)를 즐김.

24. 安全事故 (   )
    공장 따위에서, 안전 교육의 망각 또는 일상의 부주의로 인하여 일어나는 사고.

25. 眼下無人 (   )
    사람을 업신여기고 교만함.

♣ 다음 한자성어(漢字成語)의 독음(讀音)을 쓰시오. ▶정답은 285쪽

1. 愛國愛族　　(　　　　　)
   제 나라와 제 민족을 사랑함.

2. 愛他主義　　(　　　　　)
   다른 사람의 행복의 증진을 도덕상 행위의 표준으로 삼는 주의 또는 입장.

3. 藥房甘草　　(　　　　　)
   어떤 일에나 빠짐 없이 끼는 사람이나, 불가결의 사물.

4. 弱肉強食　　(　　　　　)
   약한 사람은 강한 사람에게 먹힘.

5. 良藥苦口　　(　　　　　)
   효험이 좋은 약은 입에 쓰다는 뜻으로, 충언(忠言)은 귀에 거슬리나 자신에게 이롭다는 말.

6. 兩者擇一　　(　　　　　)
   둘 가운데 하나를 택함.

7. 漁父之利　　(　　　　　)
   쌍방이 다투는 틈을 타서 제3자가 애쓰지 않고 가로챈 이득.

8. 語不成說　　(　　　　　)
   말이 조금도 사리에 맞지 않음.

9. 億萬長者　　(　　　　　)
   몇 억대의 재산을 가진 사람.

10. 一衣帶水　　(　　　　　)
    한 줄기의 띠와 같은 작은 냇물이나 바닷물.

11. 言語道斷　　(　　　　　)
    말문이 막힌다는 뜻으로, 어이가 없어 이루 말로 나타낼 수 없음을 이르는 말.

12. 言中有骨　　(　　　　　)
    예사로운 말 속에 단단한 속뜻이 들어 있음.

13. 言行一致　　(　　　　　)
    하는 말과 행동이 같음.

14. 嚴冬雪寒　　(　　　　　)
    눈이 오고 몹시 추운 겨울.

15. 嚴正中立　　(　　　　　)
    어느 편에도 기울지 않음.

16. 餘暇善用　　(　　　　　)
    틈틈이 잘 활용함.

17. 與民同樂　　(　　　　　)
    임금이 백성과 함께 즐김.

18. 與世推移　　(　　　　　)
    세상의 변함을 따라 함께 변함.

19. 易地思之　　(　　　　　)
    처지를 바꾸어서 생각함.

20. 年末年始　　(　　　　　)
    세밑과 해가 바뀌어 시작되는 시점.

21. 緣木求魚　　(　　　　　)
    나무에 올라 고기를 구하듯 불가능한 일을 하려고 함.

22. 連戰連勝　　(　　　　　)
    싸울 때마다 잇따라 이김.

23. 永遠無窮　　(　　　　　)
    영원히 다함이 없음.

24. 五穀百果　　(　　　　　)
    온갖 곡식과 여러 가지 과일.

25. 五百羅漢　　(　　　　　)
    석가의 제자인 오백 사람의 공덕을 갖춘 성자(聖者).

26. 五十步百步 (　　　　　)
    차이가 있기는 있으나, 본질적으로 매일반이라는 뜻.

♣ 다음 한자성어(漢字成語)의 독음(讀音)을 쓰시오.　　　▶정답은 285쪽

1. 五言絶句　　(　　　　　)
   다섯 글자가 한 구를 이뤄 총 4구 20자로 된 한시.

2. 溫故知新　　(　　　　　)
   옛 것을 연구해 새 지식이나 견해를 찾아냄.

3. 樂山樂水　　(　　　　　)
   산수(山水)를 좋아함.

4. 用意周到　　(　　　　　)
   마음의 준비가 두루 미쳐 빈틈이 없음.

5. 右往左往　　(　　　　　)
   바른쪽으로 갔다 왼쪽으로 갔다 하며 종잡지 못함.

6. 牛耳讀經　　(　　　　　)
   쇠귀에 경 읽기와 같음.

7. 郵便番號　　(　　　　　)
   우편물 분류 작업의 능률화·기계화를 위해, 정보통신부가 전국의 우편구마다 매긴 우편 구별 번호.

8. 友好條約　　(　　　　　)
   국가간의 우의를 위한 조약.

9. 爲國忠節　　(　　　　　)
   나라를 위한 충성스러운 절개.

10. 危機一髮　　(　　　　　)
    조금도 여유 없이 아슬아슬하게 닥친 위기의 순간.

11. 威風堂堂　　(　　　　　)
    풍채가 위엄이 있고 씩씩함.

12. 危險千萬　　(　　　　　)
    매우 위험함.

13. 有口無言　　(　　　　　)
    입은 있으나 할 말이 없다는 뜻으로, 변명이나 항변할 말이 없음.

14. 類萬不同　　(　　　　　)
    많은 것이 모두 서로 같지 않음. 분수에 맞지 않음.

15. 有名無實　　(　　　　　)
    이름만 있고 그 실상은 없음.

16. 有備無患　　(　　　　　)
    준비가 있으면 근심할 것이 없음.

17. 類類相從　　(　　　　　)
    동류끼리 서로 내왕하며 사귐.

18. 陸海空軍　　(　　　　　)
    육군·해군·공군.

19. 爲人設官　　(　　　　　)
    사람을 위해 일부러 벼슬자리를 마련함.

20. 陰德陽報　　(　　　　　)
    음덕을 쌓으면 남이 알게 행복을 받는다는 뜻.

21. 意氣投合　　(　　　　　)
    마음이 서로 맞음.

22. 意味深長　　(　　　　　)
    말이나 글의 뜻이 매우 깊음.

23. 異口同聲　　(　　　　　)
    여러 사람의 말이 한결 같음.

24. 以德報怨　　(　　　　　)
    덕으로써 원한을 갚음.

25. 以卵擊石　　(　　　　　)
    달걀로 바위치기란 뜻으로, 약한 것으로써 강한 것을 당해 내려는 일의 비유. 이란투석(以卵投石).

26. 以卵投石　　(　　　　　)
    달걀로 바위치기란 뜻으로, 약한 것으로써 강한 것을 당해 내려는 일의 비유. 이란격석(以卵擊石).

♣ 다음 한자성어(漢字成語)의 독음(讀音)을 쓰시오.　　▶정답은 285쪽

1. 耳目口鼻　　(　　　　)
　귀·눈·입·코.

2. 以實直告　　(　　　　)
　사실 그대로 고함.

3. 以心傳心　　(　　　　)
　말글에 의존하지 않고, 마음에서 마음으로 전함. 교외별전(敎外別傳).

4. 以熱治熱　　(　　　　)
　열은 열로써 다스림.

5. 利用厚生　　(　　　　)
　국민이 사용하는 기구 등을 편리하게 하고, 의식을 풍부하게 하며, 생계에 부족함이 없도록 함.

6. 二律背反　　(　　　　)
　서로 모순 되는 두 개의 명제.

7. 二重三重　　(　　　　)
　두 겹 세 겹으로 겹침.

8. 離合集散　　(　　　　)
　헤어졌다가 모였다 하는 일.

9. 益者三友　　(　　　　)
　사귀어서 자기에게 유익한 세 벗. 곧, 정직한 벗·신의 있는 벗·지식 있는 벗.

10. 因果應報　　(　　　　)
　사람이 짓는 선악의 인업(因業)에 응하여 과보가 있음.

11. 人命在天　　(　　　　)
　사람의 살고 죽음은 하늘에 매여 있음.

12. 人事不省　　(　　　　)
　정신을 잃고 의식을 모름.

13. 人死留名　　(　　　　)
　사람은 죽어도 이름은 남겨진다는 말로, 그 삶이 헛되지 않으면 아름다운 이름은 길이 남는다는 말.

14. 人山人海　　(　　　　)
　사람이 헤아릴 수 없이 많이 모인 상태.

15. 人相着衣　　(　　　　)
　사람의 생김새와 옷차림.

16. 人身攻擊　　(　　　　)
　남의 신상에 관한 일을 들어 비난하는 것.

17. 仁義禮智信　(　　　　)
　아버지는 의리·어머니는 자애·형은 우애·아우는 공경·자식은 효도로 대하는 오상(五常) 또는 오륜(五倫)을 말함.

18. 仁者無敵　　(　　　　)
　어진 사람은 모든 사람을 사랑하므로 천하에 적대하는 사람이 없음.

19. 人海戰術　　(　　　　)
　극히 많은 병력을 투입하여 그 수의 힘으로 전선을 분단·돌파하는 공격법.

20. 一擧手一投足(　　　　)
　손 한 번 들고, 발 한 번 옮기는 일.

21. 一擧兩得　　(　　　　)
　한 가지 일을 하여 두 가지 이익을 얻음. 일석이조(一石二鳥).

22. 一口二言　　(　　　　)
　한 입으로 두 가지 말을 함. 곧, 이랬다저랬다 함.

23. 一望無際　　(　　　　)
　아득하게 끝없이 멀어서, 눈을 가리는 것이 없음.

24. 一脈相通　　(　　　　)
　솜씨·성격 등이 서로 통함.

25. 一問一答　　(　　　　)
　한 번 묻는데 대해 한 번 대답함.

26. 一方通行　　(　　　　)
　비유적으로, 어느 한 쪽에서 다른 쪽에의 전달만이 이루어지고 그 반대의 전달이 이루어지지 않는 일.

♣ 다음 한자성어(漢字成語)의 독음(讀音)을 쓰시오.　　　▶정답은 285쪽

1. 一罰百戒　(　　　　　)
   한 사람이나 한 가지 죄과를 벌줌으로써 여러 사람을 경계함.

2. 一絲不亂　(　　　　　)
   질서가 정연하여 조금도 어지러움이 없음.

3. 一石二鳥　(　　　　　)
   한 가지 일을 하여 두 가지 이익을 얻음. 일거양득(一擧兩得).

4. 一言半句　(　　　　　)
   한 마디의 말과 한 구절의 반.

5. 一葉知秋　(　　　　　)
   나뭇잎 하나가 떨어짐을 보고 가을이 옴을 안다는 뜻으로, 한 가지 일을 보고 장차 있을 수 있는 일을 미리 짐작함.

6. 一日三省　(　　　　　)
   하루에 세 번 자기를 돌아보는 것으로, 남을 위해 계획한 일을 진실되게 하였는가·벗과 사귐에 믿음이 있었는가·전해받은 것을 익히지 않았는가를 말함.

7. 一日如三秋　(　　　　　)
   하루가 삼 년 같음.

8. 一字千金　(　　　　　)
   글자 한 자에 천금의 값어치가 있음.

9. 一長一短　(　　　　　)
   장점도 있고 단점도 있음.

10. 一朝一夕　(　　　　　)
    하루 아침·하루 저녁처럼 짧은 시일.

11. 一進一退　(　　　　　)
    한 번 나아감과 한 번 물러섬.

12. 日就月將　(　　　　　)
    날로 달로 진보함.

13. 一致團結　(　　　　　)
    여럿이 한 덩어리로 굳게 뭉침.

14. 一喜一悲　(　　　　　)
    한편으로 기쁘고 한편으로 슬픔.

15. 立身出世　(　　　　　)
    입신하여 세상에 이름을 드날림.

16. 立地條件　(　　　　　)
    구비하여야 할 입지의 자연적 조건.

17. 立春大吉　(　　　　　)
    입춘을 맞이하여 길운을 기원하는 글.

18. 自強不息　(　　　　　)
    스스로 힘써 쉬지 않음.

19. 自古以來　(　　　　　)
    예로부터 내려오는.

20. 自給自足　(　　　　　)
    자기의 수요를 자기가 생산하여 충당함.

21. 姉妹結緣　(　　　　　)
    어떤 지역·단체가 서로 도우려 자매의 연을 맺음.

22. 自問自答　(　　　　　)
    제가 묻고 제가 답함.

23. 自手成家　(　　　　　)
    물려받은 재산이 없는 사람이 제 힘으로 한 살림을 이룩함.

24. 自業自得　(　　　　　)
    제가 저지른 일의 과보를 제가 받음.

25. 自然保護　(　　　　　)
    동식물이나 광물 등 특정한 자연물 또는 지역의 자연 경관을 보호하여 자연을 본래의 모습으로 보존하려 하는 일.

♣ 다음 한자성어(漢字成語)의 독음(讀音)을 쓰시오.　　　▶정답은 285쪽

1. 自由世界　(　　　　)
　자유로운 세계.

2. 自由自在　(　　　　)
　어떤 범위 내에서 구속·제한됨이 없이 마음대로 할 수 있음.

3. 子子孫孫　(　　　　)
　자손의 여러 대.

4. 自重自愛　(　　　　)
　자신을 소중히 하고 사랑함.

5. 自初至終　(　　　　)
　처음부터 끝까지 이르는 동안.

6. 自他共認　(　　　　)
　자기나 남들이 다같이 인정함.

7. 自畫自讚　(　　　　)
　자기가 그린 그림을 스스로 칭찬한다는 뜻으로, 제가 한 일을 자기 스스로 자랑함.

8. 作心三日　(　　　　)
　결심이 사흘을 가지 못함.

9. 赤手單身　(　　　　)
　맨손과 홀몸. 곧 가진 재산이나 일가붙이가 없음.

10. 適者生存　(　　　　)
　생존 경쟁의 결과, 외계의 상태에 맞는 것은 살아가고, 그렇지 못한 것은 차차 쇠퇴·멸망해 가는 자연 도태의 현상.

11. 適材適所　(　　　　)
　마땅한 인재를 마땅한 자리에 씀.

12. 電光石火　(　　　　)
　극히 짧은 시간. 아주 신속한 동작.

13. 前近代的　(　　　　)
　현대적이 못되고 그 앞 시대의 색채를 벗어나지 못한.

14. 前代未聞　(　　　　)
　이제까지 들은 적이 없음.

15. 傳來童話　(　　　　)
　전해 내려오는 어린이를 대상으로 하는 이야기.

16. 前無後無　(　　　　)
　전에도 없었고 앞으로도 없음.

17. 展示效果　(　　　　)
　소비 지출이 자신의 소득 수준에 따르지 않고 타인의 모방에 의하여 증대되는 사회적·심리적 효과.

18. 田園住宅　(　　　　)
　시골이나 교외에 지은 주택.

19. 全知全能　(　　　　)
　무엇이나 다 알고 무엇이나 행하는 신의 능력.

20. 前進後退　(　　　　)
　앞으로 나아가고 뒤로 물러섬.

21. 電話番號　(　　　　)
　각 전화기마다 매겨 있는 번호.

22. 前後左右　(　　　　)
　앞뒤쪽과 왼쪽과 오른쪽. 사방(四方).

23. 絶體絶命　(　　　　)
　앞으로 나아갈 수도, 뒤로 물러날 수도 없이 꼼짝할 수 없는 궁지에 빠짐. 진퇴양난(進退兩難).

24. 絶海孤島　(　　　　)
　육지에서 멀리 떨어진 외딴 섬.

25. 正當防衛　(　　　　)
　급박 부당한 침해에 대해, 자기 또는 타인의 권리를 방어하기 위하여 부득이 행하는 가해 행위.

26. 正三角形　(　　　　)
　각 변의 길이가 똑같은 삼각형.

♣ 다음 한자성어(漢字成語)의 독음(讀音)을 쓰시오. ▶정답은 285쪽

1. 正正堂堂　(　　　　　)
   태도나 수단이 공정하고 떳떳함.

2. 帝國主義　(　　　　　)
   군사적·경제적으로 다른 나라를 정복하여 영토나 권력을 넓히려는 주의.

3. 朝變夕改　(　　　　　)
   아침 저녁으로 뜯어 고침.

4. 存亡之秋　(　　　　　)
   존재하느냐 멸망하느냐의 절박한 때.

5. 從軍記者　(　　　　　)
   전쟁터에 나가 전투 상황을 보도하는 기자.

6. 種豆得豆　(　　　　　)
   콩 심은데 콩나고 팥 심은데 팥이 남.

7. 主權在民　(　　　　　)
   국가의 주권이 국민에게 있음.

8. 走馬看山　(　　　　　)
   달리는 말 위에서 산천을 구경한다는 뜻으로, 바쁘고 어수선하여 되는 대로 책책 지나쳐 봄을 비유.

9. 酒色雜技　(　　　　　)
   술과 계집과 놀음.

10. 晝夜長川　(　　　　　)
    밤낮으로 쉬지 않고 잇따라서.

11. 竹馬故友　(　　　　　)
    어렸을 때부터의 친한 벗.

12. 衆口難防　(　　　　　)
    뭇사람의 말을 이루 막기가 어려움.

13. 重言復言　(　　　　　)
    안전을 유지하는 일.
    ¶ 이번 일은 ~을 철저히 유지해야 한다..

14. 指名打者　(　　　　　)
    야구에서, 투수 대신 지명된 타격 전문의 타자.

15. 至誠感天　(　　　　　)
    지극한 정성에 하늘이 감동함.

16. 知音　(　　　　　)
    타는 악기의 곡조를 잘 알아주듯이 마음이 서로 통하는 친한 벗.

17. 智者樂水　(　　　　　)
    지자(智者)는 사리에 밝아 막힘이 없는 것이 흐르는 물과 비슷하여서 늘 물과 친하여 물을 즐김.

18. 智者一失　(　　　　　)
    지자(智者)같은 사람도 여러 가지 생각 가운데에는 잘못되는 것이 있을 수 있음을 이르는 말.

19. 地下車道　(　　　　　)
    땅 아래로 낸 차가 다니는 도로.

20. 知行一致　(　　　　　)
    아는 것과 실행하는 것이 일치함.

21. 知行合一　(　　　　　)
    지(知)와 행(行)은 병진해야 한다는 설.

22. 直系尊屬　(　　　　　)
    조상에서 직선적으로 자기에게 이르는 사이의 혈족.

23. 直射光線　(　　　　　)
    정면으로 곧게 비치는 광선.

24. 盡人事待天命(　　　　　)
    사람으로서 할 일을 다하고 하늘의 명을 기다림.

25. 盡忠報國　(　　　　　)
    충성을 다하여 나라의 은혜를 갚음.

26. 進退兩難　(　　　　　)
    앞으로 나아갈 수도, 뒤로 물러날 수도 없이 꼼짝할 수 없는 궁지에 빠짐. 절체절명(絶體絶命).

♣ 다음 한자성어(漢字成語)의 독음(讀音)을 쓰시오.　　　▶정답은 285쪽

1. 質疑應答　(　　　　)
  질문과 그것에 대한 대답.

2. 千軍萬馬　(　　　　)
  썩 많은 군사와 말.

3. 千慮一失　(　　　　)
  지혜로운 사람도 많은 생각 가운데는 혹간 실책이 있을 수 있다는 말.

4. 千萬多幸　(　　　　)
  매우 다행함.

5. 千變萬化　(　　　　)
  한없이 변화함.

6. 千不當萬不當(　　　　)
  조금도 가당치 않음.

7. 天上天下　(　　　　)
  우주의 사이.

8. 天然記念物　(　　　　)
  동식물·광물·지질 그 밖의 천연물이 특유·진귀하거나 또는 드물어서 법률로써 지정·보존하는 것.

9. 天人共怒　(　　　　)
  누구나 분노할 만큼 증오스러움. 또 도저히 용납될 수 없음의 비유.

10. 興盡悲來　(　　　　)
  즐거운 일이 다하면 슬픈 일이 닥쳐온다는 뜻으로, 세상 일은 순환되는 것을 말함.

11. 天災地變　(　　　　)
  지진·홍수 따위의 자연의 재앙.

12. 千差萬別　(　　　　)
  여러 가지 사물이 모두 차이가 있고 구별이 있음.

13. 千態萬象　(　　　　)
  여러 가지 사물이 모두 차이가 있고 구별이 있는 상태.

14. 千篇一律　(　　　　)
  여러 시문(詩文)의 격조가 변화 없이 비슷비슷함.

15. 天下無敵　(　　　　)
  세상에 대적할 만한 사람이 없음.

16. 天下第一　(　　　　)
  세상에서 견줄 만한 것이 없음.

17. 靑山別曲　(　　　　)
  지은이, 연대 미상의 고려 속요로, 고려 후기 거듭되는 전란과 혼란으로 인해 삶의 터전을 상실한 유랑민의 처지를 노래함.

18. 靑山流水　(　　　　)
  막힘 없이 썩 잘하는 말의 비유.

19. 淸風明月　(　　　　)
  맑은 바람과 밝은 달.

20. 體育大會　(　　　　)
  각종 운동을 통하여 건강의 증진·유지를 꾀하려는 운동회.

21. 草家三間　(　　　　)
  썩 작은 초가.

22. 初等學校　(　　　　)
  학령 아동에게 초등 교육을 가르치는 학교.

23. 草綠同色　(　　　　)
  이름은 다르나 따지고 보면 한 가지 것이라는 말.

24. 草食動物　(　　　　)
  풀을 주식물로 하는 포유동물.

25. 秋風落葉　(　　　　)
  가을 바람에 흩어져 떨어지는 낙엽이란 뜻으로, 세력 등이 낙엽처럼 시들어 우수수 떨어짐의 비유.

26. 春夏秋冬　(　　　　)
  봄·여름·가을·겨울의 네 철.

♣ 다음 한자성어(漢字成語)의 독음(讀音)을 쓰시오.   ▶정답은 285쪽

1. 出生申告 (   )
사람이 출생했음을 관청에 제출하여 알림.

2. 出將入相 (   )
나가서는 장수가 되고 들어와서는 재상이 됨.

3. 忠言逆耳 (   )
충직한 말은 귀에 거슬려 불쾌함.

4. 寢不安食不甘(   )
누워도 편안하지 않고, 먹어도 음식이 달지 않음.

5. 他山之石 (   )
다른 사람의 하찮은 언행일지라도 자기의 지덕(知德)을 연마하는데에 도움이 된다는 말.

6. 卓上空論 (   )
실천성이 없는 허황한 이론.

7. 特活活動 (   )
학교 교육의 정규 교과목 이외의 특별 교육 활동.

8. 八道江山 (   )
우리나라 전국의 산수.

9. 八方美人 (   )
어느 모로 보나 아름다운 여인. 여러 방면에 능한 사람.

10. 敗家亡身 (   )
가산을 없애고 몸을 망침.

11. 平價切下 (   )
화폐 단위의 가치를 내리는 일. 평가절상(平價切上).

12. 平地落傷 (   )
평지에서 넘어져 다침을 뜻하는 말로, 뜻밖에 당하는 불행의 비유.

13. 平地風波 (   )
뜻밖에 분쟁이 일어남의 비유.

14. 平和統一 (   )
무력적인 전쟁에 의하지 않고 평화적인 방법으로 수행하는 통일.

15. 布帳馬車 (   )
포장을 친 마차. 주로 밤에 행인이 나다니는 길이나 공터에서 리어카 등에 포장을 씌워 놓고 술·음식 등을 파는 이동식 간이주점.

16. 表面張力 (   )
액체의 표면이 스스로 수축하여 가능한 한 작은 면적을 취하려는 힘.

17. 表音文字 (   )
말의 소리를 기호로 나타낸 글자.

18. 表意文字 (   )
그림에 의해서나, 사물의 형상을 그대로 베껴서 시각에 의해 사상·뜻을 전달하는 문자.

19. 風樹之感 (   )
효도하고자 할 때에 이미 부모는 죽고 효행을 다하지 못하는 슬픔. 늑풍수지탄(風樹之嘆)

20. 風前燈火 (   )
매우 위급한 자리에 놓여 있음을 가리키는 말

21. 必有曲折 (   )
반드시 무슨 까닭이 있음.

22. 下等動物 (   )
진화의 정도가 낮아서 체제가 간단한 원시적 동물.

23. 漢江投石 (   )
한강에 돌 던지기.

24. 寒冷前線 (   )
따뜻하고 가벼운 기단 밑에 차고 무거운 기단이 깔린 불연속선

25. 海水浴場 (   )
해수욕하기에 알맞은 환경과 설비가 되어 있는 곳.

♣ 다음 한자성어(漢字成語)의 독음(讀音)을 쓰시오.　　　　　▶정답은 285쪽

1. 行動擧止　(　　　　)
   몸을 움직여 하는 모든 짓.

2. 行方不明　(　　　　)
   간 곳이 분명하지 않음.

3. 行雲流水　(　　　　)
   떠가는 구름과 흐르는 물. 일이 막힘이 없거나, 마음씨가 시원하고 씩씩함의 비유.

4. 香遠益淸　(　　　　)
   연꽃 향기를 비유한 말로, 향기는 멀수록 더욱 맑음.

5. 虛送歲月　(　　　　)
   하는 일 없이 세월만 헛되이 보냄.

6. 虛張聲勢　(　　　　)
   실속 없이 허세만 떠벌림.

7. 賢人君子　(　　　　)
   어진 사람.

8. 血氣方壯　(　　　　)
   혈기가 한창 성함.

9. 血脈相通　(　　　　)
   혈맥이 서로 통함. 곧, 혈육 관계가 있음.

10. 兄弟姉妹　(　　　　)
    형제와 자매.

11. 形形色色　(　　　　)
    가지각색.

12. 護國干城　(　　　　)
    나라를 지키는 군인.

13. 湖南地方　(　　　　)
    우리나라의 전라 남북도의 호칭.

14. 好衣好食　(　　　　)
    잘 입고 잘 먹음.

15. 呼兄呼弟　(　　　　)
    서로 형이니 아우니 하고 부른다는 뜻으로, 가까운 친구사이를 일컫는 말.

16. 紅東白西　(　　　　)
    제물(祭物)을 차릴 때 붉은 과실은 동쪽, 흰 과실은 서쪽에 차리는 격식.

17. 華麗江山　(　　　　)
    사계절이 뚜렷하고 자연 경관이 아름다운 우리 나라를 지칭하는 말.

18. 火力發電　(　　　　)
    석탄이나 기름을 때어서 만든 증기의 힘을 이용하여 발전기를 돌려 전기를 일으키는 일.

19. 花無十日紅 (　　　　)
    열흘 붉은 꽃이 없음의 뜻으로, 한 번 성한 것은 얼마 못가서 반드시 쇠해짐.

20. 確固不動　(　　　　)
    확고하여 흔들리거나 움직이지 않음.

21. 會者定離　(　　　　)
    만나는 사람은 반드시 헤어질 운명에 있음.

22. 訓民正音　(　　　　)
    백성을 가르치는 바른 소리라는 뜻으로, 조선 세종 대왕이 정인자성삼문신숙주 등의 도움으로 세종 25년(1443)에 창제하여 세종 28년에 반포한 28자의 우리 나라 글자의 명칭.

23. 吸血動物　(　　　　)
    외부로부터 다른 동물의 피를 빨아먹고 사는 동물의 총칭.

24. 喜色滿面　(　　　　)
    기쁜 빛이 얼굴에 가득함.

【정답】 - 한자성어 독음 쓰기

▶ **263쪽**

1.가가호호 2.가두시위 3.가두행진 4.공수교대
5.가설극장 6.가시광선 7.가장행렬 8.가전제품
9.가정교육 10.가화만사성 11.각골난망 12.각골통한
13.각양각색 14.각인각색 15.간접선거 16.감불생심
17.감상주의 18.감언이설 19.감정논리 20.갑골문자
21.갑오경장 22.강변도로 23.거석문화

▶ **264쪽**

1.격화일로 2.견리사의 3.견마지로 4.견문일치
5.견물생심 6.견위치명 7.견적필살 8.결사반대
9.결의형제 10.결초보은 11.경국지색 12.경세제민
13.경적필패 14.경천동지 15.경천애인 16.계구우후
17.계란유골 18.고대신화 19.고립무원 20.고사성어
21.고속도로 22.고저장단 23.고전문학 24.고정관념
25.고정불변

▶ **265쪽**

1.고족제자 2.고진감래 3.골육상쟁 4.공개방송
5.공공장소 6.공리공론 7.공립학교 8.공명정대
9.공전절후 10.공정거래 11.공중도덕 12.공중전화
13.공평무사 14.과실치사 15.광개토왕 16.광음여류
17.교외별전 18.교우이신 19.교통신호 20.교통안전
21.교학상장 22.구구절절 23.구사일생

▶ **266쪽**

1.구우일모 2.구절양장 3.구중심처 4.구태의연
5.구획정리 6.군사부일체 7.군신유의 8.군자삼락
9.권문세가 10.권불십년 11.극락왕생 12.극악무도
13.근시안적 14.금과옥조 15.금시초문 16.기기묘묘
17.기사회생 18.기상천외 19.기승전결 20.기진맥진
21.기회주의 22.낙락장송 23.난공불락 24.난민보호

▶ **267쪽**

1.난생동물 2.난형난제 3.남남북녀 4.남녀노소
5.남녀유별 6.남해대교 7.냉혈동물 8.노발대발
9.녹수청산 10.녹음방송 11.논공행상 12.농업용수
13.능문능필 14.능소능대 15.다다익선 16.다문다독
17.다사다난 18.다재다능 19.다정다감 20.단군왕검
21.단체활동 22.담임교사 23.대경실색 24.대대손손
25.대동소이

▶ **268쪽**

1.대량생산 2.대명천지 3.대서특필 4.대역무도
5.대의명분 6.대한민국 7.덕치주의 8.도학군자
9.독불장군 10.동고동락 11.동기동창 12.동명이인
13.동문수학 14.동서고금 15.동서남북 16.동족상잔
17.동화작용 18.두주불사 19.등장인물 20.등하불명
21.등화가친 22.마이동풍 23.만고불변 24.만단정화
25.만리장성

▶ **269쪽**

1.만면춘색 2.만병통치 3.만사여의 4.만산홍엽
5.만장일치 6.망양지탄 7.명경지수 8.명산대천
9.모계사회 10.목민심서 11.목불식정 12.무골호인
13.무궁무진 14.무남독녀 15.무념무상 16.무불통지
17.무사통과 18.무소부지 19.무소불능 20.무소불위
21.무실역행 22.무위도식 23.문일지십 24.문전성시
25.물각유주 26.물심양면

▶ **270쪽**

1.미풍양속 2.민주주의 3.박람강기 4.박학다식
5.반신반의 6.배금주의 7.배달민족 8.배수진
9.백가쟁명 10.백과사전 11.백년대계 12.백년하청
13.백만대군 14.백면서생 15.백문불여일견 16.백발백중
17.백배사례 18.백설공주 19.백의민족 20.백의종군
21.백의천사 22.백전노장 23.백절불굴 24.백해무익
25.별무신통

▶ **271쪽**

1.별유천지 2.병가상사 3.보무당당 4.복잡다단
5.봉사활동 6.부국강병 7.부귀공명 8.부부유별
9.부자유친 10.부전자전 11.부지불식간 12.북두칠성
13.불가사의 14.불가항력 15.불로소득 16.불로장생
17.불문가지 18.불문곡직 19.불문즉약 20.불사이군
21.불요불급 22.불원천리 23.불협화음 24.비상사태
25.비일비재 26.빙탄불상용 27.사농공상

▶ **272쪽**

1.사대사상 2.사대주의 3.사면춘풍 4.사사건건
5.사생결단 6.사생유명 7.사시장춘 8.사시춘풍
9.사실무근 10.사유종시 11.사은숙배 12.사친이효
13.사통오달 14.사필귀정 15.사해형제 16.사후약방문
17.산고수장 18.산전수전 19.산해진미 20.살생유택
21.살신성인 22.삼부요인 23.삼삼오오 24.삼십육계

▶ **273쪽**

1.삼위일체 2.삼한사온 3.상형문자 4.생년월일
5.생로병사 6.생면부지 7.생사고락 8.선견지명
9.선남선녀 10.선사시대 11.선전포고 12.선풍도골
13.설왕설래 14.성심성의 15.세계대전 16.세상만사
17.세속오계 18.세월여류 19.소년소녀 20.소문만복래
21.소원성취 22.속전속결 23.손자삼우 24.송구영신

▶ **274쪽**

1.수학여행 2.숙원사업 3.숭유억불 4.시도읍면
5.시비곡직 6.시시비비 7.시종여일 8.신변잡기
9.신상필벌 10.신언서판 11.신장개업 12.신토불이
13.실사구시 14.심기일전 15.심화학습 16.십구공탄
17.십년지기 18.십이지장 19.십중팔구 20.악사천리
21.악전고투 22.안분지족 23.안빈낙도 24.안전사고
25.안하무인

▶ **275쪽**

1.애국애족 2.애타주의 3.약방감초 4.약육강식
5.양약고구 6.양자택일 7.어부지리 8.어불성설
9.억만장자 10.일의대수 11.언어도단 12.언중유골
13.언행일치 14.엄동설한 15.엄정중립 16.여가선용
17.여민동락 18.여세추이 19.역지사지 20.연말연시
21.연목구어 22.연전연승 23.영원무궁 24.오곡백과
25.오백나한 26.오십보백보

▶ **276쪽**

1.오언절구 2.온고지신 3.요산요수 4.용의주도
5.우왕좌왕 6.우이독경 7.우편번호 8.우호조약
9.위국충절 10.위기일발 11.위풍당당 12.위험천만
13.유구무언 14.유만부동 15.유명무실 16.유비무환
17.유유상종 18.육해공군 19.위인설관 20.음덕양보
21.의기투합 22.의미심장 23.이구동성 24.이덕보원
25.이란격석 26.이란투석

▶ **277쪽**

1.이목구비 2.이실직고 3.이심전심 4.이열치열
5.이용후생 6.이율배반 7.이중삼중 8.이합집산
9.익자삼우 10.인과응보 11.인명재천 12.인사불성
13.인사유명 14.인산인해 15.인상착의 16.인신공격
17.인의예지신 18.인자무적 19.인해전술 20.일거수일투족
21.일거양득 22.일구이언 23.일망무제 24.일맥상통
25.일문일답 26.일방통행

▶ **278쪽**

1.일벌백계 2.일사불란 3.일석이조 4.일언반구
5.일엽지추 6.일일삼성 7.일일여삼추 8.일자천금
9.일장일단 10.일조일석 11.일진일퇴 12.일취월장
13.일치단결 14.일희일비 15.입신출세 16.입지조건
17.입춘대길 18.자강불식 19.자고이래 20.자급자족
21.자매결연 22.자문자답 23.자수성가 24.자업자득
25.자연보호

▶ **279쪽**

1.자유세계 2.자유자재 3.자자손손 4.자중자애
5.자초지종 6.자타공인 7.자화자찬 8.작심삼일
9.적수단신 10.적자생존 11.적재적소 12.전광석화
13.전근대적 14.전대미문 15.전래동화 16.전무후무
17.전시효과 18.전원주택 19.전지전능 20.전진후퇴
21.전화번호 22.전후좌우 23.절체절명 24.절해고도
25.정당방위 26.정삼각형

▶ **280쪽**

1.정정당당 2.제국주의 3.조변석개 4.존망지추
5.종군기자 6.종두득두 7.주권재민 8.주마간산
9.주색잡기 10.주야장천 11.죽마고우 12.중구난방
13.중언부언 14.지명타자 15.지성감천 16.지음
17.지자요수 18.지자일실 19.지하차도 20.지행일치
21.지행합일 22.직계존속 23.직사광선
24.진인사대천명 25.진충보국 26.진퇴양난

▶ **281쪽**

1.질의응답 2.천군만마 3.천려일실 4.천만다행
5.천변만화 6.천부당만부당 7.천상천하 8.천연기념물
9.천인공노 10.흥진비래 11.천재지변 12.천차만별
13.천태만상 14.천편일률 15.천하무적 16.천하제일
17.청산별곡 18.청산유수 19.청풍명월 20.체육대회
21.초가삼간 22.초등학교 23.초록동색 24.초식동물
25.추풍낙엽 26.춘하추동

▶ **282쪽**

1.출생신고 2.출장입상 3.충언역이 4.침불안식불감
5.타산지석 6.탁상공론 7.특활활동 8.팔도강산
9.팔방미인 10.패가망신 11.평가절하 12.평지낙상
13.평지풍파 14.평화통일 15.포장마차 16.표면장력
17.표음문자 18.표의문자 19.풍수지감 20.풍전등화
21.필유곡절 22.하등동물 23.한강투석 24.한랭전선
25.해수욕장

▶ **283쪽**

1. 행동거지 2. 행방불명 3. 행운유수 4. 향원익청
5. 허송세월 6. 허장성세 7. 현인군자 8. 혈기방장
9. 혈맥상통 10. 형제자매 11. 형형색색 12. 호국간성
13. 호남지방 14. 호의호식 15. 호형호제 16. 홍동백서
17. 화려강산 18. 화력발전 19. 화무십일홍 20. 확고부동
21. 회자정리 22. 훈민정음 23. 흡혈동물 24. 희색만면

활용(活用)학습

● 4급 예상문제(15회분)

제1회 한자능력검정시험 4급 예상문제

(시험시간 : 50분. 시험문항 : 100문제. 합격문항 : 70문제이상)   성명 _____

1. 다음 漢字語의 讀音을 쓰시오.(1~32)

(1) 解脫   (2) 假稱
(3) 激烈   (4) 寢具
(5) 招請   (6) 層階
(7) 極秘   (8) 狀況
(9) 拒否   (10) 國籍
(11) 亂舞   (12) 年輪
(13) 轉移   (14) 産卵
(15) 陣地   (16) 構想
(17) 降神   (18) 休暇
(19) 盜聽   (20) 周易
(21) 刻印   (22) 選擇
(23) 金額   (24) 壓縮
(25) 標準   (26) 痛憤
(27) 歸京   (28) 潮流
(29) 傷處   (30) 爆發
(31) 不況   (32) 姓氏

2. 다음 漢字의 訓과 音을 쓰시오.(33~54)

(33) 降   (34) 劇
(35) 齒   (36) 鍾
(37) 吸   (38) 掃
(39) 委   (40) 卷
(41) 普   (42) 鷄
(43) 模   (44) 帶
(45) 券   (46) 逆
(47) 危   (48) 離
(49) 針   (50) 混
(51) 專   (52) 燃
(53) 點   (54) 絲

3. 다음 밑줄 친 單語를 漢字로 쓰시오.(55~74)

(55) 너의 <u>소망</u>은 무엇이냐?
(56) 다음 시간에는 제도 <u>용구</u>를 가져오세요.
(57) 그의 <u>명랑</u>한 웃음은 우리를 즐겁게 한다.
(58) <u>사실</u> 그 점에 대해서는 마음속으로 놀라고 있다.
(59) 경쟁자를 <u>경시</u>하다.
(60) 웬만해서는 <u>진품</u>과 구별하기가 힘들 정도다.
(61) 산불로 인하여 입산을 <u>금지</u>합니다.
(62) 우리나라의 <u>관광</u>산업은 개발을 필요로 한다.
(63) 여름방학을 이용해 <u>도보</u> 여행을 계획하고 있다.
(64) 식량을 <u>방출</u>하다.
(65) <u>선착순</u>으로 기념품을 나누어 드립니다.
(66) 운동장에 <u>집결</u>하다.
(67) 미신을 <u>타파</u>해야 한다.
(68) 약속한 대로 <u>시행</u>하다.
(69) 끝내 <u>만족</u>한 대답을 듣지 못했다.
(70) <u>단수</u>에 대비해 물을 받아 두었다.
(71) 텔레비전 소리가 공부에 <u>방해</u>가 된다.
(72) 요즘 젊은이들은 <u>구직</u>으로 힘들어하고 있다.
(73) 그가 <u>생전</u>에 거처하던 방이다.
(74) 이제야 <u>실효</u>를 거두게 되었다.

4. 다음 漢字와 뜻이 反對 또는 相對되는 漢字를 쓰시오.(75~77)

(75) 送 - (   )   (76) 好 - (   )
(77) (   ) - 防

5. 다음 漢字語의 ( )속에 알맞은 漢字를 쓰시오.(78~82)

(78) ( )死反對 - 목숨을 내어 걸고 반대함.

(79) 有名無( ) - 이름만 있고 그 실상은 없음.

(80) 事必歸( ) - 만사(萬事)는 반드시 정리(正理)로 돌아감.

(81) 一罰百( ) - 한 사람이나 한 가지 죄과를 벌줌으로써 여러 사람을 경계함.

(82) 溫故知( ) - 옛것을 연구해 새 지식이나 견해를 찾아냄.

6. 다음 漢字語에서 첫소리가 長音인 것을 골라 그 번호를 쓰시오.(83~85)

(83) ① 病暇 ② 發覺 ③ 西紀 ④ 開閉

(84) ① 立憲 ② 險談 ③ 朱紅 ④ 成績

(85) ① 適用 ② 業績 ③ 屈曲 ④ 壯烈

7. 다음 漢字의 部首로 맞는 것을 골라 그 번호를 쓰시오.(86~88)

(86) 覺 ( )
　　① 臼　② 見　③ ⼍　④ 儿

(87) 巨 ( )
　　① 巨　② 一　③ 匚　④ 工

(88) 擊 ( )
　　① 車　② 殳　③ 又　④ 手

8. 다음 漢字와 같은 뜻의 漢字를 ( )속에 넣어 漢字語를 만드시오.(89~91)

(89) 庭( )　　(90) 歡( )

(91) 打( )

9. 다음 漢字와 소리는 같으나, 뜻이 다른 漢字語를 쓰시오.(92~94)

(92) 通貨. ( ) - 말을 주고받음

(93) 國歌. ( ) - 나라의 법적인 호칭

(94) 道場. ( ) - 개인·단체 등의 이름을 나무· 동물뼈·고무 등에 새겨 인주를 묻힌 후 서류에 찍어 증거로 삼는 물건

10. 다음 漢字語의 뜻을 쓰시오.(95~97)

(95) 歸京 :

(96) 達辯 :

(97) 智略 :

11. 다음 漢字의 略字를 쓰시오.(98~100)

(98) 將　　　　　(99) 邊

(100) 絲

▶ 정답은 318쪽

제 2회 한자능력검정시험 4급 예상문제

(시험시간 : 50분. 시험문항 : 100문제. 합격문항 : 70문제이상) 성명 _____

1. 다음 漢字語의 讀音을 쓰시오.(1~32)

   (1) 野營   (2) 姿勢
   (3) 左傾   (4) 論據
   (5) 鐵筋   (6) 國威
   (7) 靜脈   (8) 織物
   (9) 豫測   (10) 離合
   (11) 脫黨   (12) 知覺
   (13) 革新   (14) 玉篇
   (15) 勸勉   (16) 險難
   (17) 異變   (18) 席卷
   (19) 座談   (20) 積金
   (21) 隱退   (22) 理髮
   (23) 逃避   (24) 雜誌
   (25) 機密   (26) 眼鏡
   (27) 柳器   (28) 降雨量
   (29) 歡迎   (30) 探險
   (31) 核心   (32) 遊覽

2. 다음 漢字의 訓과 音을 쓰시오.(33~54)

   (33) 粉   (34) 庫
   (35) 缺   (36) 賢
   (37) 遇   (38) 稅
   (39) 儀   (40) 備
   (41) 努   (42) 製
   (43) 刻   (44) 誤
   (45) 屈   (46) 權
   (47) 判   (48) 映
   (49) 構   (50) 烈
   (51) 乳   (52) 祕
   (53) 革   (54) 鉛

3. 다음 설명에 맞는 漢字語를 漢字로 쓰시오.(55~74)

   (55) 개선(잘못을 고쳐 좋게 함)
   (56) 회동(일정한 목적으로 여러 사람이 한데 모임)
   (57) 결단(결정하여 단정 지음)
   (58) 한국(대한민국의 약칭)
   (59) 문책(잘못을 캐묻고 꾸짖음)
   (60) 하대(낮게 대접함. 상대방에게 낮은 말을 씀)
   (61) 축복(앞으로의 행복을 빎)
   (62) 동향(정세·행동 등이 움직이는 방향)
   (63) 형편(일이 되어 가는 모양이나 경로)
   (64) 작금(어제와 오늘)
   (65) 통용(일반에 두루 쓰임)
   (66) 화합(화목하여 잘 합하여짐)
   (67) 외식(가정이 아닌 곳에서 식사를 하는 일)
   (68) 기호(무슨 뜻을 나타내는 표시)
   (69) 의복(옷)
   (70) 승패(이김과 짐)
   (71) 하구(강물이 큰 강이나 호수 또는, 바다로 흘러 들어 가는 어귀)
   (72) 적중(잘 들어맞는 일)
   (73) 유입(흘러 들어옴)
   (74) 친근(정분이 친하고 가까움)

4. 다음 漢字와 뜻이 反對 또는 相對되는 漢字를 쓰시오.(75~77)

(75) 京 - (　　)　　(76) 勝 - (　　)

(77) (　　) - 納

5. 다음 漢字語의 (　)속에 알맞는 漢字를 쓰시오.(78~82)

(78) 多才多(　　) - 재주가 많고 능력이 풍부함.

(79) (　　)傷主義 - 지적인 면에 치중하지 않고, 감상(感傷)을 문예 작품에 강조하여 나타내려는 주의.

(80) (　　)心三日 - 결심이 사흘을 가지 못함.

(81) (　　)東白西 - 제물(祭物)을 차릴 때 붉은 과실은 동쪽, 흰 과실은 서쪽에 차리는 격식.

(82) 萬事(　　)意 - 모든 일이 뜻과 같이 됨.

6. 다음 漢字語에서 첫소리가 長音인 것을 골라 그 번호를 쓰시오.(83~85)

(83) ①歡迎　②發揮　③祕密　④喜悲

(84) ①座席　②郵便　③宿怨　④包裝

(85) ①山賊　②就業　③推進　④高層

7. 다음 漢字의 部首로 맞는 것을 골라 그 번호를 쓰시오.(86~88)

(86) 更 (　　)

　　①日　②曰　③一　④丿

(87) 穀 (　　)

　　①士　②冖　③禾　④殳

(88) 劇 (　　)

　　①虍　②豕　③亅　④刀

8. 다음 漢字와 같은 뜻의 漢字를 (　)속에 넣어 漢字語를 만드시오.(89~91)

(89) (　　)誤　　(90) (　　)謠

(91) 孤(　　)

9. 다음 漢字와 소리는 같으나, 뜻이 다른 漢字語를 쓰시오.(92~94)

(92) 歌辭. (　　　　) - 집안 일

(93) 洗手. (　　　　) - 세수입의 준말

(94) 地球. (　　　　) - 땅을 여럿으로 나눈 하나의 범위

10. 다음 漢字語의 뜻을 쓰시오.(95~97)

(95) 所持 :

(96) 脫穀 :

(97) 輿件 :

11. 다음 漢字의 略字를 쓰시오.(98~100)

(98) 壯　　　　(99) 壓

(100) 虛

▶ 정답은 318쪽

제3회 한자능력검정시험 4급 예상문제

(시험시간 : 50분. 시험문항 : 100문제. 합격문항 : 70문제이상) 성명 _____

1. 다음 漢字語의 讀音을 쓰시오.(1~32)

(1) 底意　　　　(2) 亂雜
(3) 投藥　　　　(4) 間或
(5) 規範　　　　(6) 難易度
(7) 批評　　　　(8) 冊床
(9) 標語　　　　(10) 普通
(11) 憲兵　　　 (12) 條件
(13) 繼承　　　 (14) 檀紀
(15) 嚴肅　　　 (16) 智略
(17) 興趣　　　 (18) 辭退
(19) 組織　　　 (20) 鐵筋
(21) 離陸　　　 (22) 穀物
(23) 立憲　　　 (24) 悲鳴
(25) 專任　　　 (26) 母乳
(27) 負傷　　　 (28) 稱頌
(29) 屬國　　　 (30) 妙案
(31) 豆乳　　　 (32) 珍貴

2. 다음 漢字의 訓과 音을 쓰시오.(33~54)

(33) 曜　　　　(34) 額
(35) 暗　　　　(36) 殘
(37) 防　　　　(38) 儉
(39) 鬪　　　　(40) 施
(41) 勤　　　　(42) 移
(43) 祕　　　　(44) 績
(45) 連　　　　(46) 帝
(47) 援　　　　(48) 篇
(49) 酒　　　　(50) 緣
(51) 與　　　　(52) 負
(53) 髮　　　　(54) 評

3. 다음 설명에 맞는 漢字語를 漢字로 쓰시오.(55~74)

(55) 형제(형과 아우)
(56) 행운(좋은 운수)
(57) 타자(야구에서 배트로 공을 치는 공격진의 선수)
(58) 충만(가득 참)
(59) 품위(사람이 갖추고 있는 기품이나 위엄)
(60) 필승(반드시 이김)
(61) 감동(깊이 느끼어 마음이 움직임)
(62) 은행(예금을 맡고 한편으로는 대출·어음 거래 및 증권 인수 등을 업무로 하는 금융기관)
(63) 고대(매우 기다림)
(64) 성화(어떤 일이 뜻대로 안 되어 답답하고 속이 몹시 탐)
(65) 인습(이전부터 전하여 몸에 젖은 풍습)
(66) 해악(해로움과 악함)
(67) 교양(학식을 바탕으로 다져 기른 수양)
(68) 현장(일이 생긴 그 마당)
(69) 적자(수지 결산에서 지출이 수입보다 많은 일)
(70) 흉계(음흉하고 모진 꾀)
(71) 식음(먹고 마심)
(72) 특식(특별히 잘 차려진 식사)
(73) 언어(사람이 생각이나 느낌을 소리나 글자로 나타내는 수단)
(74) 출타(집에 있지 않고 다른 곳에 나감)

4. 다음 漢字와 뜻이 反對 또는 相對되는 漢字를 쓰시오.(75~77)

(75) ( ) - 合　　(76) 損 - ( )

(77) 集 - ( )

5. 다음 漢字語의 ( )속에 알맞는 漢字를 쓰시오.(78~82)

(78) 安分( )足 - 편안한 마음으로 제 분수를 지키며 만족함을 앎.

(79) 天下無( ) - 세상에 대적할 만한 사람이 없음.

(80) 舊態依( ) - 옛 모양 그대로 다름이 없음.

(81) 九牛一( ) - 많은 가운데서 가장 적은 것의 비유.

(82) 論( )行賞 - 공적의 유무대소를 의논하여 각각 알맞은 상을 주는 일.

6. 다음 漢字語에서 첫소리가 長音인 것을 골라 그 번호를 쓰시오.(83~85)

(83) ① 驚歎　② 重傷　③ 宣傳　④ 金屬

(84) ① 松花　② 肅然　③ 適用　④ 系派

(85) ① 冬季　② 糧食　③ 反亂　④ 舌戰

7. 다음 漢字의 部首로 맞는 것을 골라 그 번호를 쓰시오.(86~88)

(86) 歸 ( )
　① 戶　② 止　③ 彐　④ 巾

(87) 盜 ( )
　① 氵　② 欠　③ 皿　④ 水

(88) 乳 ( )
　① 爫　② 子　③ 亅　④ 乙

8. 다음 漢字와 같은 뜻의 漢字를 ( )속에 넣어 漢字語를 만드시오.(89~91)

(89) ( )作　　(90) ( )擊

(91) 辭( )

9. 다음 漢字와 소리는 같으나, 뜻이 다른 漢字語를 쓰시오.(92~94)

(92) 正當. ( ) - 정치상의 당파

(93) 過失. ( ) - 먹을 수 있는 나무의 열매

(94) 調和. ( ) - 종이나 헝겊 따위로 만든 꽃

10. 다음 漢字語의 뜻을 쓰시오.(95~97)

(95) 異變 :

(96) 評論 :

(97) 觀點 :

11. 다음 漢字의 略字를 쓰시오.(98~100)

(98) 黨　　　　(99) 應

(100) 樣

▶ 정답은 319쪽

제4회 한자능력검정시험 4급 예상문제

(시험시간 : 50분.   시험문항 : 100문제.   합격문항 : 70문제이상)   성명 _____

1. 다음 漢字語의 讀音을 쓰시오.(1~32)

(1) 略圖   (2) 痛快
(3) 博覽   (4) 憤敗
(5) 卷末   (6) 徒勞
(7) 爆音   (8) 思潮
(9) 歡迎   (10) 威勢
(11) 屈曲   (12) 祝辭
(13) 斷腸   (14) 簡易
(15) 頌祝   (16) 國亂
(17) 骨折   (18) 歸依
(19) 密閉   (20) 營業
(21) 崇拜   (22) 標示
(23) 鬪爭   (24) 積雪
(25) 繼續   (26) 委員
(27) 脫落   (28) 黑鉛
(29) 勤勉   (30) 金屬
(31) 骨折   (32) 放映

2. 다음 漢字의 訓과 音을 쓰시오.(33~54)

(33) 胞   (34) 稱
(35) 粉   (36) 繼
(37) 煙   (38) 模
(39) 遊   (40) 險
(41) 容   (42) 域
(43) 脈   (44) 辯
(45) 報   (46) 逃
(47) 妨   (48) 榮
(49) 寄   (50) 干
(51) 季   (52) 輪
(53) 持   (54) 適

3. 다음 설명에 맞는 漢字語를 漢字로 쓰시오.(55~74)

(55) 절실(뼈저리게 강렬한 상태에 있음)
(56) 건강(병이 없이 좋은 기능을 가진 상태에 있는 것)
(57) 표출(겉으로 나타남)
(58) 휴장(극장 등이 쉼)
(59) 어물(생선을 가공하여 말린 것)
(60) 약골(몸이 약한 골격)
(61) 패배(패하여 달아남)
(62) 착석(자리에 앉음)
(63) 폐점(폐업·도산 등으로 가게 문을 닫음)
(64) 참가(어떤 모임이나 단체에 참여하거나 가입함)
(65) 재료(물건을 만드는 데 드는 원료)
(66) 실기(실지로 행하는 기술)
(67) 어부(고기잡이를 하는 사람)
(68) 효능(효험을 나타내는 능력)
(69) 공개(여러 사람에게 개방함)
(70) 합리(이론이나 이치에 맞는 것)
(71) 허가(허락함. 들어줌)
(72) 흑심(부정한 욕심이 많고 음흉한 마음)
(73) 병환(병. 질병)
(74) 이기(자기 이익만 꾀함)

4. 다음 漢字와 뜻이 反對 또는 相對되는 漢字를 쓰시오.(75~77)

(75) 輕 - (   )   (76) (   ) - 亡
(77) 動 - (   )

5. 다음 漢字語의 ( )속에 알맞는 漢字를 쓰시오.(78~82)

(78) 事親以( ) - 세속오계(世俗五戒)의 하나로, 어버이를 섬김에 효도로써 함.

(79) 類類相( ) - 동류끼리 서로 내왕하며 사귐.

(80) 忠言逆( ) - 충직한 말은 귀에 거슬려 불쾌함.

(81) 甲午( )張 - 조선 고종 31년(1894) 갑오년에 개화당 정권이 정치 제도를 근대적으로 개혁한 일.

(82) 難攻不( ) - 공격하기가 어려워 좀처럼 함락되지 않음.

6. 다음 漢字語에서 첫소리가 長音인 것을 골라 그 번호를 쓰시오.(83~85)

(83) ①毛織 ②本誌 ③盡心 ④探求

(84) ①痛快 ②標語 ③結婚 ④灰色

(85) ①發揮 ②好意 ③投書 ④判事

7. 다음 漢字의 部首로 맞는 것을 골라 그 번호를 쓰시오.(86~88)

(86) 慮 ( )
  ① 虍 ② 田 ③ 心 ④ 广

(87) 龍 ( )
  ① 立 ② 月 ③ 己 ④ 龍

(88) 鳴 ( )
  ① 口 ② 灬 ③ 烏 ④ 鳥

8. 다음 漢字와 같은 뜻의 漢字를 ( )속에 넣어 漢字語를 만드시오.(89~91)

(89) ( )貨   (90) ( )驗

(91) 階( )

9. 다음 漢字와 소리는 같으나, 뜻이 다른 漢字語를 쓰시오.(92~94)

(92) 養成. ( ) - 별을 좋아하는 성질

(93) 下敎. ( ) - 공부를 끝내고 학교에서 집으로 옴

(94) 複線. ( ) - 말이나 행동의 뒤에 감추어진 생각이나 내용

10. 다음 漢字語의 뜻을 쓰시오.(95~97)

(95) 轉移 :

(96) 可否 :

(97) 儉約 :

11. 다음 漢字의 略字를 쓰시오.(98~100)

(98) 廳   (99) 對

(100) 寫

▶ 정답은 319쪽

제5회 한자능력검정시험 4급 예상문제

(시험시간 : 50분. 시험문항 : 100문제. 합격문항 : 70문제이상)   성명 _____

1. 다음 漢字語의 讀音을 쓰시오.(1~32)

(1) 混合　　　　　(2) 陣營
(3) 龍鍾　　　　　(4) 嚴肅
(5) 自慰　　　　　(6) 投手
(7) 構想　　　　　(8) 破鏡
(9) 郵票　　　　　(10) 歎服
(11) 疑問　　　　(12) 答辯
(13) 歸依　　　　(14) 勸奬
(15) 頌德碑　　　(16) 殘雪
(17) 喜悲　　　　(18) 討罪
(19) 變更　　　　(20) 判定
(21) 雄辯　　　　(22) 減額
(23) 省略　　　　(24) 就寢
(25) 姿態　　　　(26) 隱語
(27) 優待　　　　(28) 婚期
(29) 環境　　　　(30) 遊說
(31) 擇日　　　　(32) 探査

2. 다음 漢字의 訓과 音을 쓰시오.(33~54)

(33) 憲　　　　　(34) 擔
(35) 應　　　　　(36) 整
(37) 祭　　　　　(38) 叔
(39) 錢　　　　　(40) 檢
(41) 派　　　　　(42) 港
(43) 豊　　　　　(44) 彈
(45) 郵　　　　　(46) 仁
(47) 環　　　　　(48) 候
(49) 遺　　　　　(50) 折
(51) 鍾　　　　　(52) 雜
(53) 圍　　　　　(54) 碑

3. 다음 설명에 맞는 漢字語를 漢字로 쓰시오.(55~74)

(55) 한랭(춥고 차가움)
(56) 과속(지나친 속도)
(57) 저금(돈을 금융기관에 맡기어 모음)
(58) 경치(자연의 아름다운 모습)
(59) 발신(소식이나 우편·전신 등을 보내는 것)
(60) 필치(글 솜씨의 됨됨이)
(61) 정직(거짓이나 꾸밈이 없이 성품이 바르고 곧음)
(62) 성하(한 여름)
(63) 생활(살아서 활동함)
(64) 엽서(편지를 일컫는 말. 우편 요금을 표시하여 인쇄한 편지 용지)
(65) 평면(평평한 표면)
(66) 고도(옛날의 도읍)
(67) 재학(학교에 다니는 중임)
(68) 등판(야구에서 투수가 마운드에 서는 일)
(69) 약속(언약하여 정함)
(70) 최선(가장 좋음)
(71) 공로(어떤 목적을 이루는데 힘쓴 노력이나 수고)
(72) 축전(축하하는 전보)
(73) 봉양(어버이나·할아버지·할머니를 받들어 모심)
(74) 영원(앞으로도 오래도록 변함없이 계속됨)

4. 다음 漢字와 뜻이 反對 또는 相對되는 漢字를 쓰시오.(75~77)

  (75) 虛 - (   )   (76) 增 - (   )

  (77) (   ) - 負

5. 다음 漢字語의 (   )속에 알맞는 漢字를 쓰시오.(78~82)

  (78) 同(   )同樂 - 같이 고생하고 같이 즐김.

  (79) (   )肉强食 - 약한 사람은 강한 사람에게 먹힘.

  (80) 自(   )自讚 - 자기가 그린 그림을 스스로 칭찬한다는 뜻으로, 제가 한 일을 자기 스스로 자랑함.

  (81) 速(   )速決 - 지구전을 피하고 결전으로써 속히 판가름 하려는 일.

  (82) 愛國愛(   ) - 제 나라와 제 민족을 사랑함.

6. 다음 漢字語에서 첫소리가 長音인 것을 골라 그 번호를 쓰시오.(83~85)

  (83) ①傑出   ②平均   ③奇妙   ④犯行
  (84) ①無妨   ②負傷   ③起源   ④特委
  (85) ①異變   ②遺言   ③適用   ④證券

7. 다음 漢字의 部首로 맞는 것을 골라 그 번호를 쓰시오.(86~88)

  (86) 複 (   )
    ① 示   ② 日   ③ 夂   ④ 衣
  (87) 散 (   )
    ① 土   ② 攴   ③ 月   ④ 肉
  (88) 象 (   )
    ① 象   ② 色   ③ 水   ④ 豕

8. 다음 漢字와 같은 뜻의 漢字를 (   )속에 넣어 漢字語를 만드시오.(89~91)

  (89) 帝(   )   (90) 思(   )

  (91) 討(   )

9. 다음 漢字와 소리는 같으나, 뜻이 다른 漢字語를 쓰시오.(92~94)

  (92) 對象. (   ) - 큰상

  (93) 過去. (   ) - 옛날 문무관을 뽑을 때 보던 시험

  (94) 市長. (   ) - 물건을 사고파는 곳

10. 다음 漢字語의 뜻을 쓰시오.(95~97)

  (95) 回甲 :

  (96) 秀才 :

  (97) 斷腸 :

11. 다음 漢字의 略字를 쓰시오.(98~100)

  (98) 鑛   (99) 國

  (100) 繼

▶ 정답은 320쪽

제6회 한자능력검정시험 4급 예상문제

(시험시간 : 50분. 시험문항 : 100문제. 합격문항 : 70문제이상) 성명 _____

1. 다음 漢字語의 讀音을 쓰시오.(1~32)

(1) 構成   (2) 郵便
(3) 齒痛   (4) 險惡
(5) 壯觀   (6) 群舞
(7) 疲勞   (8) 難聽
(9) 粉乳   (10) 與件
(11) 就業   (12) 餘恨
(13) 宣傳   (14) 胞子
(15) 無窮   (16) 看護
(17) 鐵鑛   (18) 探査
(19) 混亂   (20) 權座
(21) 鬪技   (22) 嚴冬
(23) 墓碑   (24) 抗拒
(25) 待避   (26) 禮遇
(27) 發揮   (28) 爆發
(29) 暴徒   (30) 儉朴
(31) 樣式   (32) 困難

2. 다음 漢字의 訓과 音을 쓰시오.(33~54)

(33) 龍   (34) 增
(35) 謠   (36) 更
(37) 端   (38) 屬
(39) 潮   (40) 態
(41) 爆   (42) 敵
(43) 季   (44) 朱
(45) 營   (46) 恨
(47) 轉   (48) 灰
(49) 射   (50) 織
(51) 象   (52) 層
(53) 舌   (54) 穀

3. 다음 설명에 맞는 漢字語를 漢字로 쓰시오.(55~74)

(55) 기록(사실을 적은 서류. 사실을 적음)
(56) 원망(원하고 바람)
(57) 택지(집 터)
(58) 한약(한방에서 쓰는 약)
(59) 국어(우리말)
(60) 발전(더 낫고 좋은 상태로 나아감)
(61) 원래(본디. 전부터)
(62) 가옥(사람이 들어가 살기 위해 지은 집)
(63) 운송(물건을 운반하여 보냄)
(64) 경합(거의 비등하게 서로 실력이나 승부를 겨루는 것)
(65) 초원(풀이 난 들판)
(66) 고성(높은 목소리)
(67) 용도(씀씀이. 드는 비용)
(68) 법칙(법식과 규칙)
(69) 탄전(석탄이 묻혀 있는 땅)
(70) 시작(처음으로 함)
(71) 미음(쌀을 묽게 쑨 죽)
(72) 풍우(바람과 비)
(73) 양지(햇볕이 바로 드는 곳)
(74) 업계(같은 산업이나 상업에 종사하는 사람의 사회)

4. 다음 漢字와 뜻이 反對 또는 相對되는 漢字를 쓰시오.(75~77)

(75) 眞 - (   )   (76) (   ) - 怨
(77) 喜 - (   )

5. 다음 漢字語의 ( )속에 알맞는 漢字를 쓰시오.(78~82)

(78) 見( )致命 - 나라가 위급할 때 제 몸을 나라에 바침.

(79) 大義名( ) - 사람이 지켜야 할 절의(節義)와 분수.

(80) 博( )多識 - 학문이 넓고 식견이 많음.

(81) ( )肉相爭 - 더할 수 없이 친한 관계에 사람끼리 서로 싸움.

(82) 獨不( )軍 - 무엇이나 혼자 처리 하는 사람.

6. 다음 漢字語에서 첫소리가 長音인 것을 골라 그 번호를 쓰시오.(83~85)

(83) ①交易　②損害　③歌舞　④糧食

(84) ①均一　②階段　③語源　④遊說

(85) ①底力　②資格　③私立　④拍手

7. 다음 漢字의 部首로 맞는 것을 골라 그 번호를 쓰시오.(86~88)

(86) 舌 ( )

　　①丿　②千　③口　④舌

(87) 延 ( )

　　①丿　②止　③又　④廴

(88) 豫 ( )

　　①子　②亅　③豕　④口

8. 다음 漢字와 같은 뜻의 漢字를 ( )속에 넣어 漢字語를 만드시오.(89~91)

(89) ( )態　　(90) ( )藝

(91) ( )潔

9. 다음 漢字와 소리는 같으나, 뜻이 다른 漢字語를 쓰시오.(92~94)

(92) 紙上. ( ) - 땅의 위. 이 세상

(93) 煙氣. ( ) - 정한 때를 뒤로 물림

(94) 傳記. ( ) - 전자의 이동으로 생기는 에너지 의한 형태

10. 다음 漢字語의 뜻을 쓰시오.(95~97)

(95) 推論 :

(96) 痛恨 :

(97) 縮約 :

11. 다음 漢字의 略字를 쓰시오.(98~100)

(98) 裝　　　　(99) 滿

(100) 舊

➡ 정답은 320쪽

제 7회 한자능력검정시험 4급 예상문제

(시험시간 : 50분. 시험문항 : 100문제. 합격문항 : 70문제이상) 성명 _____

1. 다음 漢字語의 讀音을 쓰시오.(1~32)

(1) 顯達   (2) 彈壓
(3) 稱讚   (4) 豫測
(5) 怨恨   (6) 區域
(7) 更新   (8) 燃料
(9) 險談   (10) 歡待
(11) 郵便   (12) 痛歎
(13) 拒絶   (14) 陰刻
(15) 攻略   (16) 喜劇
(17) 儀禮   (18) 簡單
(19) 條約   (20) 防犯
(21) 結婚   (22) 通帳
(23) 宣戰   (24) 機關
(25) 證券   (26) 酒量
(27) 因緣   (28) 筋骨
(29) 海賊   (30) 規範
(31) 回避   (32) 閑暇

2. 다음 漢字의 訓과 音을 쓰시오.(33~54)

(33) 創   (34) 誠
(35) 窮   (36) 覺
(37) 舞   (38) 柳
(39) 系   (40) 堅
(41) 討   (42) 源
(43) 招   (44) 占
(45) 威   (46) 據
(47) 擊   (48) 達
(49) 憲   (50) 認
(51) 豫   (52) 勸
(53) 裝   (54) 覽

3. 다음 설명에 맞는 漢字語를 漢字로 쓰시오.(55~74)

(55) 무반(무신의 반열)
(56) 완패(완전히 패하는 것)
(57) 변절(절개나 지조를 지키지 아니하고 바꿈)
(58) 강세(강한 세력이나 기세. 어떤 부분을 강하게 발음하는 일)
(59) 비용(물건을 사거나 어떤 일을 하는데 드는 돈)
(60) 고고(혼자만 유달리 고상함)
(61) 탁견(뛰어난 의견이나 견식)
(62) 염려(여러 가지로 헤아려 걱정하는 것)
(63) 분야(어떤 갈래에 달린 범위나 부문)
(64) 교수(대학의 고급 교원)
(65) 병원(병든 사람을 진료·치료하기 위해 설비해 놓은 건물)
(66) 지식(알고 있는 내용)
(67) 다각(여러 방면에 걸침)
(68) 교복(학교에서 학생에게 입히는 복장)
(69) 시기(어떤 일이 시작되는 때)
(70) 건아(씩씩한 사나이)
(71) 방편(목적을 위해 이용되는 일시적인 수단)
(72) 전운(전쟁이 벌어지려는 기세)
(73) 답변(어떠한 물음에 대답하여 변명함)
(74) 반대(두 사물이 맞서 있는 상태)

4. 다음 漢字와 뜻이 反對 또는 相對되는 漢字를 쓰시오.(75~77)

(75) 可 - (   )   (76) (   ) - 活

(77) 恩 - (   )

5. 다음 漢字語의 (   )속에 알맞는 漢字를 쓰시오.(78~82)

(78) 宣傳布(   ) - 상대국과 전쟁 상태에 들어감을 선언·공포함.

(79) 刻骨(   )忘 - 은혜가 뼈에 새겨져 잊혀지지 아니함.

(80) 君臣有(   ) - 임금과 신하간의 도리는 의리에 있음.

(81) 兵家(   )事 - 전쟁에서 이기고 지는 것은 보통 있는 일로, 실패는 흔히 있는 일이니 낙심할 것이 없다는 말.

(82) 拜(   )主義 - 돈을 최고의 것으로 여기는 주의.

6. 다음 漢字語에서 첫소리가 長音인 것을 골라 그 번호를 쓰시오.(83~85)

(83) ① 孤獨 ② 別居 ③ 堅實 ④ 更生

(84) ① 繼承 ② 奇異 ③ 秀才 ④ 區域

(85) ① 貿易 ② 適用 ③ 與件 ④ 本籍

7. 다음 漢字의 部首로 맞는 것을 골라 그 번호를 쓰시오.(86~88)

(86) 威 (   )
  ① 一 ② 厂 ③ 女 ④ 戈

(87) 隱 (   )
  ① 阜 ② 爪 ③ 工 ④ 心

(88) 酒 (   )
  ① 水 ② 西 ③ 酉 ④ 四

8. 다음 漢字와 같은 뜻의 漢字를 (   )속에 넣어 漢字語를 만드시오.(89~91)

(89) 攻(   )   (90) 議(   )

(91) (   )慮

9. 다음 漢字와 소리는 같으나, 뜻이 다른 漢字語를 쓰시오.(92~94)

(92) 人道. (   ) - 이끌어 가르침

(93) 兩家. (   ) - 양아들로 들어간 집

(94) 詩人. (   ) - 옳다고 인정함

10. 다음 漢字語의 뜻을 쓰시오.(95~97)

(95) 勸獎 :

(96) 妙案 :

(97) 閑散 :

11. 다음 漢字의 略字를 쓰시오.(98~100)

(98) 豫   (99) 蟲

(100) 戰

▶ 정답은 321쪽

제8회 한자능력검정시험 4급 예상문제

(시험시간 : 50분. 시험문항 : 100문제. 합격문항 : 70문제이상) 성명 _____

1. 다음 漢字語의 讀音을 쓰시오.(1~32)

    (1) 點數 (2) 憲章
    (3) 鷄鳴 (4) 市廳
    (5) 困難 (6) 病暇
    (7) 聖域 (8) 爆竹
    (9) 探訪 (10) 崇拜
    (11) 模寫 (12) 宣傳
    (13) 離脫 (14) 更紙
    (15) 雜念 (16) 戰鬪
    (17) 討論 (18) 激烈
    (19) 聲援 (20) 推仰
    (21) 厚謝 (22) 庫間
    (23) 嚴格 (24) 險談
    (25) 英傑 (26) 降伏
    (27) 簡潔 (28) 穀食
    (29) 機智 (30) 開閉
    (31) 打鍾 (32) 怨恨

2. 다음 漢字의 訓과 音을 쓰시오.(33~54)

    (33) 巨 (34) 域
    (35) 敢 (36) 賊
    (37) 確 (38) 辭
    (39) 暴 (40) 略
    (41) 收 (42) 範
    (43) 準 (44) 請
    (45) 奇 (46) 慮
    (47) 處 (48) 甲
    (49) 群 (50) 拜
    (51) 紀 (52) 驚
    (53) 趣 (54) 航

3. 다음 설명에 맞는 漢字語를 漢字로 쓰시오.(55~74)

    (55) 길운(좋은 운수)
    (56) 시급(때가 절박하여 바쁨)
    (57) 우유(소의 젖)
    (58) 심술(남이 잘못 되는 것을 좋아하는 마음보)
    (59) 당연(도리 상 마땅히 해야 할 일)
    (60) 과거(지나간 때)
    (61) 물산(생산되는 물건)
    (62) 화원(화초를 심은 동산)
    (63) 용기(씩씩하고 용감한 기운)
    (64) 통계(한데 몰아쳐서 셈함)
    (65) 비례(예를 들어 견주어 봄)
    (66) 장소(자리. 처소. 곳)
    (67) 단체(같은 목적으로 두 사람 이상이 모여 맺은 집단)
    (68) 사유(일의 까닭. 연고)
    (69) 우정(벗 사이의 사귄 정)
    (70) 별세(세상을 떠난다는 뜻으로 윗사람이 죽음)
    (71) 대독(식사나 축사 등을 대신 읽음)
    (72) 야행(밤에 길을 감)
    (73) 실직(지금까지 가지고 있었던 직업을 잃음)
    (74) 습작(문학이나 그림 등의 작품을 세상에 발표하지 않고 연습 삼아 지음)

4. 다음 漢字와 뜻이 反對 또는 相對되는 漢字를 쓰시오.(75~77)

    (75) (   ) - 續   (76) (   ) - 暗
    (77) (   ) - 着

5. 다음 漢字語의 ( )속에 알맞는 漢字를 쓰시오.(78~82)

(78) 傾國之( ) - 나라 안에 으뜸가는 미인. 임금이 혹하여 나라가 뒤집혀도 모를 만한 미인.

(79) 街( )示威 - 거리에서 위력이나 기세를 드러내 보임.

(80) 樂( )樂水 - 산수(山水)를 좋아함.

(81) 一絲不( ) - 질서가 정연하여 조금도 어지러움이 없음.

(82) 走馬( )山 - 달리는 말 위에서 산천을 구경한다는 뜻으로, 바쁘고 어수선하여 되는 대로 획획 지나쳐 봄을 비유.

6. 다음 漢字語에서 첫소리가 長音이 아닌 것을 골라 그 번호를 쓰시오.(83~85)

(83) ①假裝 ②武裝 ③裝備 ④勸奬
(84) ①馬賊 ②義賊 ③山賊 ④海賊
(85) ①面積 ②業績 ③整備 ④保存

7. 다음 漢字의 部首로 맞는 것을 골라 그 번호를 쓰시오.(86~88)

(86) 鬪 (　)
　①鬥　②豆　③寸　④冂

(87) 疑 (　)
　①匕　②矢　③子　④疋

(88) 雜 (　)
　①人　②木　③主　④隹

8. 다음 漢字와 같은 뜻의 漢字를 ( )속에 넣어 漢字語를 만드시오.(89~91)

(89) 製( )　　(90) ( )在
(91) 戰( )

9. 다음 漢字와 소리는 같으나, 뜻이 다른 漢字語를 쓰시오.(92~94)

(92) 戰後. ( ) - 먼저와 나중
(93) 人情. ( ) - 옳다고 믿고 정하는 일
(94) 新鮮. ( ) - 선도를 닦아 도에 통한 사람

10. 다음 漢字語의 뜻을 쓰시오.(95~97)

(95) 納得 :

(96) 延着 :

(97) 整然 :

11. 다음 漢字의 略字를 쓰시오.(98~100)

(98) 點　　　　(99) 亂

(100) 麗

▶ 정답은 321쪽

제9회 한자능력검정시험 4급 예상문제

(시험시간 : 50분. 시험문항 : 100문제. 합격문항 : 70문제이상)   성명 _____

1. 다음 漢字語의 讀音을 쓰시오.(1~32)

   (1) 灰色   (2) 假髮
   (3) 機能   (4) 擊退
   (5) 驚異   (6) 勸獎
   (7) 辭退   (8) 優良
   (9) 規模   (10) 鑛物
   (11) 複製   (12) 冊房
   (13) 鬪技   (14) 爆彈
   (15) 負擔   (16) 成就
   (17) 觀覽   (18) 省墓
   (19) 勤勞   (20) 根據
   (21) 請婚   (22) 射擊
   (23) 宿怨   (24) 痛恨
   (25) 激變   (26) 豫感
   (27) 威力   (28) 資質
   (29) 階層   (30) 自覺
   (31) 憤怒   (32) 碑刻

2. 다음 漢字의 訓과 音을 쓰시오.(33~54)

   (33) 腸   (34) 盡
   (35) 優   (36) 績
   (37) 複   (38) 轉
   (39) 援   (40) 聽
   (41) 息   (42) 府
   (43) 肅   (44) 提
   (45) 隊   (46) 墓
   (47) 飛   (48) 損
   (49) 麗   (50) 姿
   (51) 智   (52) 氏
   (53) 座   (54) 乳

3. 다음 설명에 맞는 漢字語를 漢字로 쓰시오.(55~74)

   (55) 이주(살던 곳을 떠나 딴 곳으로 옮겨 가서 삶)
   (56) 집합(한 곳으로 모음)
   (57) 체전(체육대회를 축전의 뜻으로 줄여 이르는 말)
   (58) 여인숙(나그네를 상대로 하는, 규모가 작고 값이 싼 여관)
   (59) 학창(학생으로서 학교에 다니는 일)
   (60) 발급(증명서 따위를 내어 줌)
   (61) 전부(사물의 모두)
   (62) 후자(두 가지 사물을 들어서 말할 때에 뒤의 것)
   (63) 경계(사물이 어떤 표준 밑에 서로 맞닿는 자리)
   (64) 죄악(죄가 될 행위)
   (65) 규범(본보기가 될 만한 제도)
   (66) 견품(본보기)
   (67) 재해(재앙으로부터 받은 피해)
   (68) 근거(근본이 되는 토대)
   (69) 수장(집단·단체를 지휘·통솔하는 사람. 우두머리)
   (70) 다행(운수가 좋음. 일이 좋게 됨)
   (71) 참가(어떤 모임이나 단체에 참여하거나 가입함)
   (72) 미담(아름다운 행실의 이야기)
   (73) 구급(어려운 처지에 놓여 있는 사람을 구하는 일)
   (74) 유비(준비가 되어 있음)

4. 다음 漢字와 뜻이 反對 또는 相對되는 漢字를 쓰시오.(75~77)

(75) 起 - (　　)　　(76) 勞 - (　　)

(77) (　　) - 落

5. 다음 漢字語의 (　)속에 알맞는 漢字를 쓰시오.(78~82)

(78) (　　)失致死 - 잘못한 행위로 인하여 사람을 죽게 함.

(79) 見利(　　)義 - 눈앞에 이익이 보일 때, 의리를 생각함.

(80) 山戰(　　)戰 - 세상 일에 대하여 온갖 어려움을 겪고 고비를 넘김.

(81) 餘暇善(　　) - 틈틈이 잘 활용함.

(82) 倍達民(　　) - 우리 민족의 일컬음. 배달겨레.

6. 다음 漢字語에서 첫소리가 長音이 아닌 것을 골라 그 번호를 쓰시오.(83~85)

(83) ①好評　②危急　③混合　④救援

(84) ①援助　②就學　③假稱　④證人

(85) ①標準　②歎息　③評決　④憲兵

7. 다음 漢字의 部首로 맞는 것을 골라 그 번호를 쓰시오.(86~88)

(86) 盡 (　　)
　　① 聿　② 火　③ 皿　④ 血

(87) 奬 (　　)
　　① 爿　② 月　③ 寸　④ 大

(88) 腸 (　　)
　　① 月　② 日　③ 曰　④ 勿

8. 다음 漢字와 같은 뜻의 漢字를 (　)속에 넣어 漢字語를 만드시오.(89~91)

(89) 境(　　)　　(90) (　　)寶

(91) 怨(　　)

9. 다음 漢字와 소리는 같으나, 뜻이 다른 漢字語를 쓰시오.(92~94)

(92) 戰線. (　　) - 모든 선로

(93) 韓式. (　　) - 우리나라 고유의 음식

(94) 印象. (　　) - 물건값 등을 올림

10. 다음 漢字語의 뜻을 쓰시오.(95~97)

(95) 條約 :

(96) 狀況 :

(97) 喜悲 :

11. 다음 漢字의 略字를 쓰시오.(98~100)

(98) 錢　　　　　(99) 觀

(100) 擔

▶ 정답은 322쪽

제10회 한자능력검정시험 4급 예상문제

(시험시간 : 50분. 시험문항 : 100문제. 합격문항 : 70문제이상) 성명 _____

1. 다음 漢字語의 讀音을 쓰시오.(1~32)

(1) 辭典　　(2) 逃亡
(3) 黑鉛　　(4) 範圍
(5) 烈女　　(6) 劇場
(7) 病暇　　(8) 缺損
(9) 取得　　(10) 儀式
(11) 聽衆　　(12) 傑物
(13) 底力　　(14) 閑散
(15) 堅實　　(16) 擊破
(17) 勝負　　(18) 聲討
(19) 危險　　(20) 疑問
(21) 自肅　　(22) 經營
(23) 氣候　　(24) 業績
(25) 貿易　　(26) 階段
(27) 周邊　　(28) 儒生
(29) 歸屬　　(30) 死鬪
(31) 豫防　　(32) 轉移

2. 다음 漢字의 訓과 音을 쓰시오.(33~54)

(33) 糧　　(34) 康
(35) 稱　　(36) 燃
(37) 義　　(38) 殺
(39) 察　　(40) 悲
(41) 構　　(42) 混
(43) 段　　(44) 系
(45) 條　　(46) 珍
(47) 低　　(48) 仁
(49) 刑　　(50) 姉
(51) 喜　　(52) 泉
(53) 妨　　(54) 宣

3. 다음 설명에 맞는 漢字語를 漢字로 쓰시오.(55~74)

(55) 종류(물건의 부분에 따라 나눈 갈래)
(56) 관망(형세를 바라다 봄)
(57) 입욕(목욕통에 들어감)
(58) 부족(같은 조상이라는 관념에 의하여 결합되어 공통된 언어와 종교 등을 갖는 지역적인 공동체)
(59) 경청(남의 말을 공경하는 태도로 듣는 것)
(60) 직구(야구에서, 투수가 변화를 주지 않고 직선처럼 타자에게 던지는 공)
(61) 재계(실업가 및 금융업자의 사회)
(62) 군내(한 군의 지역 안. 고을 안)
(63) 춘추(봄과 가을. 어른 나이에 대한 존칭)
(64) 공책(무엇을 쓸 수 있게 백지로 매어 놓은 책)
(65) 조상(한 집안이나 한 민족의 옛 어른들)
(66) 건의(의견을 말함)
(67) 중간(두 사물의 사이)
(68) 과거(옛날 문무관을 뽑던 때에 보던 시험)
(69) 공로(어떤 목적을 이루는 데에 힘쓴 노력이나 수고)
(70) 기층(바탕을 이루는 층)
(71) 교류(서로 주고받음)
(72) 발족(기간·단체 등이 첫 일을 시작함)
(73) 초면(처음으로 대하여 봄)
(74) 온정(따뜻한 정. 마음)

4. 다음 漢字와 뜻이 反對 또는 相對되는 漢字를 쓰시오.(75~77)

(75) 寒 - (　　)　　　(76) (　　) - 滿

(77) 姉 - (　　)

5. 다음 漢字語의 (　)속에 알맞은 漢字를 쓰시오.(78~82)

(78) 異口同(　　) - 여러 사람의 말이 한결 같음.

(79) 見(　　)生心 - 물건을 보면 가지고 싶은 욕심이 생김.

(80) 四通五(　　) - 길이나 교통망 등이 이리저리 사방으로 통함.

(81) (　　)地思之 - 처지를 바꾸어서 생각함.

(82) 牛耳讀(　　) - 쇠귀에 경 읽기와 같음.

6. 다음 漢字語에서 첫소리가 長音이 아닌 것을 골라 그 번호를 쓰시오.(83~85)

(83) ①歸依　②斷腸　③請婚　④減刑

(84) ①定額　②證言　③否認　④困境

(85) ①巨大　②變更　③孤兒　④亂雜

7. 다음 漢字의 部首로 맞는 것을 골라 그 번호를 쓰시오.(86~88)

(86) 籍 (　　)

　①竹　②未　③⁺⁺　④日

(87) 舞 (　　)

　①夕　②年　③舛　④無

(88) 條 (　　)

　①人　②文　③攵　④木

8. 다음 漢字와 같은 뜻의 漢字를 (　)속에 넣어 漢字語를 만드시오.(89~91)

(89) 想(　　)　　　(90) 練(　　)

(91) (　　)高

9. 다음 漢字와 소리는 같으나, 뜻이 다른 漢字語를 쓰시오.(92~94)

(92) 學力. (　　　　) - 공부한 이력

(93) 時調. (　　　　) - 한 족속의 맨 우두머리 조상

(94) 同情. (　　　　) - 사람의 움직이는 상황

10. 다음 漢字語의 뜻을 쓰시오.(95~97)

(95) 占據 :

(96) 厚待 :

(97) 緣分 :

11. 다음 漢字의 略字를 쓰시오.(98~100)

　(98) 聽　　　　(99) 雜

(100) 對

▶ 정답은 322쪽

제11회 한자능력검정시험 4급 예상문제

(시험시간 : 50분. 시험문항 : 100문제. 합격문항 : 70문제이상) 성명 _____

1. 다음 漢字語의 讀音을 쓰시오. (1~32)

(1) 底邊 (2) 野營
(3) 慰勞 (4) 苦痛
(5) 複製 (6) 敵性
(7) 質疑 (8) 劇團
(9) 探査 (10) 隱密
(11) 避難 (12) 判事
(13) 厚待 (14) 刑罰
(15) 聲援 (16) 資源
(17) 豫備 (18) 遊興
(19) 歸鄕 (20) 業績
(21) 困難 (22) 慰安
(23) 稱號 (24) 鍾愛
(25) 疑心 (26) 保險
(27) 回數 (28) 區廳
(29) 肅然 (30) 姿勢
(31) 假髮 (32) 占據

2. 다음 漢字의 訓과 音을 쓰시오. (33~54)

(33) 疑 (34) 顯
(35) 圓 (36) 孤
(37) 盒 (38) 簡
(39) 抗 (40) 秀
(41) 武 (42) 寢
(43) 推 (44) 慎
(45) 鬪 (46) 甘
(47) 屈 (48) 況
(49) 適 (50) 標
(51) 波 (52) 讚
(53) 慰 (54) 殘

3. 다음 설명에 맞는 漢字語를 漢字로 쓰시오. (55~74)

(55) 정담(다정한 이야기)
(56) 기상(눈·비·바람·안개 등 대기 가운데서 일어나는 모든 물리적 현상)
(57) 졸업(일정한 규정이 있는 학업을 마침)
(58) 교정(학교의 마당)
(59) 난국(어려운 고비)
(60) 조야(조정과 민간)
(61) 대교(큰 다리)
(62) 직선(곧은 줄)
(63) 경감(덜어내어 가볍게 함)
(64) 귀족(신분이 높고 가문이 좋은 사람)
(65) 정구(테니스의 종전 이름)
(66) 과정(일이 되어 가는 경로)
(67) 종국(마지막에 다다른 판국)
(68) 공동(여러 사람이 일을 같이 함)
(69) 청춘(만물이 푸른 봄철이라는 뜻으로, 젊은 나이를 일컬음)
(70) 중지(가운데 손가락)
(71) 증가(더하여 많아짐)
(72) 이순(나이 60을 이르는 말)
(73) 주말(한 주일의 끝)
(74) 백주(대낮)

4. 다음 漢字와 뜻이 反對 또는 相對되는 漢字를 쓰시오.(75~77)

(75) (　) - 舊　　(76) 師 - (　)

(77) (　) - 苦

5. 다음 漢字語의 (　)속에 알맞는 漢字를 쓰시오.(78~82)

(78) (　)國强兵 - 부유한 나라와 강한 군대.

(79) 行(　)擧止 - 몸을 움직여 하는 모든 짓.

(80) 行(　)不明 - 간 곳이 분명하지 않음.

(81) 馬耳東(　) - 남의 말을 귀담아 듣지 않고 곧 흘려 버림을 이르는 말.

(82) 種豆(　)豆 - 콩 심은데 콩나고 팥 심은데 팥이 남.

6. 다음 漢字語에서 첫소리가 長音이 아닌 것을 골라 그 번호를 쓰시오.(83~85)

(83) ①檢針　②混用　③指針　④現況

(84) ①歡心　②改憲　③反映　④可否

(85) ①困窮　②拒絶　③悲劇　④納品

7. 다음 漢字의 部首로 맞는 것을 골라 그 번호를 쓰시오.(86~88)

(86) 差 (　)

① 羊　② 王　③ 丿　④ 工

(87) 聽 (　)

① 耳　② 王　③ 罒　④ 心

(88) 環 (　)

① 王　② 玉　③ 罒　④ 衣

8. 다음 漢字와 같은 뜻의 漢字를 (　)속에 넣어 漢字語를 만드시오.(89~91)

(89) (　)大　　(90) 健(　)

(91) 至(　)

9. 다음 漢字와 소리는 같으나, 뜻이 다른 漢字語를 쓰시오.(92~94)

(92) 口號. (　) - 도와서 보호함

(93) 官展. (　) - 싸움을 직접 살펴봄

(94) 時刻. (　) - 빛이 눈의 망막을 자극하여 일어나는 감각

10. 다음 漢字語의 뜻을 쓰시오.(95~97)

(95) 放映 :

(96) 趣向 :

(97) 傑作 :

11. 다음 漢字의 略字를 쓰시오.(98~100)

(98) 覺　　　　(99) 變

(100) 傳

▶ 정답은 323쪽

309

제12회 한자능력검정시험 4급 예상문제

(시험시간 : 50분. 시험문항 : 100문제. 합격문항 : 70문제이상) 성명 _____

1. 다음 漢字語의 讀音을 쓰시오.(1~32)

(1) 鐵絲 (2) 納期
(3) 類推 (4) 採鑛
(5) 盜聽 (6) 讚歌
(7) 戶籍 (8) 攻守
(9) 整然 (10) 權座
(11) 條目 (12) 讚美
(13) 觀點 (14) 危急
(15) 孤兒 (16) 石灰
(17) 金庫 (18) 墓域
(19) 成績 (20) 窮地
(21) 評價 (22) 外叔
(23) 減刑 (24) 組織
(25) 滿潮 (26) 儉約
(27) 傾聽 (28) 迎入
(29) 殘務 (30) 考證
(31) 通帳 (32) 雜念

2. 다음 漢字의 訓과 音을 쓰시오.(33~54)

(33) 織 (34) 輪
(35) 適 (36) 灰
(37) 視 (38) 私
(39) 銃 (40) 儒
(41) 筋 (42) 標
(43) 干 (44) 點
(45) 障 (46) 閑
(47) 異 (48) 資
(49) 居 (50) 鳴
(51) 卵 (52) 拍
(53) 庫 (54) 看

3. 다음 설명에 맞는 漢字語를 漢字로 쓰시오.(55~74)

(55) 조사(사물의 내용을 자세히 살펴봄)
(56) 고착(굳게 붙음)
(57) 주장(자기 의견을 굳게 내세움)
(58) 과오(잘못 그릇된 짓)
(59) 농장(농사를 지을 땅과 여러 시설을 갖춘 곳)
(60) 철마(기차를 말에 비유하여 일컬음)
(61) 사건(뜻밖에 일어난 사고)
(62) 중지(일을 중도에서 그만 둠)
(63) 백지(아무것도 쓰여 있거나 그려져 있지 않은 종이)
(64) 고안(새로운 안을 생각하고 연구하여 냄)
(65) 출제(시험 문제를 내는 것)
(66) 이치(도리에 맞는 취지)
(67) 시간(어떤 시각에서 어떤 시각까지의 사이)
(68) 정립(판단, 명제를 정하여 세움)
(69) 방출(한꺼번에 확 내놓음)
(70) 신문(새로운 소식)
(71) 공과(대학에서 공업이나 공학을 전공하는 학과)
(72) 수석(시험 등에서 순위가 첫째인 상태)
(73) 교육(가르치어 지능을 가지게 하는 일)
(74) 조업(공장 등에서 기계를 움직여 작업 등을 실시함)

4. 다음 漢字와 뜻이 反對 또는 相對되는 漢字를 쓰시오.(75~77)

(75) (　) - 寢　　(76) (　) - 逆

(77) 干 - (　)

5. 다음 漢字語의 (　)속에 알맞은 漢字를 쓰시오.(78~82)

(78) 爲國(　)節 - 나라를 위한 충성스러운 절개.

(79) 說(　)說來 - 서로 변론하여 말로 옥신각신함.

(80) 人事不(　) - 정신을 잃고 의식을 모름.

(81) 千態(　)象 - 여러 가지 사물이 모두 차이가 있고 구별이 있는 상태.

(82) 可視光(　) - 육안으로 볼 수 있는 보통 광선.

6. 다음 漢字語에서 첫소리가 長音이 아닌 것을 골라 그 번호를 쓰시오.(83~85)

(83) ①整然　②帝王　③豫備　④組長

(84) ①動靜　②待遇　③刑事　④怨聲

(85) ①或者　②近況　③厚意　④戰鬪

7. 다음 漢字의 部首로 맞는 것을 골라 그 번호를 쓰시오.(86~88)

(86) 歡(　)
　①艹　②女　③隹　④欠

(87) 街(　)
　①彳　②土　③行　④圭

(88) 慶(　)
　①广　②心　③夂　④鹿

8. 다음 漢字와 같은 뜻의 漢字를 (　)속에 넣어 漢字語를 만드시오.(89~91)

(89) 貯(　)　　(90) 果(　)

(91) 繼(　)

9. 다음 漢字와 소리는 같으나 뜻이 다른 漢字語를 쓰시오.(92~94)

(92) 衣食. (　) - 어떤 행사를 치르는 법식

(93) 苦戰. (　) - 예전에 만들어졌으나, 시대를 초월하여 높이 평가되는 예술 작품

(94) 異性. (　) - 사물의 이치를 생각하는 능력

10. 다음 漢字語의 뜻을 쓰시오.(95~97)

(95) 徒黨 :

(96) 崇高 :

(97) 嚴禁 :

11. 다음 漢字의 略字를 쓰시오.(98~100)

(98) 燈　　(99) 萬

(100) 據

▶ 정답은 323쪽

제13회 한자능력검정시험 4급 예상문제

(시험시간 : 50분. 시험문항 : 100문제. 합격문항 : 70문제이상)   성명 _____

1. 다음 漢字語의 讀音을 쓰시오.(1~32)

(1) 避亂　　　　(2) 雜穀
(3) 等閑　　　　(4) 頌祝
(5) 稱號　　　　(6) 證據
(7) 採擇　　　　(8) 所屬
(9) 略字　　　　(10) 厚德
(11) 情趣　　　　(12) 擇日
(13) 險惡　　　　(14) 細柳
(15) 齒痛　　　　(16) 强盜
(17) 損害　　　　(18) 層階
(19) 歎息　　　　(20) 穀食
(21) 資料　　　　(22) 混戰
(23) 閑暇　　　　(24) 群舞
(25) 製粉　　　　(26) 伏線
(27) 檢針　　　　(28) 彈壓
(29) 爆音　　　　(30) 郵送
(31) 苦痛　　　　(32) 野營

2. 다음 漢字의 訓과 音을 쓰시오.(33~54)

(33) 樣　　　　(34) 寶
(35) 核　　　　(36) 銅
(37) 組　　　　(38) 授
(39) 暇　　　　(40) 眼
(41) 彈　　　　(42) 亂
(43) 刑　　　　(44) 密
(45) 機　　　　(46) 勤
(47) 專　　　　(48) 勉
(49) 拒　　　　(50) 傾
(51) 揮　　　　(52) 寄
(53) 納　　　　(54) 脫

3. 다음 설명에 맞는 漢字語를 漢字로 쓰시오.(55~74)

(55) 단명(목숨이 짧음)
(56) 모조(본떠서 만듦)
(57) 금방(이제. 방금)
(58) 식수(나무를 심음)
(59) 구도(옛 도읍지)
(60) 고시(일반에게 공시하여 알림)
(61) 결론(말이나 글의 끝맺는 부분)
(62) 온풍(더운 바람)
(63) 관계(어떤 관련이 있음)
(64) 담소(웃으면서 이야기함)
(65) 평가(사물이나 사람의 가치를 판단함)
(66) 간병(병구완)
(67) 품격(물건의 좋고 나쁨의 정도)
(68) 정오(잘못을 바로잡음)
(69) 결과(어떤 원인으로 인하여 이루어진 결말)
(70) 영재(뛰어난 재주)
(71) 장손(맏손자)
(72) 광장(너른 마당)
(73) 방화(불을 지르는 것)
(74) 절기(한 해 동안을 24로 가른 철)

4. 다음 漢字와 뜻이 反對 또는 相對되는 漢字를 쓰시오.(75~77)

(75) (   ) - 罰   (76) (   ) - 危

(77) (   ) - 從

5. 다음 漢字語의 (   )속에 알맞은 漢字를 쓰시오.(78~82)

(78) 寒(   )前線 - 따뜻하고 가벼운 기단 밑에 차고 무거운 기단이 깔린 불연속선.

(79) 自(   )自足 - 자기의 수요를 자기가 생산하여 충당함.

(80) 質疑應(   ) - 질문과 그것에 대한 대답.

(81) 夫婦有(   ) - 오륜(五倫)의 하나로, 부부 사이에 서로 침범치 못할 인륜의 구별이 있음.

(82) 兵家(   )事 - 전쟁에서 이기고 지는 것은 보통 있는 일로, 실패는 흔히 있는 일이니 낙심할 것이 없다는 말.

6. 다음 漢字語에서 첫소리가 長音이 아닌 것을 골라 그 번호를 쓰시오.(83~85)

(83) ①産卵 ②系統 ③奇異 ④未納

(84) ①慎痛 ②逃亡 ③與否 ④壯觀

(85) ①出張 ②海底 ③怒色 ④寶貨

7. 다음 漢字의 部首로 맞는 것을 골라 그 번호를 쓰시오.(86~88)

(86) 副 (   )
  ① 亅 ② 口 ③ 田 ④ 刀

(87) 勝 (   )
  ① 月 ② 肉 ③ 力 ④ 大

(88) 書 (   )
  ① 聿 ② 日 ③ 書 ④ 드

8. 다음 漢字와 같은 뜻의 漢字를 (   )속에 넣어 漢字語를 만드시오.(89~91)

(89) (   )黨   (90) 稱(   )

(91) (   )空

9. 다음 漢字와 소리는 같으나, 뜻이 다른 漢字語를 쓰시오.(92~94)

(92) 敬老. (   ) - 지나는 길

(93) 勇氣. (   ) - 물건을 담는 그릇

(94) 失機. (   ) - 실지의 기술

10. 다음 漢字語의 뜻을 쓰시오.(95~97)

(95) 減額 :

(96) 隱密 :

(97) 標準 :

11. 다음 漢字의 略字를 쓰시오.(98~100)

(98) 圍   (99) 權

(100) 聲

▶ 정답은 324쪽

제14회 한자능력검정시험 4급 예상문제

(시험시간 : 50분. 시험문항 : 100문제. 합격문항 : 70문제이상) 성명 _____

1. 다음 漢字語의 讀音을 쓰시오.(1~32)

(1) 疲勞　　　　(2) 整然
(3) 納稅　　　　(4) 變革
(5) 徒黨　　　　(6) 處刑
(7) 奇妙　　　　(8) 細胞
(9) 構圖　　　　(10) 厚謝
(11) 離別　　　　(12) 神祕
(13) 密閉　　　　(14) 投資
(15) 趣味　　　　(16) 印象
(17) 歎息　　　　(18) 動靜
(19) 歡待　　　　(20) 反擊
(21) 待避　　　　(22) 發揮
(23) 出陣　　　　(24) 過激
(25) 推論　　　　(26) 標準
(27) 抗拒　　　　(28) 閑散
(29) 脫穀　　　　(30) 慰問
(31) 伏線　　　　(32) 低空

2. 다음 漢字의 訓과 音을 쓰시오.(33~54)

(33) 雜　　　　(34) 犯
(35) 試　　　　(36) 總
(37) 籍　　　　(38) 讚
(39) 證　　　　(40) 罰
(41) 據　　　　(42) 均
(43) 戒　　　　(44) 徒
(45) 掃　　　　(46) 延
(47) 痛　　　　(48) 嚴
(49) 閉　　　　(50) 辭
(51) 差　　　　(52) 誌
(53) 松　　　　(54) 丁

3. 다음 밑줄 친 單語를 漢字로 바꿔 쓰시오.(55~74)

(55) 불순물을 **제거**하다.
(56) **낙도**에서의 생활이 이제는 익숙해져 간다.
(57) 비가 내리자 강당으로 **집합**하여 조회를 하였다.
(58) 교통사고 이후, 그는 **재활**을 위하여 열심히 노력했다.
(59) 백성들의 **원성**이 자자하다.
(60) 우천으로 등산 약속을 **취소**하다.
(61) 그는 **주관**이 뚜렷한 사람이다.
(62) 영희는 **하교** 이후 집으로 간다.
(63) 역사에 대한 **인식**이 부족하다.
(64) 경기 장면에 시선을 **고정**하다.
(65) 그의 **과실**을 우리는 용서하기로 합의하였다.
(66) 불쾌한 **감정**을 얼굴에 드러내다.
(67) 수요에 따라 공급량을 **가감**해야 합니다.
(68) 이 물고기는 **냉온**의 환경에서도 잘 산다.
(69) **매점**에 가면 그 과자를 살 수 있다.
(70) 병세가 **호전**되어 곧 퇴원할 것 같다.
(71) 국군의 철통같은 **방위** 태세로 우리는 편안히 생활할 수 있다.

(72) 이 제품은 사용법이 **용이**하다.

(73) 다음 주에 관리부 **회식**이 있습니다.

(74) 성격 **차이**로 그들은 헤어졌다.

4. 다음 漢字와 뜻이 反對 또는 相對되는 漢字를 쓰시오.(75~77)

(75) (　) - 支流　　(76) 君子 - (　)

(77) 屈折 - (　)

5. 다음 漢字語의 (　)속에 알맞은 漢字를 쓰시오.(78~82)

(78) 至誠感(　) - 지극한 정성에 하늘이 감동함.

(79) 實事求(　) - 사실에 토대를 두어 진리를 탐구하는 일.

(80) 送舊(　)新 - 묵은해를 보내고 새해를 맞음.

(81) 自他(　)認 - 자기나 남들이 다같이 인정함.

(82) 三(　)要人 - 행정부·사법부·입법부의 수장(首長)을 말함.

6. 다음 漢字語에서 첫소리가 長音이 아닌 것을 골라 그 번호를 쓰시오.(83~85)

(83) ①助言　②探訪　③取得　④戶主

(84) ①討論　②討議　③討伐　④聲討

(85) ①歡待　②應答　③往復　④內容

7. 다음 漢字의 部首로 다르게 연결된 것을 골라 그 번호를 쓰시오.(86~88)

(86) (　)
①空-穴　②巨-工　③臣-臣　④九-丿

(87) (　)
①年-干　②內-人　③能-肉　④光-儿

(88) (　)
①鳴-口　②龍-龍　③甲-田　④五-二

8. 다음 漢字와 같은 뜻의 漢字를 (　)속에 넣어 漢字語를 만드시오.(89~91)

(89) (　)固　　(90) 舍(　)

(91) (　)願

9. 다음 漢字와 소리는 같으나, 뜻이 다른 漢字語를 쓰시오.(92~94)

(92) 立場. (　) - 장내로 들어감

(93) 正午. (　) - 잘못을 바로 잡음

(94) 植樹. (　) - 음료수. 마시는 물

10. 다음 漢字語의 뜻을 쓰시오.(95~97)

(95) 回避 :

(96) 歡談 :

(97) 混用 :

11. 다음 漢字의 略字를 쓰시오.(98~100)

(98) 圖　　　　(99) 解

(100) 彈

▶ 정답은 324쪽

제15회 한자능력검정시험 4급 예상문제

(시험시간 : 50분. 시험문항 : 100문제. 합격문항 : 70문제이상) 성명 _____

1. 다음 漢字語의 讀音을 쓰시오.(1~32)

(1) 白灰   (2) 交易
(3) 殘存   (4) 減刑
(5) 變革   (6) 防彈
(7) 雜誌   (8) 討議
(9) 念慮   (10) 縮約
(11) 證書   (12) 消盡
(13) 祕密   (14) 獨占
(15) 糧穀   (16) 進擊
(17) 援助   (18) 國營
(19) 輪回   (20) 閉校
(21) 改憲   (22) 逃避
(23) 元帳   (24) 誤差
(25) 爆竹   (26) 評價
(27) 傑作   (28) 餘恨
(29) 殘額   (30) 壓卷
(31) 規範   (32) 歡待

2. 다음 漢字의 訓과 音을 쓰시오.(33~54)

(33) 候   (34) 協
(35) 鑛   (36) 陣
(37) 尊   (38) 篇
(39) 愼   (40) 積
(41) 濟   (42) 藝
(43) 攻   (44) 傑
(45) 犬   (46) 損
(47) 築   (48) 困
(49) 壁   (50) 潔
(51) 黨   (52) 監
(53) 或   (54) 潮

3. 다음 밑줄 친 單語를 漢字로 바꿔 쓰시오.(55~74)

(55) 할머니도 계신데 **언성**이 높구나!
(56) **무역**의 불균형을 해소하다.
(57) 적을 앞에 두고 **방심**하다가 싸움에 패하였다.
(58) 위험이 목전에 **당도**하다.
(59) 그의 죄목이 낱낱이 **열거**되었다.
(60) 올림픽 출전을 위하여 **합숙**훈련을 받다.
(61) 현장에서 관련 자료를 **인수**하다.
(62) 그들이 **자매**라는 사실을 누구도 알지 못했다.
(63) 이번 작품은 국제적으로 **호평**을 받았다.
(64) 이번 기회에 **대우**를 개선해 주십시오.
(65) 민주주의를 **신봉**하는 사람들의 모임이다.
(66) 일제의 무분별한 **벌목**은 우리의 산을 헐벗게 했다.
(67) 군중이 **운집**하여 인산인해를 이루었다.
(68) 이번 일은 **간과**할 수 없는 문제이다.
(69) 그 분은 행실이 **양반**이다.
(70) 그녀의 **요리** 강습에 많은 사람들이 몰려왔다.
(71) **납득**이 안가는 이야기다.
(72) 야외에서 **수업**을 하였다.
(73) 그 학과는 모집 **정원** 미달이다.
(74) 현대인은 **공해**로 인해 생명까지 위협 받고 있다.

4. 다음 漢字와 뜻이 反對 또는 相對되는 漢字를 쓰시오.(75~77)

  (75) (　) - 私　　(76) (　) - 悲

  (77) (　) - 野

5. 다음 漢字語의 (　)속에 알맞은 漢字를 쓰시오.(78~82)

  (78) 生死苦(　) - 삶과 죽음과 고통스러움과 즐거움.
  (79) 平地風(　) - 뜻밖에 분쟁이 일어남의 비유.
  (80) 虛(　)聲勢 - 실속 없이 허세만 떠벌림.
  (81) 晝夜(　)川 - 밤낮으로 쉬지 않고 잇따라서.
  (82) 至誠(　)天 - 지극한 정성에 하늘이 감동함.

6. 다음 漢字語에서 첫소리가 長音이 아닌 것을 골라 그 번호를 쓰시오.(83~85)

  (83) ①護國　②滿員　③絶交　④配合
  (84) ①國境　②講堂　③帶同　④背景
  (85) ①海邊　②飛行　③保全　④富者

7. 다음 漢字의 部首로 다르게 연결된 것을 골라 그 번호를 쓰시오.(86~88)

  (86) (　　)

  ①草-艸　②足-足　③周-土　④眞-目

  (87) (　　)

  ①在-土　②字-宀　③席-巾　④育-肉

  (88) (　　)

  ①素-糸　②愛-心　③看-手　④母-毋

8. 다음 漢字와 같은 뜻의 漢字를 (　)속에 넣어 漢字語를 만드시오.(89~91)

  (89) (　)與　　(90) 聽(　)

  (91) 朱(　)

9. 다음 漢字와 소리는 같으나, 뜻이 다른 漢字語를 쓰시오.(92~94)

  (92) 減産. (　　　) - 뺄 셈
  (93) 資源. (　　　) - 제 스스로 원함
  (94) 育成. (　　　) - 인간의 입으로부터 직접 나오는 소리

10. 다음 漢字語의 뜻을 쓰시오.(95~97)

  (95) 急錢 :

  (96) 慰勞 :

  (97) 營利 :

11. 다음 漢字의 略字를 쓰시오.(98~100)

  (98) 顯　　　　(99) 區

  (100) 關

➡ 정답은 325쪽

【4급 예상문제 정답】

〈제1회〉

(1)해탈 (2)가칭 (3)격렬
(4)침구 (5)초청 (6)층계
(7)극비 (8)상황 (9)거부
(10)국적 (11)난무 (12)연륜
(13)전이 (14)산란 (15)진지
(16)구상 (17)강신 (18)휴가
(19)도청 (20)주역 (21)각인
(22)선택 (23)금액 (24)압축
(25)표준 (26)통분 (27)귀경
(28)조류 (29)상처 (30)폭발
(31)불황 (32)성씨

(33)내릴 강/항복할 항 (34)심할 극
(35)이 치 (36)쇠북 종
(37)마실 흡 (38)쓸 소
(39)맡길 위 (40)책 권
(41)넓을 보 (42)닭 계
(43)본뜰 모 (44)띠 대
(45)문서 권 (46)거스를 역
(47)위태할 위 (48)떠날 리
(49)바늘 침 (50)섞을 혼
(51)오로지 전 (52)탈 연
(53)점 점 (54)실 사

(55)所望 (56)用具 (57)明朗
(58)事實 (59)輕視 (60)眞品
(61)禁止 (62)觀光 (63)徒步
(64)放出 (65)先着順 (66)集結
(67)打破 (68)施行 (69)滿足
(70)斷水 (71)妨害 (72)求職
(73)生前 (74)實效

(75)迎 (76)惡 (77)攻

(78)決 (79)實 (80)正 (81)戒 (82)新

(83)① (84)② (85)④

(86)② (87)④ (88)④

(89)園 (90)喜 (91)擊

(92)通話 (93)國家 (94)圖章

(95)서울로 돌아오거나 돌아감
(96)막히는데 없이 말을 술술 잘함
(97)슬기로운 계략

(98) 将   (99) 辺   (100) 糸

〈제2회〉

(1)야영 (2)자세 (3)좌경
(4)논거 (5)철근 (6)국위
(7)정맥 (8)직물 (9)예측
(10)이합 (11)탈당 (12)지각
(13)혁신 (14)옥편 (15)권면
(16)험난 (17)이변 (18)석권
(19)좌담 (20)적금 (21)은퇴
(22)이발 (23)도피 (24)잡지
(25)기밀 (26)안경 (27)유기
(28)강우량 (29)환영 (30)탐험
(31)핵심 (32)유람

(33)가루 분 (34)곳집 고
(35)이지러질 결 (36)어질 현
(37)만날 우 (38)세금 세
(39)거동 의 (40)갖출 비
(41)힘쓸 노 (42)지을 제
(43)새길 각 (44)그릇칠 오
(45)굽힐 굴 (46)권세 권
(47)판단할 판 (48)비칠 영
(49)얽을 구 (50)매울 렬
(51)젖 유 (52)숨길 비
(53)가죽 혁 (54)납 연

(55)改善 (56)會同 (57)決斷
(58)韓國 (59)問責 (60)下待
(61)祝福 (62)動向 (63)形便
(64)昨今 (65)通用 (66)和合
(67)外食 (68)記號 (69)衣服
(70)勝敗 (71)河口 (72)的中
(73)流入 (74)親近

(75)鄕 (76)敗 (77)出

(78)能 (79)感 (80)作 (81)紅 (82)如

(83)③ (84)① (85)②

(86)① (87)③ (88)④

(89)過 (90)歌 (91)獨

(92)家事 (93)稅收 (94)地區

(95)몸에 지님
(96)곡식의 낟알을 이삭에서 떨어내는 일
(97)주어진 조건

(98) 壮   (99) 圧   (100) 虚

〈제3회〉

(1)저의　　(2)난잡　　(3)투약
(4)간혹　　(5)규범　　(6)난이도
(7)비평　　(8)책상　　(9)표어
(10)보통　　(11)헌병　　(12)조건
(13)계승　　(14)단기　　(15)엄숙
(16)지략　　(17)흥취　　(18)사퇴
(19)조직　　(20)철근　　(21)이륙
(22)곡물　　(23)입헌　　(24)비명
(25)전임　　(26)모유　　(27)부상
(28)칭송　　(29)속국　　(30)묘안
(31)두유　　(32)진귀

(33)빛날 요　　　　(34)이마 액
(35)어두울 암　　　(36)남을 잔
(37)막을 방　　　　(38)검소할 검
(39)싸움 투　　　　(40)베풀 시
(41)부지런할 근　　(42)옮길 이
(43)숨길 비　　　　(44)길쌈 적
(45)이을 련　　　　(46)임금 제
(47)도울 원　　　　(48)책 편
(49)술 주　　　　　(50)인연 연
(51)더불 여/줄 여　(52)질 부
(53)터럭 발　　　　(54)평할 평

(55)兄弟　　(56)幸運　　(57)打者
(58)充滿　　(59)品位　　(60)必勝
(61)感動　　(62)銀行　　(63)苦待
(64)成火　　(65)因習　　(66)害惡
(67)敎養　　(68)現場　　(69)赤字
(70)凶計　　(71)食飮　　(72)特食
(73)言語　　(74)出他

(75)離　　(76)益　　(77)散

(78)知　　(79)敵　　(80)然
(81)毛　　(82)功

(83)②　　(84)④　　(85)③

(86)②　　(87)③　　(88)④

(89)製　　(90)攻, 打　　(91)說

(92)政黨　　(93)果實　　(94)造花

(95)괴이한 변고
(96)사물의 가치를 비평하여 논함
(97)사물을 보는 중심된 점. 보는 방향

(98) 党　　(99) 応　　(100) 様

〈제4회〉

(1)약도　　(2)통쾌　　(3)박람
(4)분패　　(5)권말　　(6)도로
(7)폭음　　(8)사조　　(9)환영
(10)위세　　(11)굴곡　　(12)축사
(13)단장　　(14)간이　　(15)송축
(16)국란　　(17)골절　　(18)귀의
(19)밀폐　　(20)영업　　(21)숭배
(22)표시　　(23)투쟁　　(24)적설
(25)계속　　(26)위원　　(27)탈락
(28)흑연　　(29)근면　　(30)금속
(31)골절　　(32)방영

(33)세포 포　　　　(34)일컬을 칭
(35)가루 분　　　　(36)이을 계
(37)연기 연　　　　(38)본뜰 모
(39)놀 유　　　　　(40)험할 험
(41)얼굴 용　　　　(42)지경 역
(43)줄기 맥　　　　(44)말씀 변
(45)갚을 보/알릴 보　(46)도망할 도
(47)방해할 방　　　(48)영화 영
(49)부칠 기　　　　(50)방패 간
(51)계절 계　　　　(52)바퀴 륜
(53)가질 지　　　　(54)맞을 적

(55)切實　　(56)健康　　(57)表出
(58)休場　　(59)魚物　　(60)弱骨
(61)敗北　　(62)着席　　(63)閉店
(64)參加　　(65)材料　　(66)實技
(67)漁夫　　(68)效能　　(69)公開
(70)合理　　(71)許可　　(72)黑心
(73)病患　　(74)利己

(75)重　　(76)興, 存　　(77)靜

(78)孝　　(79)從　　(80)耳
(81)更　　(82)落

(83)③　　(84)①　　(85)②

(86)③　　(87)④　　(88)④

(89)財　　(90)試　　(91)段

(92)陽性　　(93)下校　　(94)伏線

(95)위치 등을 다른 곳으로 옮기는 것
(96)옳고 그름의 여부
(97)검소하게 절약하여 사용함

(98) 庁　　(99) 対　　(100) 写

〈제5회〉

(1)혼합 (2)진영 (3)용종
(4)엄숙 (5)자위 (6)투수
(7)구상 (8)파경 (9)우표
(10)탄복 (11)의문 (12)답변
(13)귀의 (14)권장 (15)송덕비
(16)잔설 (17)희비 (18)토죄
(19)변경 (20)판정 (21)웅변
(22)감액 (23)생략 (24)취침
(25)자태 (26)은어 (27)우대
(28)혼기 (29)환경 (30)유세
(31)택일 (32)탐사

(33)법 헌 (34)멜 담
(35)응할 응 (36)가지런할 정
(37)제사 제 (38)아재비 숙
(39)돈 전 (40)검사할 검
(41)갈래 파 (42)항구 항
(43)풍년 풍 (44)탄알 탄
(45)우편 우 (46)어질 인
(47)고리 환 (48)기후 후
(49)남길 유 (50)꺾을 절
(51)쇠북 종 (52)섞일 잡
(53)에워쌀 위 (54)비석 비

(55)寒冷 (56)過速 (57)貯金
(58)景致 (59)發信 (60)筆致
(61)正直 (62)盛夏 (63)生活
(64)葉書 (65)平面 (66)古都
(67)在學 (68)登板 (69)約束
(70)最善 (71)功勞 (72)祝電
(73)奉養 (74)永遠

(75)實 (76)減 (77)勝

(78)苦 (79)弱 (80)晝
(81)戰 (82)族

(83)④ (84)② (85)①

(86)④ (87)② (88)④

(89)王 (90)想, 考, 慮 (91)伐

(92)大賞 (93)科學 (94)市場

(95)만 60세의 생일
(96)학문, 지능이 뛰어난 사람
(97)창자가 끊어진다는 뜻으로, 견딜 수 없
 는 심한 슬픔이나 괴로움

(98) 鉱 (99) 国 (100) 継

〈제6회〉

(1)구성 (2)우편 (3)치통
(4)험악 (5)장관 (6)군무
(7)피로 (8)난청 (9)분유
(10)여건 (11)취업 (12)여한
(13)선전 (14)포자 (15)무궁
(16)간호 (17)철광 (18)탐사
(19)혼란 (20)권좌 (21)투기
(22)엄동 (23)묘비 (24)항거
(25)대피 (26)예우 (27)발휘
(28)폭발 (29)폭도 (30)검박
(31)양식 (32)곤란

(33)용 룡 (34)더할 증
(35)노래 요 (36)다시 갱/고칠 경
(37)끝 단 (38)붙일 속
(39)조수 조 (40)모습 태
(41)불터질 폭 (42)대적할 적
(43)계절 계 (44)붉을 주
(45)경영할 영 (46)한 한
(47)구를 전 (48)재 회
(49)쏠 사 (50)짤 직
(51)코끼리 상 (52)층 층
(53)혀 설 (54)곡식 곡

(55)記錄 (56)願望 (57)宅地
(58)漢藥 (59)國語 (60)發展
(61)元來 (62)家屋 (63)運送
(64)競合 (65)草原 (66)高聲
(67)用度 (68)法則 (69)炭田
(70)始作 (71)米飮 (72)風雨
(73)陽地 (74)業界

(75)假, 僞 (76)恩 (77)怒, 悲

(78)危 (79)分 (80)學
(81)骨 (82)將

(83)② (84)③ (85)①

(86)④ (87)④ (88)③

(89)姿 (90)技 (91)純

(92)地上 (93)延期 (94)電氣

(95)이치를 쫓아 어떤 일을 생각하고 논급
 함
(96)가슴 아프게 몹시 한탄함
(97)규모를 축소하여 간략하게 함

(98) 装 (99) 満 (100) 旧

〈제7회〉

(1)현달 (2)탄압 (3)칭찬
(4)예측 (5)원한 (6)구역
(7)갱신/경신 (8)연료 (9)험담
(10)환대 (11)우편 (12)통탄
(13)거절 (14)음각 (15)공략
(16)희극 (17)의례 (18)간단
(19)조약 (20)방범 (21)결혼
(22)통장 (23)선전 (24)기관
(25)증권 (26)주량 (27)인연
(28)근골 (29)해적 (30)규범
(31)회피 (32)한가

(33)비롯할 창 (34)정성 성
(35)다할 궁/궁할 궁 (36)깨달을 각
(37)춤출 무 (38)버들 류
(39)이어맬 계/이을 계 (40)굳을 견
(41)칠 토 (42)근원 원
(43)부를 초 (44)점령할 점/점칠 점
(45)위엄 위 (46)근거 거
(47)칠 격 (48)통달할 달
(49)법 헌 (50)알 인
(51)미리 예 (52)권할 권
(53)꾸밀 장 (54)볼 람

(55)武班 (56)完敗 (57)變節
(58)強勢 (59)費用 (60)孤高
(61)卓見 (62)念慮 (63)分野
(64)敎授 (65)病院 (66)知識
(67)多角 (68)校服 (69)始期
(70)健兒 (71)方便 (72)戰雲
(73)答辯 (74)反對

(75)否 (76)死 (77)怨

(78)告 (79)難 (80)義
(81)常 (82)金

(83)④ (84)① (85)③

(86)③ (87)① (88)③

(89)擊 (90)論 (91)思, 念

(92)引導 (93)養家 (94)是認

(95)권하여 장려함
(96)좋은 생각
(97)일이 없어 한가함

(98) 予 (99) 虫 (100) 战

〈제8회〉

(1)점수 (2)헌장 (3)계명
(4)시청 (5)곤란 (6)병가
(7)성역 (8)폭죽 (9)탐방
(10)숭배 (11)모사 (12)선전
(13)이탈 (14)갱지 (15)잡념
(16)전투 (17)토론 (18)격렬
(19)성원 (20)추앙 (21)후사
(22)곳간 (23)엄격 (24)험담
(25)영걸 (26)항복 (27)간결
(28)곡식 (29)기지 (30)개폐
(31)타종 (32)원한

(33)클 거 (34)지경 역
(35)감히 감/구태여 감 (36)도둑 적
(37)굳을 확 (38)말씀 사
(39)사나울 폭/모질 포 (40)간략할 략/약할 략
(41)거둘 수 (42)법 범
(43)준할 준 (44)청할 청
(45)기특할 기 (46)생각할 려
(47)곳 처 (48)갑옷 갑
(49)무리 군 (50)절 배
(51)버릴 기 (52)놀랄 경
(53)뜻 취 (54)배 항

(55)吉運 (56)時急 (57)牛乳
(58)心術 (59)當然 (60)過去
(61)物産 (62)花園 (63)勇氣
(64)統計 (65)比例 (66)場所
(67)團體 (68)事由 (69)友情
(70)別世 (71)代讀 (72)夜行
(73)失職 (74)習作

(75)斷 (76)明 (77)脫, 發

(78)色 (79)頭 (80)山
(81)亂 (82)看

(83)③ (84)③ (85)②

(86)① (87)④ (88)④

(89)造, 作 (90)存 (91)爭, 鬪

(92)前後 (93)認定 (94)神仙

(95)사리를 분별하여 해석함
(96)정한 시각보다 늦게 닿음
(97)가지런하게 정돈되어 있음

(98) 点 (99) 乱 (100) 麗

〈제9회〉

(1) 회색　(2) 가발　(3) 기능
(4) 격퇴　(5) 경이　(6) 권장
(7) 사퇴　(8) 우량　(9) 규모
(10) 광물　(11) 복제　(12) 책방
(13) 투기　(14) 폭탄　(15) 부담
(16) 성취　(17) 관람　(18) 성묘
(19) 근로　(20) 근거　(21) 청혼
(22) 사격　(23) 숙원　(24) 통한
(25) 격변　(26) 예감　(27) 위력
(28) 자질　(29) 계층　(30) 자각
(31) 분노　(32) 비각

(33) 창자 장　(34) 다할 진
(35) 넉넉할 우　(36) 길쌈 적
(37) 겹칠 복　(38) 구를 전
(39) 도울 원　(40) 들을 청
(41) 쉴 식　(42) 마을 부/관청 부
(43) 엄숙할 숙　(44) 끌 제
(45) 무리 대　(46) 무덤 묘
(47) 날 비　(48) 덜 손
(49) 고울 려　(50) 모양 자
(51) 지혜 지/슬기 지　(52) 각시 씨/성씨 씨
(53) 자리 좌　(54) 젖 유

(55) 移住　(56) 集合　(57) 體典
(58) 旅人宿　(59) 學窓　(60) 發給
(61) 全部　(62) 後者　(63) 境界
(64) 罪惡　(65) 規範　(66) 見品
(67) 災害　(68) 根據　(69) 首長
(70) 多幸　(71) 參加　(72) 美談
(73) 救急　(74) 有備

(75) 伏　(76) 使　(77) 當
(78) 過　(79) 思　(80) 水
(81) 用　(82) 族

(83) ②　(84) ④　(85) ①
(86) ③　(87) ④　(88) ①

(89) 界　(90) 珍　(91) 恨

(92) 全線　(93) 韓食　(94) 引上

(95) 조목을 세워 약정한 언약
(96) 어떤 일이 되어져 가는 과정이나 상태
(97) 기쁨과 슬픔

(98) 錢　(99) 观　(100) 担

〈제10회〉

(1) 사전　(2) 도망　(3) 흑연
(4) 범위　(5) 열녀　(6) 극장
(7) 병가　(8) 결손　(9) 취득
(10) 의식　(11) 청중　(12) 걸물
(13) 저력　(14) 한산　(15) 견실
(16) 격파　(17) 승부　(18) 성토
(19) 위험　(20) 의문　(21) 자숙
(22) 경영　(23) 기후　(24) 업적
(25) 무역　(26) 계단　(27) 주변
(28) 유생　(29) 귀속　(30) 사투
(31) 예방　(32) 전이

(33) 양식 량　(34) 편안 강
(35) 일컬을 칭　(36) 탈 연
(37) 옳을 의　(38) 죽일 살/감할 쇄
(39) 살필 찰　(40) 슬플 비
(41) 얽을 구　(42) 섞을 혼
(43) 층계 단　(44) 이어맬 계/이을 계
(45) 가지 조　(46) 보배 진
(47) 낮을 저　(48) 어질 인
(49) 형벌 형　(50) 손위누이 자
(51) 기쁠 희　(52) 샘 천
(53) 방해할 방　(54) 베풀 선

(55) 種類　(56) 觀望　(57) 入浴
(58) 部族　(59) 敬聽　(60) 直球
(61) 財界　(62) 郡內　(63) 春秋
(64) 空冊　(65) 祖上　(66) 建議
(67) 中間　(68) 科擧　(69) 功勞
(70) 基層　(71) 交流　(72) 發足
(73) 初面　(74) 溫情

(75) 暖　(76) 干　(77) 妹
(78) 聲　(79) 物　(80) 達
(81) 易　(82) 經

(83) ③　(84) ②　(85) ③
(86) ①　(87) ③　(88) ④

(89) 念　(90) 習　(91) 崇

(92) 學歷　(93) 始祖　(94) 動靜

(95) 일정한 자리를 점령함
(96) 두텁게 대우함
(97) 하늘에서 마련한 인연

(98) 聽　(99) 雜　(100) 対

〈제11회〉

(1)저변 (2)야영 (3)위로
(4)고통 (5)복제 (6)적성
(7)질의 (8)극단 (9)탐사
(10)은밀 (11)피난 (12)판사
(13)후대 (14)형벌 (15)성원
(16)자원 (17)예비 (18)유흥
(19)귀향 (20)업적 (21)곤란
(22)위안 (23)칭호 (24)종애
(25)의심 (26)보험 (27)횟수
(28)구청 (29)숙연 (30)자세
(31)가발 (32)점거

(33)의심할 의 (34)나타날 현
(35)둥글 원 (36)외로울 고
(37)더할 익 (38)간략할 간/대쪽 간
(39)겨룰 항 (40)빼어날 수
(41)호반 무 (42)잘 침
(43)밀 추 (44)분할 분
(45)싸움 투 (46)달 감
(47)굽힐 굴 (48)상황 황
(49)맞을 적 (50)표할 표
(51)물결 파 (52)기릴 찬
(53)위로할 위 (54)남을 잔

(55)情談 (56)氣象 (57)卒業
(58)校庭 (59)難局 (60)朝野
(61)大橋 (62)直線 (63)輕減
(64)貴族 (65)庭球 (66)課程
(67)終局 (68)共同 (69)靑春
(70)中指 (71)增加 (72)耳順
(73)週末 (74)白晝

(75)新 (76)弟 (77)甘

(78)富 (79)動 (80)方
(81)風 (82)得

(83)③ (84)① (85)④

(86)④ (87)① (88)②

(89)巨 (90)康 (91)極

(92)救護 (93)觀戰 (94)視覺

(95)텔레비전으로 방송하는 일
(96)하고 싶은 마음이 쏠리는 방향
(97)썩 잘된 글이나 작품

(98) 覚 (99) 変 (100) 伝

〈제12회〉

(1)철사 (2)납기 (3)유추
(4)채광 (5)도청 (6)찬가
(7)호적 (8)공수 (9)정연
(10)권좌 (11)조목 (12)찬미
(13)관점 (14)위급 (15)고아
(16)석회 (17)금고 (18)묘역
(19)성적 (20)궁지 (21)평가
(22)외숙 (23)감형 (24)조직
(25)만조 (26)검약 (27)경청
(28)영입 (29)잔무 (30)고증
(31)통장 (32)잡념

(33)짤 직 (34)바퀴 륜
(35)맞을 적 (36)재 회
(37)볼 시 (38)사사 사
(39)총 총 (40)선비 유
(41)힘줄 근 (42)표할 표
(43)방패 간 (44)점 점
(45)막을 장 (46)한가할 한
(47)다를 이 (48)재물 자
(49)살 거 (50)울 명
(51)알 란 (52)칠 박
(53)곳집 고 (54)볼 간

(55)調査 (56)固着 (57)主張
(58)過誤 (59)農場 (60)鐵馬
(61)事件 (62)中止 (63)白紙
(64)考案 (65)出題 (66)理致
(67)時間 (68)定立 (69)放出
(70)新聞 (71)工科 (72)首席
(73)敎育 (74)操業

(75)起 (76)順 (77)滿, 支

(78)忠 (79)往 (80)省
(81)萬 (82)線

(83)④ (84)③ (85)①

(86)④ (87)③ (88)②

(89)蓄 (90)實 (91)續, 承

(92)儀式 (93)古典 (94)理性

(95)떼를 지은 무리
(96)존엄하고 고상함
(97)절대로 못하도록 금함

(98) 灯 (99) 万 (100) 拠

〈제13회〉

(1) 피란　(2) 잡곡　(3) 등한
(4) 송축　(5) 칭호　(6) 증거
(7) 채택　(8) 소속　(9) 약자
(10) 후덕　(11) 정취　(12) 택일
(13) 험악　(14) 세류　(15) 치통
(16) 강도　(17) 손해　(18) 층계
(19) 탄식　(20) 곡식　(21) 자료
(22) 혼전　(23) 한가　(24) 군무
(25) 제분　(26) 복선　(27) 검침
(28) 탄압　(29) 폭음　(30) 우송
(31) 고동　(32) 야영

(33) 모양 양　(34) 보배 보
(35) 씨 핵　(36) 구리 동
(37) 짤 조　(38) 줄 수
(39) 겨를 가　(40) 눈 안
(41) 탄알 탄　(42) 어지러울 란
(43) 형벌 형　(44) 빽빽할 밀
(45) 틀 기　(46) 부지런할 근
(47) 오로지 전　(48) 힘쓸 면
(49) 막을 거　(50) 기울 경
(51) 휘두를 휘　(52) 부칠 기
(53) 들일 납　(54) 벗을 탈

(55) 短命　(56) 模造　(57) 今方
(58) 植樹　(59) 舊都　(60) 告示
(61) 結論　(62) 溫風　(63) 關係
(64) 談笑　(65) 評價　(66) 看病
(67) 品格　(68) 正誤　(69) 結果
(70) 英才　(71) 長孫　(72) 廣場
(73) 放火　(74) 節氣

(75) 賞　(76) 安　(77) 主

(78) 冷　(79) 給　(80) 答
(81) 別　(82) 常

(83) ③　(84) ②　(85) ①

(86) ④　(87) ③　(88) ②

(89) 徒　(90) 頌, 讚　(91) 虛

(92) 經路　(93) 容器　(94) 實技

(95) 액수를 줄임
(96) 숨어있어서 형적이 나타나지 않음
(97) 사물을 정하는 목표. 기준

(98) 囲　(99) 権　(100) 声

〈제14회〉

(1) 피로　(2) 정연　(3) 납세
(4) 변혁　(5) 도당　(6) 처형
(7) 기묘　(8) 세포　(9) 구도
(10) 후사　(11) 이별　(12) 신비
(13) 밀폐　(14) 투자　(15) 취미
(16) 인상　(17) 탄식　(18) 동정
(19) 환대　(20) 반격　(21) 대피
(22) 발휘　(23) 출진　(24) 과격
(25) 추론　(26) 표준　(27) 항거
(28) 한산　(29) 탈곡　(30) 위문
(31) 복선　(32) 저공

(33) 섞일 잡　(34) 범할 범
(35) 시험 시　(36) 다 총
(37) 문서 적　(38) 기릴 찬
(39) 증거 증　(40) 벌할 벌
(41) 근거 거　(42) 고를 균
(43) 경계할 계　(44) 무리 도
(45) 쓸 소　(46) 늘일 연
(47) 아플 통　(48) 엄할 엄
(49) 닫을 폐　(50) 말씀 사
(51) 다를 차　(52) 기록할 지
(53) 소나무 송　(54) 장정 정/고무래 정

(55) 除去　(56) 落島　(57) 集合
(58) 再活　(59) 怨聲　(60) 取消
(61) 主觀　(62) 下校　(63) 認識
(64) 固定　(65) 過失　(66) 感情
(67) 加減　(68) 冷溫　(69) 賣店
(70) 好轉　(71) 防衛　(72) 容易
(73) 會食　(74) 差異

(75) 根源　(76) 小人　(77) 直進

(78) 天　(79) 是　(80) 迎
(81) 共　(82) 府

(83) ②　(84) ③　(85) ①

(86) ④　(87) ②　(88) ①

(89) 堅　(90) 屋, 宅　(91) 希

(92) 入場　(93) 正誤　(94) 食水

(95) 몸을 피하여 만나지 아니함
(96) 정답고 즐겁게 이야기 함
(97) 섞어서 씀

(98) 図　(99) 鮮　(100) 弾

〈제15회〉

(1) 백회　(2) 교역　(3) 잔존
(4) 감형　(5) 변혁　(6) 방탄
(7) 잡지　(8) 토의　(9) 염려
(10) 축약　(11) 증서　(12) 소진
(13) 비밀　(14) 독점　(15) 양곡
(16) 진격　(17) 원조　(18) 국영
(19) 윤회　(20) 폐교　(21) 개헌
(22) 도피　(23) 원장　(24) 오차
(25) 폭죽　(26) 평가　(27) 걸작
(28) 여한　(29) 잔액　(30) 압권
(31) 규범　(32) 환대

(33) 기후 후　(34) 화할 협
(35) 쇳돌 광　(36) 진칠 진
(37) 높을 존　(38) 책 편
(39) 분할 분　(40) 쌓을 적
(41) 건널 제　(42) 재주 예
(43) 칠 공　(44) 뛰어날 걸
(45) 개 견　(46) 덜 손
(47) 쌓을 축　(48) 곤할 곤
(49) 벽 벽　(50) 깨끗할 결
(51) 무리 당　(52) 볼 감
(53) 혹 혹　(54) 조수 조

(55) 言聲　(56) 貿易　(57) 放心
(58) 當到　(59) 列擧　(60) 合宿
(61) 引受　(62) 姉妹　(63) 好評
(64) 待遇　(65) 信奉　(66) 伐木
(67) 雲集　(68) 看過　(69) 兩班
(70) 料理　(71) 納得　(72) 受業
(73) 定員　(74) 公害

(75) 公　(76) 喜　(77) 與, 朝

(78) 樂　(79) 波　(80) 張
(81) 長　(82) 感

(83) ③　(84) ①　(85) ②

(86) ③　(87) ②　(88) ③

(89) 參　(90) 聞　(91) 紅

(92) 減算　(93) 自願　(94) 肉聲

(95) 급히 쓸 돈
(96) 괴로움을 어루만져 잊게 함
(97) 재산상의 이익을 얻으려고 활동하는 일

(98) 顯　(99) 区　(100) 関

<정답>

1.난세포 2.난생동물 3.난리 4.난잡 5.약도 6.약자 7.양곡 8.양식 9.열사 10.열녀문 11.용궁 12.용왕 13.용마 14.유씨 15.유기 16.윤월 17.윤회사상 18.이륙 19.이별 20.이탈 21.이합집산 22.계율 23.계열 24.기율 25.등용문 26.유유상종 27.곳간 28.곤란 29.선열

부록(附錄) 학습

- 한자의 한글맞춤법
- 읽기장
- 부수자 일람표

4급에 나오는 한자(漢字)의 한글 맞춤법

〈 소리에 관한 것 〉

• **두음법칙(頭音法則)**은 우리말의 첫음절 소리가 'ㄹ'이나 'ㄴ'이 옴을 꺼리는 현상을 말한다.

① 한자음 '란, 략, 량, 렬, 룡, 류, 륜, 리'가 단어 첫머리에 올 적에는 '난, 약, 양, 열, 용, 유, 윤, 이'로 적는다.
난세포(卵:細胞) 난생동물(卵:生動物) 난리(亂:離) 난잡(亂:雜) 약도(略圖) 약자(略字)
양곡(糧穀) 양식(糧食) 열사(烈士) 열녀문(烈女門) 용궁(龍宮) 용왕(龍王) 용마(龍馬)
유씨(柳氏) 유기(柳:器) 윤월(輪月) 윤회사상(輪回思想) 이륙(離:陸) 이별(離:別) 이탈(離:脫)
이합집산(離:合集散) 등.

② 모음이나 'ㄴ'받침 뒤에 이어지는 '렬, 률'은 '열, 율'로 적는다.
계율(戒律) 계열(系列) 기율(紀律) 선열(先烈) 등

③ 접두사처럼 쓰이는 한자가 붙어서 된 말이나 합성어에서 뒷말의 첫소리가 'ㄴ' 또는 'ㄹ' 소리로 나더라도 두음 법칙에 따라 적는다.
등용문(登龍門) 등.

• **겹쳐 나는 소리**란 한 단어 안에서 같은 음절이나 비슷한 음절이 겹쳐나는 현상으로, 겹쳐 나는 부분은 같은 글자로 적는다.
유유상종(類:類相從) 등.

〈 형태에 관한 것 〉

• **사이시옷**은 몇 개의 두 음절로 된 한자어에서, 뒷마디의 첫소리를 된소리로 나게 하거나 'ㄴ' 소리를 첨가하기 위해 앞말에 받치어 적는 'ㅅ'받침을 말한다.
곳간(庫間) 등.

〈 그 밖의 것 〉

• **속음(俗音)**은 한자의 원래 음이 변하여 널리 통용되는 음으로 각각 그 소리에 따라 적는다.
곤란(困難) 등.

♣ **다음 한자어(漢字語)의 독음(讀音)을 쓰시오.** ▶정답은 326쪽

1. 卵:細胞 ( ) 2. 卵:生動物 ( ) 3. 亂:離 ( ) 4. 亂:雜 ( )

5. 略圖 ( ) 6. 略字 ( ) 7. 糧穀 ( ) 8. 糧食 ( )

9. 烈士 ( ) 10. 烈女門 ( ) 11. 龍宮 ( ) 12. 龍王 ( )

13. 龍馬 ( ) 14. 柳:氏 ( ) 15. 柳:器 ( ) 16. 輪月 ( )

17. 輪回思想 ( ) 18. 離:陸 ( ) 19. 離:別 ( ) 20. 離:脫 ( )

21. 離:合集散 ( ) 22. 戒律 ( ) 23. 系列 ( ) 24. 紀律 ( )

25. 登龍門 ( ) 26. 類:類相從 ( ) 27. 庫間 ( ) 28. 困難 ( )

29. 先烈 ( )

♣ 한자(漢字)의 훈음(訓音)을 가리고, 소리내어 읽어보시오.

4급-1

暇	刻	覺	干	看	簡	甘	敢	甲
틈 가	새길 각	깨달을 각	방패 간	볼 간	대쪽 간	달 감	감히 감	갑옷 갑
降	更	巨	拒	居	據	傑	儉	激
내릴 강	다시 갱	클 거	막을 거	살 거	근거 거	뛰어날 걸	검소할 검	격할 격
擊	犬	堅	傾	驚	鏡	戒	系	季
칠 격	개 견	굳을 견	기울 경	놀랄 경	거울 경	경계할 계	이어맬 계	계절 계
階	鷄	繼	孤	庫	穀	困	骨	孔
섬돌 계	닭 계	이을 계	외로울 고	곳집 고	곡식 곡	곤할 곤	뼈 골	구멍 공
攻	管	鑛	構	君	群	屈	窮	券
칠 공	대롱 관	쇳돌 광	얽을 구	임금 군	무리 군	굽힐 굴	다할 궁	문서 권
卷	勸	歸	均	劇	筋	勤	紀	奇
책 권	권할 권	돌아갈 귀	고를 균	심할 극	힘줄 근	부지런할 근	벼리 기	기특할 기
寄	機	納	段	徒	逃	盜	卵	亂
부칠 기	틀 기	들일 납	층계 단	무리 도	도망할 도	도둑 도	알 란	어지러울 란
覽	略	糧	慮	烈	龍	柳	輪	離
볼 람	간략할 략	양식 량	생각할 려	매울 렬	용 룡	버들 류	바퀴 륜	떠날 리
妹	勉	鳴	模	妙	墓	舞	拍	髮
누이 매	힘쓸 면	울 명	본뜰 모	묘할 묘	무덤 묘	춤출 무	칠 박	터럭 발

♣ 한자(漢字)의 훈음(訓音)을 가리고, 소리내어 읽어보시오.

4급-2

妨	犯	範	辯	普	伏	複	否	負
방해할 방	범할 범	법 범	말씀 변	넓을 보	엎드릴 복	겹칠 복	아닐 부	질 부
粉	憤	批	祕	碑	私	射	絲	辭
가루 분	분할 분	비평할 비	숨길 비	비석 비	사사 사	쏠 사	실 사	말씀 사
散	象	傷	宣	舌	屬	損	松	頌
흩을 산	코끼리 상	다칠 상	베풀 선	혀 설	붙일 속	덜 손	소나무 송	칭송할 송
秀	叔	肅	崇	氏	額	樣	嚴	與
빼어날 수	아재비 숙	엄숙할 숙	높을 숭	각시 씨	이마 액	모양 양	엄할 엄	더불 여
易	域	延	燃	鉛	緣	迎	映	營
바꿀 역	지경 역	늘일 연	탈 연	납 연	인연 연	맞을 영	비칠 영	경영할 영
豫	郵	遇	優	怨	源	援	危	委
미리 예	우편 우	만날 우	넉넉할 우	원망할 원	근원 원	도울 원	위태할 위	맡길 위
威	圍	慰	乳	遊	遺	儒	隱	依
위엄 위	에워쌀 위	위로할 위	젖 유	놀 유	남길 유	선비 유	숨을 은	의지할 의
儀	疑	異	仁	姉	姿	資	殘	雜
거동 의	의심할 의	다를 이	어질 인	손위누이 자	모양 자	재물 자	남을 잔	섞일 잡
壯	帳	張	奬	腸	裝	底	賊	適
장할 장	장막 장	베풀 장	장려할 장	창자 장	꾸밀 장	밑 저	도둑 적	맞을 적

♣ 한자(漢字)의 훈음(訓音)을 가리고, 소리내어 읽어보시오.

4급-3

積	績	籍	專	轉	錢	折	占	點
쌓을 적	길쌈 적	문서 적	오로지 전	구를 전	돈 전	꺾을 절	점령할 점	점 점
丁	整	靜	帝	組	條	潮	存	從
고무래 정	가지런할 정	고요할 정	임금 제	짤 조	가지 조	조수 조	있을 존	좇을 종
鍾	座	朱	周	酒	證	誌	智	持
쇠북 종	자리 좌	붉을 주	두루 주	술 주	증거 증	기록할 지	지혜 지	가질 지
織	珍	陣	盡	差	讚	採	冊	泉
짤 직	보배 진	진칠 진	다할 진	다를 차	기릴 찬	캘 채	책 책	샘 천
廳	聽	招	推	縮	趣	就	層	寢
관청 청	들을 청	부를 초	밀 추	줄일 축	뜻 취	나아갈 취	층 층	잘 침
針	稱	彈	歎	脫	探	擇	討	痛
바늘 침	일컬을 칭	탄알 탄	탄식할 탄	벗을 탈	찾을 탐	가릴 택	칠 토	아플 통
投	鬪	派	判	篇	評	閉	胞	爆
던질 투	싸움 투	갈래 파	판단할 판	책 편	평할 평	닫을 폐	세포 포	불터질 폭
標	疲	避	恨	閑	抗	核	憲	險
표할 표	피곤할 피	피할 피	한 한	한가할 한	겨룰 항	씨 핵	법 헌	험할 험
革	顯	刑	或	婚	混	紅	華	環
가죽 혁	나타날 현	형벌 형	혹 혹	혼인할 혼	섞을 혼	붉을 홍	빛날 화	고리 환

♣ 한자(漢字)의 훈음(訓音)을 가리고, 소리내어 읽어보시오.

4급-4

歡	況	灰	厚	候	揮	喜
기쁠 환	상황 황	재 회	두터울 후	기후 후	휘두를 휘	기쁠 희

부수자(部首字: 214자) 일람표(一覽表)

1획
- 一 한 일
- 丨 뚫을 곤
- 丶 점 주
- 丿 삐칠 별
- 乙 새 을
- 亅 갈고리 궐

2획
- 二 두 이
- 亠 머리부분 두
- 人 사람 인
- 儿 어진사람인
- 入 들 입
- 八 나눌 팔
- 冂 멀 경
- 冖 덮을 멱
- 冫 얼음 빙
- 几 걸상 궤
- 凵 입벌릴 감
- 刀 칼 도
- 力 힘 력
- 勹 감쌀 포
- 匕 숟가락 비
- 匚 상자 방
- 匸 감출 혜
- 十 열 십
- 卜 점 복
- 卩㔾 병부절
- 厂 언덕 한
- 厶 사사 사
- 又 손 우

3획
- 口 입 구
- 囗 에워쌀 위
- 土 흙 토
- 士 선비 사
- 夂 뒤져올 치
- 夊 천천히 걸을 쇠
- 夕 저녁 석
- 大 큰 대
- 女 계집 녀
- 子 아들 자
- 宀 집 면
- 寸 마디 촌
- 小 작을 소
- 尢 절름발이 왕
- 尸 누울 시
- 屮 싹날 철
- 山 메 산
- 巛 내 천
- 工 장인 공
- 己 몸 기
- 巾 수건 건
- 干 방패 간
- 幺 작을 요
- 广 집 엄
- 廴 연이어 걸을 인
- 廾 두손 공
- 弋 주살 익
- 弓 활 궁
- 彐彑 돼지머리 계
- 彡 무늬 삼
- 彳 걸을 척

4획
- 心 마음 심
- 戈 창 과
- 戶 지게문 호
- 手扌 손 수
- 支 나눌 지
- 攴攵 칠 복
- 文 글월 문
- 斗 말 두
- 斤 도끼 근
- 方 모 방
- 无 없을 무
- 日 해 일
- 曰 말할 왈
- 月 달 월
- 木 나무 목
- 欠 하품 흠
- 止 그칠 지
- 歹 남은뼈 알
- 殳 창 수
- 毋 말 무
- 比 견줄 비
- 毛 터럭 모
- 氏 뿌리 씨
- 气 기운 기
- 水氵 물 수
- 火灬 불 화
- 爪 손톱 조
- 父 아비 부
- 爻 점괘 효
- 爿 조각 장

5획
- 片 조각 편
- 牙 어금니 아
- 牛牜 소 우
- 犬犭 개 견

5획
- 玄 검을 현
- 玉王 구슬 옥
- 瓜 외 과
- 瓦 기와 와
- 甘 달 감
- 生 날 생
- 用 쓸 용
- 田 밭 전
- 疋 발 소
- 疒 병들 녁
- 癶 걸을 발
- 白 흰 백
- 皮 가죽 피
- 皿 그릇 명
- 目 눈 목
- 矛 창 모
- 矢 화살 시
- 石 돌 석
- 示 보일 시
- 内 짐승발자국 유
- 禾 벼 화
- 穴 구멍 혈
- 立 설 립

6획
- 竹 대 죽
- 米 쌀 미
- 糸 실 사
- 缶 장군 부
- 网罒罓 그물 망
- 羊 양 양
- 羽 날개 우
- 老耂 늙을 로
- 而 말이을 이
- 耒 쟁기 뢰
- 耳 귀 이
- 聿 붓 률
- 肉⺼ 고기 육
- 臣 신하 신
- 自 코 자
- 至 이를 지
- 臼 절구 구
- 舌 혀 설

6획
- 舛 어그러질 천
- 舟 배 주
- 艮 괘이름 간
- 色 빛 색
- 艸艹 풀 초
- 虍 범무늬 호
- 虫 벌레 충
- 血 피 혈
- 行 다닐 행
- 衣衤 옷 의
- 襾 덮을 아

7획
- 見 볼 견
- 角 뿔 각
- 言 말씀 언
- 谷 골 곡
- 豆 콩 두
- 豕 돼지 시
- 豸 사나운짐승 치
- 貝 조개 패
- 赤 붉을 적
- 走 달릴 주
- 足 발 족
- 身 몸 신
- 車 수레 거(차)
- 辛 매울 신
- 辰 별 진
- 辵辶 갈 착
- 邑 고을 읍
- 酉 술 유
- 釆 분별할 변
- 里 마을 리

8획
- 金 쇠 금
- 長 긴 장
- 門 문 문
- 阜 언덕 부
- 隶 미칠 체
- 隹 새 추
- 雨 비 우
- 靑 푸를 청
- 非 아닐 비

9획
- 面 낯 면
- 革 가죽 혁
- 韋 다룸가죽 위
- 韭 부추 구
- 音 소리 음
- 頁 머리 혈
- 風 바람 풍
- 飛 날 비
- 食 밥 식
- 首 머리 수
- 香 향기 향

10획
- 馬 말 마
- 骨 뼈 골
- 高 높을 고
- 髟 털늘어질 표
- 鬥 싸울 투
- 鬯 기장술 창
- 鬲 오지병 격
- 鬼 귀신 귀

11획
- 魚 물고기 어
- 鳥 새 조
- 鹵 소금밭 로
- 鹿 사슴 록
- 麥 보리 맥
- 麻 삼 마

12획
- 黃 누를 황
- 黍 기장 서
- 黑 검을 흑
- 黹 바느질할 치

13획
- 黽 맹꽁이 맹
- 鼎 솥 정
- 鼓 북 고
- 鼠 쥐 서

14획
- 鼻 코 비
- 齊 가지런할 제

15획
- 齒 이 치

16획
- 龍 용 룡
- 龜 거북 귀

17획
- 龠 피리 약